团队赋能

打造快速成长的高效能团队

[美] 莉兹 · 怀斯曼 ◎ 著　潘婧 ◎ 译

MULTIPLIERS

How the Best Leaders Make Everyone Smarter

中国友谊出版公司

图书在版编目（CIP）数据

团队赋能：打造快速成长的高效能团队 / (美) 莉兹·怀斯曼著；潘婧译. -- 北京：中国友谊出版公司，2019.7

书名原文: Multipliers

ISBN 978-7-5057-4722-7

Ⅰ. ①团… Ⅱ. ①莉… ②潘… Ⅲ. ①企业管理 – 组织管理学 Ⅳ. ①F272.9

中国版本图书馆CIP数据核字（2019）第089515号

书名 团队赋能：打造快速成长的高效能团队

作者 ［美］莉兹·怀斯曼

译者 潘　婧

出版 中国友谊出版公司

发行 中国友谊出版公司

经销 北京时代华语国际传媒股份有限公司　010-83670231

印刷 北京市松源印刷有限公司

规格 690 × 980 毫米　16 开
18 印张　172 千字

版次 2019 年 7 月第 1 版

印次 2019 年 7 月第 1 次印刷

书号 ISBN　978-7-5057-4722-7

定价 55.00 元

地址 北京市朝阳区西坝河南里 17 号楼

邮编 100028

电话 （010）64678009

“‘赋能领导’是当今领导者的一个伟大宣言。此书作者给出了一个实际可操作的指南，向大家展示了如何开发公司各个阶层人员的智慧，使整个企业管理更加完善、明朗。这是一本非常及时、极具洞察力的书。”

——诺埃尔 · 蒂奇

密歇根大学团队与管理学教授，沃伦 · 本尼斯《决断》一书的合著者

“众所周知，乘法领导者会让身边的人更好，而不是更糟。他们是公司最重要的资源。如果你想知道如何让自己变成乘法领导者，或者如何令他人变成极具才能的高效人才，读这本书就对了。如果你想夯实你的事业，增强公司的实力，此书将是你的不二选择。”

——科里 · 帕特森

《关键对话》作者

“这是一本极好的书，很好地诠释了思维模式如何引导人们的工作方式。此书将从此刷新我们对领导力的认知。”

——卡罗尔 · 德韦克，弗吉尼亚 · 伊顿

心理学教授，斯坦福大学心理学系心理学教授，《思维模式》作者

“莉兹 · 怀斯曼的视角极具实践性，有帮助且有价值。任何一个想从同等资源获得更多的领导者看到此书，都将觉得如获至宝。”

——戴维 · 尤里奇

密歇根大学罗斯商学院教授

“本书适用于每一位首席执行官和首席财务官。乘法效应使员工可以有效地将他们的劳动能力增加一倍，而无须支付额外费用。”

——杰夫 · 亨利

甲骨文公司董事长

“此书是不得不读的，是身处领导职位或期望变成领导者的人的必备手册。显然，作者莉兹·怀斯曼是做了大量调查工作的，会让所有读者获益匪浅。”

——拜伦 · 皮茨

美国广播公司《晚间报道》

“这本极具吸引力与颠覆性的书提出了一个至关重要的问题：‘我们如何增加并充分发挥员工的才能以解决当今棘手的问题？’《团队赋能》让我们开始重新思考那些陈旧的观念。”

——加雷思 · 琼斯

马德里商学院访问教授，《你凭什么领导别人》合著者

“这本书触及了关于领导者的一个基本真理，这个真理一直等着被命名、探索，并获得最终解决方案。莉兹 · 怀斯曼创造了一种有长远影响的语言。”

——维恩 · 哈尼什

企业家团队创始人，《扩大效应》（《洛克菲勒习惯 2.0》）的作者

“《团队赋能》是一部卓越的作品，并且非常及时。领导者与领导力研究学者应人手一本。”

——罗德里克 · M. 克雷默，威廉 · R. 金博尔

斯坦福大学商学院团队行为学教授

序 言

史蒂芬 · R. 柯维（Stephen R. Covey）
《高效能人士的 7 个习惯》作者

在我 20 岁出头的时候，曾有一段与赋能领导者共事的经历。这对我日后的人生产生了深远的影响。我因此决定暂停一下我的学业，去从事一些志愿者服务。我应邀去了英国。抵达英国后的四个半月，机构的领导者找到我，说道："我要给你分配一项任务。我希望你能遍访这个国家，去培训当地的领导者。"我当时就震惊了。我何德何能去培训那些五六十岁的领导者呢？他们中的部分人当领导的时间甚至是我年龄的两倍。感觉到了我的困惑，他直视着我，平静地说道："我对你非常有信心，你肯定可以做到。我会给你提供材料，你可以参考一下如何去培训这些领导者。"毫不夸张地说，这位领导者对我有很大的影响。我回家之后，就开始着手思考这个我要为之奋斗一生的工作。

他能从人们身上发掘未知的潜力，这种特质感染了我，令我思考。他如何令我成就更好的自己？这个问题的答案就包含在这本书里面。

莉兹 · 怀斯曼在此书中对这一想法的探究，比我曾读过的其他书都更为深刻。本书能够问世出版，真是太好了。

新的需求，资源不足

有时候，当许多企业没有足够丰富的资源去应对主要的挑战时，他们就必须从当前的员工身上发掘能力。能够从企业已有的员工的身上获取加倍的智力，是非常重要的。通过观察形形色色的企业与团队，领导者发现，他们当下正处在大卫 · 艾琳总结的"新的需求，资源不足"这一现状中。

在过去的 40 年里，我一直与那些设法解决“新的需求，资源不足”的企业合作。我越发坚定，当今领导力的最大挑战本质上并不在于资源不足，而是我们无法自由支配最有价值的资源。

我在研讨会上提出了这样一个问题：“有多少人赞同大部分员工的实际能力超出了他们当下工作所需的能力？”99% 的人表示赞同。

接着我又提出了第二个问题：“在座的各位，哪位对从少数的人员中发掘更大的能力感到有压力？”再一次，大部分人举起了手。

确实，当你把这两个问题放在一起的时候，挑战性是显而易见的。就像这本书里所提及的，人们通常都在超额工作，却在做一些无用功。一些企业基于聪明人能更快地解决问题这一点，制定了招聘最优秀员工的核心策略。当然，只有当公司能真正招聘到有才能的人，这一策略才会奏效。因此，公司不仅仅是更愉快工作的地方，同样也是更好地发掘未充分利用资源的绝佳之地。在全球化的当下，能否做到这一点，将是影响企业能否超越其他竞争者的重要因素。同样，在面临诸多商业挑战的情况下，领导力是影响整个企业效益的关键因素之一。

新思路

《团队赋能》一书是获得企业员工的智力与潜力的领导力典范教材。它发现并解释了为什么有的领导者使身边的人各尽其能，而有的领导者只会榨干公司的智力与能力资源。

彼得·德鲁克（Peter Drucker）[①] 阐明了企业的管理重点：

在 20 世纪，最重要也是最独特的管理贡献在于手工业劳动者的生产力呈 50 倍增长。

在 21 世纪，管理最重要的贡献在于致力让脑力劳动者的生产力也呈相同的态势增长。

---

① 彼得·德鲁克：管理学大师，被誉为“现代管理学之父”，代表作有《管理的实践》《卓有成效的管理者》等。

在 20 世纪，生产设备对公司来说最有价值。而在 21 世纪，不管是商业领域还是非商业领域，脑力劳动者才是当代企业的重中之重。

《团队赋能》这本书正详述了哪些领导者能够符合德鲁克所述的愿景，而哪些领导者不能。

我在读这本书的时候，意识到一个重点，即赋能领导者是锋芒毕露的管理者。这对他们来说，并不轻松。他们期望从员工身上得到更多的东西，并驱动员工取得更卓越的成就。另一方面，对于赋能领导者让身边的人变得更聪明、更有能力这一点，我表示赞同。事实上，在不知不觉中，人们确实变得更聪明了。他们能解决更难的问题，适应性变得更强，行动充满智慧。

能够理解这一理念的人们，都会处在作者所描绘的从天才（成为人群中最聪明的人）到天才制造者（使用自己的才智去让其他人的才能加倍）的转变中。毫不夸张地说，这种转变可谓天差地别。

此书吸引我的地方

我喜爱以及愿意深入了解这本书，出于以下几方面的原因：

第一，本书作者以一名新闻工作者的诚实、正直和纯粹的态度，遍访了美洲、亚洲、欧洲、非洲等地 250 多位领导者，带给我们来自全球的大量丰富生动的实例。

第二，本书专注于研究为团队赋能的乘法领导者与除法领导者微妙的不同之处。这本书涵盖利与弊两方面，不是一本简单的关于领导力的书。比起那些仅仅只引用与论证“××× 的五大法则”的书更精确。

第三，本书讲的“为团队赋能的乘法领导者”要在“动态范围”内判定。本书给马尔科姆·格拉德威尔（Malcolm Gladwell）描述的一类人确定了一个名称，并分几个层面深入探究了如何才能真正像一名赋能领导那样领导下属。

第四，将前沿视角与永恒的原则紧密相连。许多书都只能顾其一，不能兼顾。这本书不仅涉及你当下的生活，还同你的思想意识紧紧相连。

赋能的时代已经到来

赋能领导对整个世界来说都是非常重要的。企业管理者将会立马见证它的重要性，同样，教育、医学、基金等行业中的领导者，非营利团队、创业公司、医疗系统、中型企业等机构中的领导者，以及不同国家、州、地方政府等的领导者也是如此。我相信，不管是对领导新手还是世界各国的领导者来说，本书都能够让你从中获益。

当“新的需求，资源不足” 问题出现的时候，本书的问世迎合了广泛的需求。企业首席财务官与人力资源总监都惊叹，为团队赋能与解决当前资源问题是如此地同步与契合。在当今的经济环境中，这本书里的真实理念经得住竞争市场的考验。本书一定会为人们所关注并赢得它应有的声誉。这是一个关注当下紧迫问题的理念，就像维克多·雨果（Victor Hugo）所言：“没有什么比正当时的理念更好的了。”

我看到成千上万的领导者，发现他们在无意中限制了团队的发展，但他们正处于向赋能领导的转变中。我发现曾经充斥着除法氛围的培训学校，正在用全新的乘法原则改造自己。全世界的领导者都正在学习如何发挥自己的能力，以接触到更优质的资源，并应对世界上更艰难的挑战。

因此，你应该意识到，机会掌握在自己手里。不要仅仅只是泛读这本书，一定要物有所值。不要让赋能领导的理念在你的公司里仅仅变成一句口号，要使用这些原则去发掘员工更多的潜能。选择成为一位赋能领导者，就像在英国的那些年，我的领导是如何激发我的那样。我对此十分自信，此方法会帮助你很好地领导你的团队，整个公司都会因此受益。试想一下，如果每一位领导者都能从限制团队发展的领导向赋能领导者迈进一步，社会将会如何变化呢？

这一定会实现的。

前言

这本书以一个简单的观察作为出发点，即“企业内部还有许多未发掘的智力资源”。我不得不提到一种领导者，我称之为为团队赋能的乘法领导者，他们通常使其他人变得更聪明。然而另外一些人，我贴上了除法领导者的标签，因为他们会削减员工的智慧。

本书在2010年发行的时候，书中的想法引起了世界多地的管理者的共鸣，或许是因为它紧跟全球经济衰退的脚步，那时企业的管理结构发生了极大的转变。那些曾经可预测的、可控的因素，通通变得不稳定、复杂、模棱两可。随着信息爆炸时代的到来，例如，科学技术发明每九个月就会增加一倍。对于任何一个人来说，获取信息太简单了。因此，领导者的角色也发生了变化。脱离了固定的了解、指挥、谈话模式，领导力开始转变为发掘、激发、询问以及释放其他人的能力。

曾经被认为是颠覆性的理念现如今被认为是一种新常态。除法领导者依旧存在，但他们已经过时，就像旧系统的黑莓手机，被新的版本所取代只是时间问题。公司会盘算，自己根本承受不起浪费人才、压制重要创新且降低业绩增长的领导者带来的巨大危害。毕竟，为什么公司要选择那些会削弱身边人能力的领导者呢？渐渐地，我们可以看到，除法领导者要么被要求改变，要么被劝退。

想想某大型跨国制药公司的领导者乔根（Jorgen）的境遇吧。乔根是一个典型的除法领导者。他像独裁者一样运作企业，让下属的生活变得痛苦不堪。多年来，他的行为是可以容忍的，因为他创造了好的业绩。但随后公司为了应对市场变化进行了重组。重组后的团队比起接受高层的发号施令，更认可成为一个可以跨越团队边界的动态团队。乔根习惯了做老板，自然很难适应这一点。几个月后，乔根被叫去了位于欧洲的总部办公室，在那里他被告知他的领导风格是行不通的。尽管乔根用一个令人信服的事实详述了自己在团体里的表现，执行团队还是打断了他并说道："这不仅仅只是领导风格的问题。你将不能继续担任领导职位。"乔根因此由原先的经理一职转成了低一级的员工。他原先的下属都表示庆幸，尤其是那些离辞职没几天的人。但是乔根并不是因为被员工排斥而被降职，是整个大环境的改变让他丢了领导职位。商业环境迫使他的公司走出除法领导者文化，但是他却掉队了。我们看到越来越多的高级领导者在类似的情况下不知所措。

有些企业努力寻求创新，也有一些其他企业则是努力用更少的钱做更多的事。马修·哈斯是弗吉尼亚州阿尔伯马尔县公立学校的负责人。他说："我们的人才流失严重。在过去，你可以孤军奋战，但现在我们需要协作。"当你放下自我，开始思考什么对企业最好的时候，就会发现成为一名为团队赋能的乘法领导者是唯一之道。

虽然方向可能很明确，但我们显然还没有到达目的地。盖洛普的全球职场研究现状发现，在 142 个国家中，只有 13% 的人全身心投入工作中。据人力资源管理协会的报告显示，在 2009 年有 86% 的美国人对自己的工作感到满意，但这一比例一直在稳步下降。

这种缺乏参与的情况不仅仅是一个情感问题，这意味着对公司基本智力资源的浪费。2011 年，在评估了数百名高管之后，我们发现他们只利用了平均每人 66% 的能力。换句话说，通过我们的分析可知，当管理者为他们的资源支付了 1 美元，他们只获得了 66% 的回报，34% 就浪费了。当只评估他们的直接下属时，这个数字上升到 72%。在过去的 5 年里，我们看到了一个缓慢的、稳定的改善，从 2011 年的 72% 上升到 2016 年的 76%。经理们在控制自己的除法影响方面已经做得更好了，但大多数经理仍然高估了他们的乘法能力。他们相信自己有能力去开发他们的团队，但是团队成员却不这么认为。我们确实正在改善，然而，太多的团队仍然存在过度管理的问题。

在实现更丰富的工作方式时，许多关键问题仍然存在：我们能多快实现目标？影响力的最佳途径是什么？谁能做出改变，谁又不能？我们怎么处理这些问题？我们如何转变和重塑整个企业文化？很多作者都会说，在他们写完书的很长时间之后，书的核心见解才会显现出来。这个新版本里包含了我和我的同事在处理这些问题时学到的东西，以及对先锋公司领导者的研究。

以下是撰写这一新版本的三个最基本的视角：

1. 全球化的需求。在研究领导力的同时，我们从同行的身上学到了很多东西。我了解到，跨文化的、各行各业的上班族，寄希望于自己能做更有价值事情，而不是愈加繁重的工作。员工想发挥自己的能力，去做一些有挑战性的工作。乘法领导力能够跨越行业和文化的界限。这不仅仅适用于硅谷这样的创新中心，它也适用于制造业、教育、医疗以及相关的城市，如上海、首尔和圣保罗。在一个高度等级化的企业文化氛围中，我们仍能发现乘法领导者。但是，我们发现除法领导者的影响更为明显。除法领导与乘法领导之间的差异由之前的 2 倍升高到了 3 倍（除法领导者平均只能利用员工 30% 的能力，而不是全球 48% 的平均水平）。

而且，这不仅仅是千禧一代的问题。当然，年轻的新人期望自己能被区别对待。但我不认为千禧一代真的需要或者想要和其他公司的员工不同。所有年龄和级别的贡献者都希望自己的想法有意义，他们的声音可以被倾听，自己能在工作场所中成长。千禧一代通常都是默默等待，不会自行言说。对千禧一代有好处的，就是对大多数人有好处的。

2. 有时候好亦是坏。当我开始这项研究的时候，大多数的除法领导者似乎都是暴虐的、自恋的。但我已经看到，在我们的工作中，绝大多数的除法领导者的出发点都是好的。我把这种无意识的除法者称为——想做好领导的好人。我对谁是除法领导者并不感兴趣，反之，我更想知道是什么导致了人们的除法倾向。第七章中的“无意型除法领导者”是一个新的理念，通过发现自我意识和工作方法，解释了为什么我们的好意却带来消极结果。在第二版中，我增加了这一章，因为我们在工作中的最大收获不是通过改革除法领导者，而是帮助无意识的除法领导者变为乘法领导者，并增加工作中乘法领导者的数量（将目前的人才利用率从平均 76% 的水平提高到 100%）。

3. 最大的障碍是背景和文化。建立能够充分利用智力的团队，我们既需要进攻计划，也需要防御计划。大多数读过这本书的领导者，都渴望像乘法领导者一样领导下属，并找到“他们心中更好的天使”，就像亚伯拉罕·林肯曾经说的一样。然而，他们的努力受到阻碍，因为他们的精神能量大多用来对付周围的魔鬼了。对另一些人来说，越来越多的同事离开了他们，他们的领导力也被削弱了。为了研究如何对抗目光短浅、心不在焉的除法领导者的影响，我对成百上千的专业人士进行了调查，并对其中的几十位人士进行了采访。我知道除法领导者的影响不是不可避免的。虽然你不能改变另一个人，但你可以改变你的回应，抚平你的老板和性格尖锐的同事。第八章中"与除法领导者共事"一节就提供了策略与方法，帮助扭转除法循环，或者是尽量减少它的影响。

解锁个人潜能不只是个人意愿和个人行为改变那么简单的事情，它是一个系统性功能，重塑集体意志是一项艰巨的工作。为了让你明白关于指导大规模转变的复杂性，我与怀斯曼团队对成功做到了这一点转变的企业做了许多调查。第九章的内容阐明了帮助整个团队克服惯性，以及从洞察转变为产生实际影响的方法。

新版还包含一些新增内容。增加了一些全球乘法领导者的全新事例。附录 E 指出了一系列能够帮助你开发乘法领导者思想观念和实践的例子。附录 B 增加了一些常见问题，包括成千上万的读者提出的代表性疑难问题。这些问题包括：在危机时期的领导者如何领导员工？不同性别的领导会有不同吗？像史蒂夫·乔布斯这样的标志性领袖，有除法的一面吗？等等。

世界日新月异。保持与营造让员工充满激情的工作环境，我们需要多引进乘法人才，只有他们才能最大限度地激发同事的智力与能力。无论是承诺还是行动，乘法的影响力都是巨大的。那我们就从现在开始吧！

莉兹 · 怀斯曼

美国加州门洛帕克市，2017 年

/ 目　录 /

第一章

赋能领导，为团队带来 1+1>2 的倍增效应

有人说，与英国首相威廉·尤尔特·格莱斯顿会晤后，你会觉得他是世界上最睿智的人；但在与他的对手本杰明·迪斯雷利会面后，你会认为自己才是最睿智的人。

——博诺

赋能领导是会做乘法的领导

1994 年夏季，为远离衰败的家乡，密歇根州底特律的德里克·琼斯加入了美国海军。在 18 岁的时候，德里克凭着一股精明劲儿和自信，在海军能力测验中取得了好成绩，并入选了海军高等计算机学习计划。紧接着，在伊利诺伊州为期九周的营地训练和八个月紧张的导弹试射训练后，德里克成绩突出，荣获三等士官的头衔，此外，他还被选为计算机网络技术员后备并进行高等训练。结业时，他考取了班上的第一名，奖励是他可以选择自己想要为之服务的那艘舰船。德里克选择了海军里最新的“阿利·伯克”级宙斯盾导弹驱逐舰。数月后，德里克在 210 名入伍同伴中脱颖而出，他的上级夸赞他为船上最聪明、最勤奋的船员。当快要进行一次重要的评级时，德里克觉得自己鹤立鸡群，事实也是如此。然而，当一位名为弗雷德·克里斯的新指挥官上任后，事情有了转变。

弗雷德·克里斯毕业于美国海军军官学校。由于被任命为“阿利·伯克”级宙斯盾驱逐舰的舰长，他进入培养巡洋舰指挥官精英班。若不是记过一次大错，弗雷德·克里斯本可顺利成为海军上将。对于舰船的操作，他有着非凡的才识，对此他在船员面前十分炫耀。他对舰上的细枝末节、每次任务以及每位船员都严格要求。

弗雷德·克里斯指挥舰船的首次导弹演习，在准备阶段，确保舰船武装系统完好的是德里克的团队。试验前几天，德里克及同伴察觉舰船缺失一个重要的部件，于是他们通过非正式网络找着了这个部件并修复了系统，系统于是真的完好了。几天后，弗雷德·克里斯从他的兄弟舰指挥官那儿得知了这个小插曲。弗雷德·克里斯并没有为他船员的主动性与智谋感到欣慰，相反，他勃然大怒，明确指出舰船需要支持。而德里克立马就成了他愤怒的缘由。

在一次常规导弹演习时，弗雷德·克里斯和战术指挥官勘测战势并发现了敌人，定下射击方案，随后瞄准，射击并正中目标—— 一切都进行得很迅速。审查、决定优先处理事宜并采取行动，尽在一瞬间。想要取得胜利，就得聚精会神心智清醒。这些操作有时实在是恐怖，指挥官可能会近距离站在防护装置旁，观察每一个决策并记录下来。

弗雷德·克里斯在一旁愤怒地看着德里克及其团队如何操作，当德里克他们不能及时判定对指定目标的开火方案时，弗雷德·克里斯就会当众嘲笑他们。最终，德里克在每场训练中都表现得糟糕极了，他几乎无法通过任何一个预演。在班上，在团队训练中，他也曾是尖子，但是当弗雷德·克里斯站立在他跟前鸡蛋里挑骨头时，德里克便愈发地紧张。他思维跑偏，战战兢兢，无法执行任务。弗雷德·克里斯继续盯着他们，他们便越来越无能为力。短短数周，德里克与其他士官都觉得德里克团队在脱离船长的情况下无法胜任舰船的作战事宜。对此，弗雷德·克里斯取消了德里克执行防护操控台的资格，而德里克在舰上的执行力也越来越差。

三个月后，新上任的指挥官阿博特改变了这一状况。阿博特也毕业于美国海军军官学校，他有实力，并且对自己的船员相当有信心。阿博特曾在一位级别相当高的防御指挥官处效力，那位指挥官将阿博特的才能发挥到极致。从弗雷德·克里斯那里，阿博特大致了解了德里克的状况，阿博特立马找到德里克，并告知他再次出海演习，他说："琼斯，此次演习你将为我效力。务必确保此次演习是一场漂亮战。我可指望着你和你的团队哩。"一周内，德里克的团队在每次演习中将防御系统任务执行得极为完美。正如他们所想，这位新指挥官冷静又好问，时刻关注着他们。德里克再也不觉得自己被刁难，相反地，他时刻都在学习，与指挥官一起迎接挑战。

演习那天，新的指挥官站在德里克的身后。德里克操控着防御台，一次又一次地做出正确应对，没出一点差错。最后德里克取得了最近一年内的最高成绩。阿博特对着舰上的扬声器宣布：“今天琼斯士官及其船员为我们赢得了胜利！”

德里克在舰船上继续成长着。他被破格晋升为二等士官并荣获“最佳水手”这一荣誉。阿博特将德里克视为舰上最优秀的船员之一，任命他为航海训练协会第 21 位成员和海军上将计划成员，如此一来，他便可以获得大学学位并可被任命为海军军官。训练结束后，德里克每次都破格晋升。短短 9 年内，他被任命为副舰长，负责训练并培养其他船长。他现在在美国海军担任少校，毫无疑问，他注定是一位成功的指挥官。

德里克的海军经历表明，不同的指挥官通常能影响个人能力的发挥。他惧怕前一位指挥官，却在另一位指挥官手下变得聪明能干。弗雷德·克里斯的言行是怎样限制德里克的才智的呢？阿博特又究竟做了什么，使得能干的德里克变得理智又智慧？

有些领导者能使我们变得更好、更聪明。他们循循善诱，使我们的智力得以提升。这本书讲述的就是这么一群领导者，他们挖掘身边人的潜力，让员工成就卓越。我称这群为团队赋能的领导为乘法领导者。这本书将向你们展示乘法领导者如何将员工培养成天才，使他们聪明又能干。

关于“天才”的疑问

有鸟类观察家，也有鲸鱼观察家，而我则是一个天才观察家。我被他人的智力迷住了。我注意到它，并且致力于研究它，从而学会了识别各种类型的智力。甲骨文（Oracle）公司是一个价值 1740 亿美元的软件巨头，是一个观察天才的好地方。我曾是甲骨文的高级管理人员之一。在我任职的 17 年间，我有幸与许多聪明的高管一起工作，招募来自最优秀公司和精英大学的卓越员工。因为我担任负责公司全球人才发展战略和企业大学的副总裁，我拥有了研究这些高管领导才能的绝好机会。从这个角度，我开始用不同寻常的方式观察他们如何利用员工智慧，我开始好奇于他们对员工产生的影响。

天才的问题

一些领导者似乎耗尽了周围人的才智。他们的聪明才智和解决问题的能力，成为办公室里关注的焦点，而这对其他人产生了削弱性的除法效应。他们看起来聪明，其他人则看起来很笨。我们都有可能与这些黑洞共事。他们创造出一个旋涡，从周围的人和事中吸取能量。当他们走进一个房间，群体智商下降，会议时间延长一倍。在无数的工作环境中，这些领导者是思想杀手和能力破坏者。他们的存在使得有想法的人感到窒息，灵感戛然而止。在这些领导者的周围，信息流只是单向的——从他们到其他人。

而另一类领导者把他们的智能当作工具，而不是武器。他们运用领导力放大他人的智慧以及周围人的能力。人们在他们面前变得越来越聪明。灵感被激发，挑战被克服，困难问题得到解决。当这些领导者走进一个房间，人们的灵感就被点亮了。有时候想法层出不穷，可能会转瞬即逝，因此，你不得不再次回顾会议，看看是怎么回事。和这些领导者开会，简直就是头脑风暴会。这些领导者似乎使他们周围的每一个人都做得更好、更有能力。这些领导者不仅仅是聪明人，他们还是乘法领导者。

也许这些领导者了解，坐拥智慧之巅的人是乘法领导者，而不是天才自己。

从甲骨文离职后的反思

出此书的想法缘于我从甲骨文离职后的反思。从公司离职后，我就像从高速列车中下了车，快节奏的生活突然变慢了下来。这种突如其来的宁静令我有时间思考一个在我头脑中挥之不去的问题：为什么有些领导者能够提升员工的智力，而有些领导者却使之消失殆尽呢？

在我开始培训职业经理人的过程中,我发觉在其他公司也有类似的事情。有些领导者提升了团队的整体智力，而有些领导者却压榨着雇员。我发现当自己与高智商的经理一起工作时，他们中的很多人都有一种凌驾于其他人之上的倾向。我也和很多职位较高的领导者共事过，这些领导者会想方设法使手头的资源得以更充分地利用。随着在工作中的成长，绝大部分领导者改善了自己的领导技能。然而，在更为严峻的业务环境下，他们察觉仅仅通过简单的获取更多资源的方法已经不能解决问题了，他们需要找到提高下属工作效率的方法。

我记得曾和一位名叫丹尼斯·摩尔的雇员的尤为重要的一次聊天，他是一位高级主管，有着天才般的高智商。当我们讨论领导者如何才能激发并鼓舞团队智慧时，他回答说："这样的领导者就像放大器，他们是智慧的放大器。"

没错，某些领导者确实是智慧放大器，我们称之为乘法领导者，他们创造了团队不可或缺的智慧。而其他领导者则扮演着除法领导者的角色，他们耗尽团队所必需的才能。但是，乘法领导者究竟做了什么？他们与除法领导者究竟有哪些不同呢？

为寻求问题的答案，以及寻找培训学员所需的资料，我翻遍了商学院的日志，浏览了商学院的网站，却以失败告终。该领域知识的空白促使我对乘法领导者进行深入研究。我决定为那些想要帮助员工成就卓越的领导者找到答案。

我的研究

第一个重大发现是我找到了我的研究伙伴格雷戈·麦克恩，他在斯坦福大学商学院学习。格雷戈有着强烈的好奇心和坚韧的心态，他对领导者的热情给了我同样的决心去寻找答案。我们开始了我们的正式研究，定义了未来两年将要研究的问题：除法领导者和乘法领导者之间的差异究竟是什么，以及他们对团队有什么样的影响。这 730 天来，我醒来之后思考的都是同一个问题，就如电影《土拨鼠之日》中的比尔·默瑞，他每一天在同一时刻醒来，不断重复前一天经历的事件。在对这个问题答案的长期追寻中，我们对乘法领导者效应形成了深刻的理解。

在开始研究时，我们选择了一些通过个人和公司智慧形成竞争优势的公司和行业。由于这些公司根据智力资产的实力而发展或下降，所以我们假设乘法效应在这些企业中体现得更明显。我们采访了这些公司的高级技术员工，要求他们确定两种领导者，一种符合乘法领导者的描述，另一种是除法领导者。通过访谈，我们研究了超过 150 位领导者，并对他们的领导实践进行了定量评估。围绕每一位领导者，我们与其管理团队的前任和现任成员进行了深入的 360 度访谈。

随着研究的深入，我们研究了其他公司和行业的其他领导者，寻找跨越业务、部门以及地理位置的共同因素。我们的研究历程使我们跨越了四大洲，并让我们结识了丰富多样的领导者。我们逐渐了解这些领导者，并深入研究了他们和他们的公司。

我们研究的两种领导者在领导风格上有着鲜明的对比。他们都为同一个公司工作，担任同一角色，一种是点石成金的乘法领导者，另一种却截然相反，是不折不扣的除法领导者。

两个经理的故事

维克拉姆曾在英特尔公司的两位不同的业务经理人手下做工程师。两位领导均被认为是天才。他们都对维克拉姆有深刻的影响，第一位是乔治·希尔，他是英特尔公司的一名业务经理。

第一位经理：天才制造者

乔治是个成功的业务经理人，他在英特尔名气很大。在他的领导下，业务持续盈利。但最杰出的是他对身边人的影响。维克拉姆说：“我是乔治身边的摇滚明星。他创造了我。因为他，我从一个个人管理者转变为时间管理者，在他身边，我感觉像一个聪明的人——每个人都有这样的感觉。他使我的潜能得到了百分之一百的挖掘——这真令人兴奋。”乔治团队中的人都有这样的心声：“我们不确定乔治究竟做了什么，但我们知道我们是聪明的，并且我们一直都在赢。这个团队是我们事业中最精彩的团队。”

乔治培养了人们的智慧。他不是人们关注的焦点，也不担心自己是否看上去很聪明。他所担心的是，如何提取众人的智慧和最大限度地展示他的团队中每个成员的努力。在一次典型的会议中，乔治只占用 10% 的谈话时间，他的大部分时间只简洁地进行问题陈述。然后，他会后退，给予他的团队空间，让团队成员自己找寻答案。他的团队通常会产生价值百万的想法。乔治的团队推动了业务，实现了卓越的收入增长，并提供了利润贡献，使英特尔进入微处理器业务。

第二位经理：天才

几年后，维克拉姆离开了乔治的团队，开始为第二名业务经理工作。这名业务经理曾是早期微处理器设计师之一。他是一位才华横溢的科学家，现在他被提升到管理部门，在工厂负责生产芯片。他很聪明，让周围的人印象深刻。

然而问题是，这个领导包揽了所有的思考性问题。维克拉姆说：“他非常非常聪明。但在他周围的人，感觉自己都得闭上嘴。他扼杀了我们的想法。在一次典型的团队会议上，他做了差不多占总时长 30% 的谈话，留给别人的空间很小。他给了我们很多反馈，而其中大部分是关于我们的想法有多糟糕。”

这个经理自己独自做了所有的决定，还信心十足。然后他会向团队宣布这些决定。维克拉姆说：“你知道的一切事宜他在心里都有答案。他有很强的见解，并把这些见解加压到别人的身上，说服他们执行这些见解。任何人的意见在他那里都不值一提。”

这个经理手下有聪明的员工，但员工很快意识到，自己没有独立思考的权限，最终免不了辞职或被解雇的下场。最后，英特尔雇用了一个副经理，与这名经理共同解决团队中的智力流失问题。但即使这样，维克拉姆说：“我的工作变成机械性的，而非创造性的了。他只发挥了我 50% 的价值。我再也不会为他工作了。”

除法领导者还是乘法领导者?

第二位领导者太执着于自己的智力了，扼杀了他人的想法，使得团队中起决定性作用的智力与才能被削弱了。乔治使他人的才智得以发挥并创造性地使团队的整体智力加倍。其中一位领导者是天才，而另一位却是天才制造者。

重要的并不是你懂得多少。真正重要的是你能获取多少他人的知识与才能；重要的不是团队成员究竟有多聪明，而是你能挖掘出多少他们的聪明才干并加以运用。

我们都曾遇见过这两类领导者。身为领导者的你，是哪一类型的呢？你是一个天才还是一个天才制造者呢？

所谓的倍增效应就是乘法效应

乘法领导者都是天才制造者，他们能使身边的人变得更聪明更能干。乘法领导者能激发每个人身上独一无二的才能，并创造出成就天才的大环境——创新、多产和充满才智，从而使这些天才们最大可能地发挥自己的能动性，为团队的效益带来 1+1>2 的倍增效应。

通过研究乘法领导者和除法领导者，我们了解到，从根本上来说，他们从团队获取的结果不尽相同，他们对员工的智力持不同的思维逻辑与设想，他们对部分事情的做法也大不相同。我们首先来看看，乘法效应有什么影响。在乘法领导者的身边，为什么人们会越来越聪明，越来越能干？为什么与除法领导者相比，他们能得到两倍的资源？

乘法领导者之所以能从他人身上获取更多，是因为他们把精力投入到如何提取与延伸他人的才能之中，而不是炫耀自己的智力。他们不满足于眼前的利益，而且拥有长远的眼光。

双倍乘法效应

乘法领导者的影响可以从两个方面看到：第一，从与他们共事的人的角度来看；第二，从他们塑造和创造的团队的角度来看。让我们从乘法领导者对下属的影响开始研究。

智力提取

乘法领导者善于提取所有人的能力。在我们的访谈中，人们觉得乘法领导者比除法领导者更能从他们身上获取更多的才智。我们要求每个人确定一个除法领导者发挥他们的能力的百分比，数字通常介于 20%~50%。当我们要求他们确定乘法领导者能发挥他们的能力百分比时，通常定在 70%~100%。当对比这两组数据时，我们惊讶地发现，乘法领导者得到 1.97 倍以上的能力资源。这代表着双倍效应。在结束正式的研究之后，我们继续向讨论会和管理团队提出这个问题，要求人们反思自己过去的乘法领导者和除法领导者老板。在公共、私人和非营利部门，我们仍得出乘法领导者相较于除法领导者能发挥下属两倍以上才能的结论。

如果你能得到身边人双倍的才能，还有什么是你做不到的呢？

差异的原因是，当员工与乘法领导者一起工作时，员工毫无保留，尽情发挥。员工提供了自己最好的思维、创造力和想法。他们的工作超过了他们的工作需要，并自愿自发努力，贡献自己的能力和资源。他们积极寻找更多有价值的贡献方式。他们坚持自己的最高标准。他们对工作给予 100% 的能力。

智慧延伸

乘法领导者不仅善于提取他人的能力和智慧，还延伸和发展其智力。在采访中，人们常说乘法领导者能挖掘自己超过 100% 的才能。起初，当他们说“哦，他们从我这里得到 120%”时，我否定了，并指出，在数学上超过 100% 的是不可能的。但我们不断听到有人说，乘法领导者获得了他们大于 100% 能力，我们不禁开始问：为什么会有人坚持认为乘法领导者获得了他们额外的能力？

研究证实，乘法领导者不仅能获得人们当前的能力，而且还能扩展它。他们从员工那里得到的，比员工自己知道的还要多。因为员工变得更聪明了。

我们研究的含义是智力本身可以成长。这是另一项关于智力可扩展的最新研究。您可以看看最近一些研究的观点：

1. 斯坦福大学的德威克进行的开创性的研究显示，在孩子们进行一系列越来越难的拼图时，如果称赞他们很聪明，那么他们的智力会受限。但是，如果称赞他们很努力，则会提高他们解决问题的能力。当这些孩子的努力思考被认可时，他们就形成了一种信念，智力随之成长。

2. 弗吉尼亚大学的特克海默发现不良环境压抑了儿童的智商。当贫困儿童进入中产阶级的家庭，他们的智商上升 12 至 18 点。

3. 弗吉尼亚大学的理查 · 尼斯比特的回顾研究表明：（1）暑假后学生的智商水平下降；（2）人类总体智商水平随着时间的推移而不断增加。1917 年人的平均智商只有今天人们智商的 73% 。

通过这些研究，我重新计算从我们调研访谈表面价值的数据，利用乘法领导者从人们那儿得到的能力百分比。当把额外的智力（超过 100%）加入我们的计算，我们发现，乘法领导者实际上得到除法领导者得到的 2.1 倍以上的智力。如果你不仅能利用员工双倍的才能，还能得到因员工变得聪明而增加的 5% 到 10% 的额外智力，这岂不是非常棒？

乘法领导者得到的双倍智力资源的结果是杠杆乘数。当你推断乘法领导者如何用这双倍智力影响着团队，你就看到了战略意义。简单地说，资源杠杆创造竞争优势。

资源杠杆

让我们以蒂姆 · 库克为例，他是苹果公司的首席执行官。当库克是首席运营官（COO）时，他在一个销售部门开展了一份预算审查。他提醒部门管理团队，战略上的当务之急是增长收入。每个人都希望收入增长，但是人们很惊讶，他要求收入增长，却没有提供额外人手。在会议上，销售主管说，他认为收入目标是可得的，只是需要更多的员工。他建议他们遵循一个行之有效的线性模型的人数增量增长，而且他认为每个人都知道，更多的收入意味着你需要更多的员工数量。两位高管继续交谈了几个月，但两人的逻辑仍然格格不入。销售主管说的是增加（也就是说，增加更多的资源），库克讲的是乘法（通过更好地利用现有的资源，收获更高的增长）。

加法逻辑

这是企业规划中存在的主要逻辑：当提出新请求时，将得到补充资源。高管们要求更多的产值，而下一层的运营领导者要求更多的员工。谈判一直在进行，直到每个人都得到了解决方案，比如：增加 20% 的产出，增加 5% 的资源，可无论是高管还是运营领导者都不满意。

运营领导者关于资源配置和资源补充的想法根深蒂固，他们认为：

1. 我们的人员过于忙碌。
2. 我们最优秀的人才精疲力竭。
3. 因此，完成一个更大的任务，需要增加更多的资源。

这是加法逻辑。这似乎很有说服力，但重要的是，它忽略了更深入地利用现有资源的机会。加法逻辑创建了一个场景，在这个场景中，人们既工作过度又未充分利用资源。在不关注资源杠杆的情况下进行分配，代价是非常昂贵的。

商学院教授和战略专家哈默尔和 C.K. 普拉哈拉德写过：“比起资源杠杆，高层领导更倾向于在资源分配上花费更多功夫……如果高层管理人员花更多精力从分配层面去评估项目的战略可行性，而非关注增加资源的有效性，那么价值的增加将十分有限。”

想想孩子在吃自助餐的状态。他们把食物堆放着，但是很多东西都放在盘子里，没有吃。拿来和堆放的食物到处都是，但这是浪费。就像这些孩子一样，除法领导者追求增加资源，他们甚至实现了这个追求，但是很多人并没有充分利用资源，浪费了员工的能力。想想在一个技术公司，雄心勃勃的产品开发主管将意味着多大的额外成本。

高成本的除法领导者：贾斯珀·沃利斯很聪明，能够清晰地阐述他的产品及其给客户带来的变革效益。贾斯珀在办公室同事相处之道上也很精明，知道如何处理好人际关系。问题是，贾斯珀的团队不能执行并实现他的目标。因为员工们处于一个不变的旋转周期中，围绕着他旋转。

贾斯珀是一个战略家，也是一个思考者。然而，他的大脑运转得比团队快，产生的想法比他的团队所能执行的还要多。每隔一周左右，他就会推出新焦点或新举措。他的运营总监回忆道："他在周一告诉我们，我们在本周之内需要赶上竞争对手 ××。团队匆忙工作，孤注一掷，争取在几天内取得进展。但如果我们在下一周得到一个新的目标，我们最终会失去动力。"

这位领导者在细节上太过投入，反而成为该团队的瓶颈。他工作非常努力，但他的团队项目进展缓慢。他事必躬亲的工作方式限制了员工的智力。他表示，他的千人部门，只有 500 个人的劳动力。

贾斯珀的团队曾与公司内部另一个更大的部门竞争资源，该部门生产了类似的技术。贾斯珀的首要目标是超越这个部门。他以极快的速度雇用员工并建立了自己的内部基础设施，可是这些员工都是其他部门的冗余人员。他甚至试图说服公司为他的部门建立一个专门的办公大楼。

贾斯珀终于没能成功。很明显，他的产品空有其表，该公司也正在失去市场份额。计算过真正的投资回报率（ROI）后，他被公司开除，他的部门被并入其他产品组。他所建造的重复的基础设施最终被拆除，但这些都是浪费数百万美元和在市场上失去机会之后的补救措施。

除法领导者的成本很高。

乘法逻辑

我们已经研究了加法逻辑以及随之而来的低下的资源效率。在团队层次上更好地、更充分地利用资源，需要采用基于乘法的新逻辑。基于乘法逻辑的领导者不是通过增加新的资源来实现线性增长，而是相信可以更有效地发掘出你的能力，通过增加你所拥有的资源的力量来促进经济的飞速增长。

这是乘法领导者背后的逻辑：

1. 团队中大多数人的能力都没有得到充分发挥。

2. 所有的能力都可以通过正确的领导方式发挥出来。

3. 因此，智力和能力可以在不需要更大的投资的情况下成倍增加。

举例来说，当苹果公司需要一个部门在资源不变的情况下实现快速增长时，他们并没有扩大销售团队。相反，他们将关键的人才分散在不同的工作岗位上，花了一周时间来研究这个问题，并共同协作，找到了解决方案。他们改变了销售模式，以能力为中心，更好地利用销售周期中最好的销售人员和深度行业专家。他们实现了两位数的年增长率，而资源数量几乎持平。

软件公司赛富时（Salesforce）拥有价值 70 亿美元市值的软件，已经开始从加法的逻辑转变为乘法的逻辑。他们利用“把资源投向一个问题”这一古老的想法，保持了 10 年的显著增长。他们通过雇用最优秀的技术和商业人才来应对新客户和新需求，并在挑战中发挥他们的价值。然而，紧张的市场环境为该公司的领导层提出了一个新的需求：从现有的资源中获得更多的生产力。他们不能再抱着过时的资源利用观念不变。他们开始培养乘法领导者，将员工的智力和能力提高，并通过提高团队的智力来满足他们的增长需求。

资源杠杆比“用更少的资源完成更多的事”更富有内涵。乘法效应不是用更少的资源来实现增加，乘法领导者通过更充分地利用更多的人的智慧、能力、热情和信任来实现。正如一位首席执行官所说：“80 个人，要么以 50 个人的生产力运作，要么就以 500 个人的生产力运作。”而且，由于乘法效应提高了资源效率，因此，应用乘法效应的公司，比那些仍守着加法逻辑不变的公司来说，具有更强的竞争优势。

我们想要摒除过时的加法逻辑。让我们来看看乘法领导者是如何获取更多员工的智慧的。我们可以在乘法领导者的思维模式和五大法则中找到答案。

乘法领导者的思维模式

当我们研究除法领导者和乘法领导者时，我们发现他们对员工的智力的假设是完全不同的。这种假设似乎就能解释除法领导者和乘法领导者的不同。

除法领导者的思维模式：除法领导者关于智力的观点是基于精英主义和稀缺性，除法领导者似乎相信真正聪明的人是稀有品种，而且无疑他们自己就是稀有品种。从这个假设中，他们得出这样的结论：他们是如此的特别，其他人永远无法在没有他们的情况下解决问题。

我记得我曾共事的一位领导者，我只能形容他是一位“知识分子至上主义者”。这位高管管理着一个科技团队，雇用了4000多名受过高等教育的知识工作者，其中大多数人是来自世界各地顶尖大学的毕业生。我曾参加过他的一场管理会议，他的高级管理团队的20名成员正在解决产品中的一个重要的市场问题。

当我们走出会场时，我们开始反思谈话和做出的决定。他停下来，转向我，平静地说：“在会议上，我通常只听几个人说话，没有几个人能真的提出意见。”我想他看到了我听到他的话之后的惊恐，他又尴尬地补充：“当然，你是这些人中的一名。”我对这句话很怀疑。在代表4000人的20名高级经理中，他认为只有一两个人可以提供有用信息。当我们沿着走廊走的时候，经过一排排的小员工隔间和办公室。从新的视角看，这片区域突然变成了一个巨大的智力荒原。我甚至想大声呼喊，告诉他们所有的人，他们可以回家了，因为他们的高级主管认为他们没有什么价值。

除法领导者还把智力看作一种稀缺的东西。我们的研究还表明，除法领导者认为智力是不会改变的；他们认为这是静态的，不能随着时间或环境的变化而改变。这种态度与德威克博士所说的“固定心态”相一致，这是一种信念，即一个人的智慧和品质就像在石头上雕刻了一样。“两步走”的逻辑似乎是，那些现在不“明白”的人，永远也不会“明白”，因此，我需要继续为每个人思考。在除法领导者世界里，聪明的人没有假期！

你可能会想到上述高管是如何运作日常工作的。如果以除法领导者的思维模式，你可能会有怎样的行为呢？你可能会——告诉人们该做什么，做出所有重要的决定。当有人出现问题时，你就会插进去接手。最后，你会发现你几乎总是对的，因为你的假设会造成从属和依赖。

乘法领导者的思维模式：乘法领导者拥有截然不同的假设，如果除法领导者看到的是黑白的智能世界，乘法领导者看到的就会是彩色的。乘法领导者对周围人的智力有丰富的认识。他们没有看到一个只有少数人值得在意的世界。此外，乘法领导者也会随着智力的不断发展而增加。这个观察是与德威克所谓的“成长心态”相一致的，认为像智力和能力这样的基本素质可以通过努力来培养。他们认为人们很聪明，会想出解决办法。在他们看来，他们的团队里充满了有才能的人才，可以在更高的水平上做出贡献。就像我们采访过的一位经理，她问自己：“这个人的聪明之处在于什么？”在回答这个问题时，她发现隐藏在表面之下的丰富多彩的能力。她不会浪费时间去慢慢思索，而是问：“我们可以做些什么来培养这些能力？” 然后她会开展既能拓展个人，又能促进团队的利益的任务。

乘法领导者分析了他们周围的复杂机遇和挑战，他们认为到处都是聪明人，谁解决了问题，谁就会变得更聪明。他们发现，他们的工作就是把合适的人聚集在一起，解放每个人的思想，然后后退，让他们自己去做！

如果你这样假设，你会怎么做？在最艰难的时刻，你会信任你的员工。你会延长让他们挑战难题的时限，让他们有空间去履行自己的职责。你可以通过这种方式来获取他们的智力，实际上他们也会变得更聪明。

下面的图表总结了不同的思维模式是怎样影响除法领导者和乘法领导者的领导管理方式的：

你怎样做	除法领导者 “没有我，他们会一筹莫展”	乘法领导者 “员工很聪明，会把问题解决的”
管理人才	使唤	培养
对待失误	责骂	探究
制订方向	告知	挑战
做出决定	决断	咨询
完成任务	控制	支持

挖掘和理解这些核心思维模式至关重要，因为，行为遵循思维模式。如果有人想要像乘法领导者一样领导员工，那么他就不能简单地模仿乘法领导者的做法。一个有抱负的领导，必须像乘法领导者一样思考。在观察和指导高管 20 年的过程中，我注意到领导者的思维模式是如何影响他们的管理方式的。当某人开始检查并潜在提升他们的核心思维模式时，他们将更容易以真实并有影响的方式运用乘法领导者的五大法则。

团队赋能的五大法则

那么，区分乘法领导者的方法是什么呢？在分析 150 多位领导者的数据时，我们发现了许多领域，其中乘法领导者和除法领导者做的事情是相同的，都是客户驱动的。两家公司都表现出很强的商业智慧和市场洞察力。领导者和聪明的人在一起，并且认为自己是思想领袖。然而，当我们在数据中寻找活性成分的独特之处时，我们发现了乘法领导者和除法领导者采取的五种不同的方法。

1. 吸引和优化人才。乘法领导者是人才吸引者；不管谁拥有资源，他们都能充分地吸引和部署人才，而人才也会蜂拥而至，因为他们知道自己会成长并取得成功。与此相反，作为帝国的缔造者，除法领导者坚持自己必须拥有和控制所有的人。他们倾向于将资源划分为自己拥有的和不需要的资源，然后允许这些人为的分离来阻碍资源的有效利用并限制增长。人们最初可能会被一个除法领导者提供的工作吸引，但这往往是人们职业生涯死亡的地方。

除法领导者是一个帝国建造者，他获得了资源，然后浪费了资源。乘法领导者是一个人才吸引者，他利用并提高了每个人的天赋。

2. 创造高度激励的环境。乘法领导者建立一个独特的工作环境，每个人都有自己的想法和空间去做他们最好的工作。乘法领导者就是解放者，形成既舒适又紧张的环境。他们能够消除恐惧，创造安全感，让人们去做他们最好的思考。与此同时，他们正在营造一个高度激励的环境，要求人们做出最好的努力。相比之下，除法领导者则是专制者，造成人们对判断力的恐惧，这对人们的思想和工作产生了“寒蝉”效应。除法领导者试图要求每个人都有最好的想法，但他们却没有做到。

除法领导者是一个专制者，创造了一个充满压力的环境。乘法领导者是一个解放者，创造了一个安全的环境，鼓励大胆地思考。

3. 持续挑战。乘法领导者持续地挑战自己和他人。他们是怎么做到的呢？他们为公司提供了机会，为公司的发展提供了挑战，并且，在这样做的过程中，他们产生了对这个过程的信心和热情。相比之下，除法领导者的工作方式就像“万事通”一样，他们亲自给出指示以炫耀自己。虽然除法领导者设定了一个方向，但乘法领导者确保方向是正确的即可。

除法领导者是一个“万事通”，他会给出指示。乘法领导者是带来机会的挑战者。

4. 讨论决定。乘法领导者往往创造辩论，通过激烈的辩论来推动正确的决策。他们所培养的决策过程包含了团队需要准备好执行这些决策的所有信息。乘法领导者使人们讨论问题，这就促进了人们对决策的理解并能有效执行。相反，除法领导者似乎在一个小圈子内有效地做出决策，但他们却让更多人在私下里讨论领导者决策的合理性，而没有人对调整和执行这些决策感到满意。

一些独裁者试图把自己的决定卖给别人，乘法领导者是真正买进的辩论者。

5. 给予所有权和责任。乘法领导者在团队中培养高期望来维持高质量的成果。他们成为提供成功所需的必要条件和资源的培养者。此外，他们还要求人们为自己的承诺负责。随着时间的推移，乘法领导者效应会变大，驱使人们相互监督、彼此负责，人们常常达到更高的标准，完全不需要领导者的干预。相比之下，除法领导者通过坚持所有权、跳到细节、直接管理结果来实现结果。

除法领导者会跳来跳去管理一切。乘法领导者则是给予他人所有权和完全责任的培养者。

下表总结了乘法领导者的五个典型特征，即除法领导者与乘法领导者之间五个重要的不同点，同时也是团队能否被赋能的法则：

团队能否赋能的法则

	限制团队发展的除法领导者	为团队赋能的乘法领导者
观念	思维模式 “他们没有我什么都做不了”	思维模式 “他们很聪明可以做好”
做法	1. 帝国建造者 有着丰富的资源和未被发掘的天赋	1. 人才吸引者 吸引有天赋的人并让他们的能力得到最大限度的发挥
	2. 专制 创建一个压抑氛围并打压人们的思考和办事能力	2. 解放者 创造一个紧张的氛围让人们发挥出最好的思考及工作能力
	3. 万事通 发布显示自己无所不知的指令	3. 挑战者 创造一个给大家自由发挥的机会
	4. 独裁者 做出自我的、生硬的决策，全然不顾大家的意见	4. 辩论发起者 通过激烈的辩论做出坚实有力的决定
	5. 事必躬亲式管理者 以自己的个人参与完成	5. 投资者 给他人一定的自主权并培养他们走向成功，并从中获得益处
绩效	绩效 <50%，团队无法被赋能	绩效加倍，团队被赋能

令人惊讶的发现

当我们研究了世界各地的乘法领导者时，我们发现了大量的一致性和固定模式，这些模式证实了我们的早期观察。以下是我们想要分享的四个既令人惊讶又有趣的发现。

乘法领导者性格坚韧

从我们对乘法领导者的研究中，最关键的见解之一就是这些管理者性格坚韧。他们期望从员工中获得卓越的成就，并推动他们取得非凡的成就。他们是不达目的誓不罢休的人，他们是坚韧和严格的。确实，乘法领导者让人感觉聪明能干，但他们不做“让人感觉良好”经理。他们调查人，发现人们的能力，他们想要获取所有的能力，并加以充分利用。 他们看到了很多，所以他们期待很多。

在我们的研究采访中，人们对乘法领导者表示赞赏，且感激之情根深蒂固。与他们共事容易产生深深的满足感，但并不是一段愉悦的关系。兰格是一家大公司的税务高级副总裁，她曾这样描述与德布的合作：“和他一起工作就像一场激烈的锻炼。这很累，但十分振奋人心。”另一个人说：“他从我这里得到了一些东西，我知道我必须给他。为了不让他失望，我几乎要做任何事。”一位向甲骨文亚太地区执行副总裁德里克·威廉姆斯汇报的高管这样说：“当你离开他的办公室时，你会觉得自己成长很多。”

乘法领导者的领导方式不仅是开明的领导法，更是一种成就更高、绩效更好的方法，因为乘法效应将员工才能发挥到极致，与此同时也给员工带来了丰富的满足感。正如这本书的早期读者所指出的，乘法领导者不只是给予员工蝇头小利。

乘法领导者本身也非常出色

人们通常认为，乘法领导者必须站在一边，以突出别人，或者他们必须要很不起眼，员工才能成就卓越。然而，我发现这些领导者不仅能够充分利用他们周围所有人的才智，而且还能利用他们自己全部的才能。我最喜欢的乘法领导者之一是魔术师约翰逊。在高中时，当他只是埃尔文·约翰逊的时候，他便已经是一名非常有天赋的篮球运动员。一次比赛前，他的高中教练对他说：“埃尔文，每次你控球的时候，我都相信你会得分。”于是他就得分了，而且很多分。后来他们赢了这一场比赛。他们的得分是 54 分，其中埃尔文得了 52 分。教练很喜欢他，球员们也都很喜欢他，因为哪个男孩不想在一个不败的球队里呢？但是，在一场特殊的比赛之后，当球员们离开体育馆，走向他们的车时，埃尔文注意到球员们父母的脸，他们来观看他们的儿子打篮球，但最终却看到了这位超级明星。他说：“我在很小的时候就做出了一个决定，我将利用我的天赋能力来帮助球队中的每一个人成为一个更好的球员。”他的这一决定最终为他赢得了“奇迹”的称号，因为他有能力提高他在的每一支球队的水平。并不是说这些领导者必须得让自己渺小，从而使其他的人变得强大。他们的运作方式是让其他人也参与到游戏中来，变得更强。

他们有很强的幽默感

在我们的调查中，我们增加了“幽默感”这一项。幽默感是乘法领导者共有的突出特点，同时也是除法领导者最负相关的特征之一。乘法领导者不一定是喜剧演员，他们不会把自己或情况看得太严肃。也许因为他们不需要为自己的智力辩护，他们可以嘲笑自己，在自己的错误和弱点中看到喜剧，而他们的幽默感对其他人有一种放松的效果。多个工作场所的研究得出这样的结论：幽默可以增强人际关系，减少压力，增加同情心。在一个有趣的环境中工作的人有更大的生产力和更有效的人际关系，员工甚至不会常打电话请病假。有幽默感的领导者营造出一种氛围，让人们能充分发挥自己的作用。

当说到乘法领导者的幽默时，不如想想乔治·克鲁尼，他有能力自嘲，让他人放松，允许人们做自己。正如一位记者在描述克鲁尼时所写的：“15分钟后，他让我觉得很舒服。”克鲁尼搭档说：“他就是有办法让你不可抗拒。”乘法领导者利用幽默来创造舒适的环境，激发他人的天赋和智力。

无意识的除法领导者

我们最惊奇的发现也许是，有些除法领导者并没有意识到自己对别人的除法效应。无意识的除法领导者中的大多数人都凭借个人能力而成长起来，并且由于个人原因，更多是智力水平，而提升到管理层。当他们成为“老板”时，他们以为自己是最聪明的人，可以管理公司体系和员工。其中有些人曾经有过乘法领导者的思想，但他们一直在为除法领导者工作，长久以来，他们继承了许多实践习惯，吸收了他们的世界观。正如一位高管所说的：“当我看到你的研究时，我意识到我已经产生了很多无意识的除法影响，以至于我和初衷已经背道而驰。”他说：“很多人都在努力减少他们的损失，尽管他们可能毫发无损，但他们还是带着从除法领导者而来的残余影响。”对于无意识的除法领导者来说，好消息是有一条可行的途径成为乘法领导者。第七章中说，“无意识的除法领导者”是善意的管理者，他们没有充分利用他们员工的能力，尽管他们有着非常好的意图。

本书的承诺

我们研究乘法领导者和除法领导者时，听到过一类典型案例，关于聪明的人被他们的领导低估能力。我们知道他们很沮丧，因为他们告诉我们，无论他们的工作如何努力，都很少能从除法领导者身上得到更多回报。我们了解到，过度工作和未充分利用可能存在于每个团队中。

而乘法领导者知道如何发掘潜在的智力并挑战它,促使它充分发挥作用。在商业、教育以及非营利团队和政府中都存在着巨大的乘法效应。让我们看看以下几个乘法领导者榜样：

1. 斯里德 · 哈尔是位成功的绿色科技企业家和首席执行官，他招募了一群优秀的人才，然后给他们营造一个压力很大但压迫很小的环境。为了开发正确的技术，获得解决方案，他们要进行试验并承担风险。

2. 艾丽莎 · 加拉赫是一名督学助理，在她的学区内对教师进行了改革，并让他们成为革命者。

3. 卢茨 · 齐奥布是微软的总经理，他的团队认为，他创造了一个良好的环境。他招募优秀的人才，允许他们犯错，并激烈地辩论重要的决策。他要求他们表现出最佳状态，随后与整个团队分享成功。

4. 苏 · 西格尔，前美国昂飞公司总裁，后来成为风险投资家，她的商业伙伴描述了“苏效应”。周围的一切都因她改善，公司在她的指导下成长。我经常想知道，当他们不在苏身边时，他们会是什么样的人。

5. 拉里 · 格伟斯是高地橄榄球的主教练，他的高中校队的纪录是 392 胜，34 年里只有 9 场比赛失利。这一非凡的记录归因于他深思熟虑的领导哲学，使他能在球场内外充分利用球员的智慧。

上述领导者为想成为乘法领导者的人们提供了一个理想的参考。

这个承诺很简单：你可以成为一个乘法领导者。你可以在你周围创造出天才，并从你的员工中获得更高的贡献值。你可以选择像乘法领导者一样思考，然后一样操作。这本书将告诉你如何做，会告诉你为什么这么做，很重要。

这本书是写给每一位身处困难时期，背负着巨大压力的管理者，他们往往在艰难地运营企业。本书告诉每个领导者这样的信息：他们必须做更多的事来从员工中得到更多的东西，实现更多的目标。随着企业削减过多的资源，就更需要领导者能够增加周围人的智力和能力，这比以往任何时候都重要。这本书同样是为那些想要更好地理解他自己的能力，以及渴望从他的身上获得全部能力和智慧的人。当然，这对除法领导者来说是最肯定的，他们可以更好地理解以他们自己的智慧为中心的负面影响。每个管理者都在寻求乘法领导者的承诺：在任何地方，每个人都能够提高智力。

当你阅读本书时，你会发现一些中心信息：

1. 除法领导者未能充分利用人们的能力，甚至将能力闲置。

2. 乘法领导者增加了人们和团队中的智力。人们实际上变得更聪明，更有能力。

3. 乘法领导者充分利用他们的资源。公司可以从他们的资源中获得更多的资源，将他们最聪明的资源转化为乘法领导者。

在把我们的注意力转移到乘法领导者的实践之前，让我们来澄清一下这本书没有做的事情。这本书不是教人如何成为好人，成为让人感觉良好的领导。相反，这本书讨论了一种坚韧的管理方法，它允许人们贡献更多的能力。尽管会有很多关于乘法领导者和除法领导者的讨论，但这本书并不是讨论他们实际的成就，而是关于这些领导者对其他人的影响。它是关于乘法领导者的影响和承诺的。最后，这里提出的想法并不是为了给你的老板和你的同事贴上标签。相反，只是提供了一个框架，帮助人们去实践。

这本书设计成一种端到端的学习体验，提供了机会去理解和成为乘法领导者。本章介绍了乘法领导者的概况。接下来的章节将阐明乘法领导者和除法领导者之间的区别，并将给出成为乘法领导者的五项原则，以及如何将你成为意外的除法领导者趋势最小化。你也会获得一系列的策略来应对身边那些不可避免的人。你会读到真正的乘法领导者和除法领导者的事例，但要知道，出于保密原则，我们已经改写了除法领导者的名字以及他们公司的名字。这本书最后提供了如何成为乘法领导者的路线图，还有如何在整个企业中建立起乘法文化。

我对你们提出的挑战

尽管乘法和除法可能是二元的，但我想强调的是，乘法和除法领导者并非是完全对立的，只有极少数人是纯粹的除法者或纯粹的乘法者。我们的研究表明，我们中的大多数人都兼具乘法和除法特质，并且有能力向乘法领导者的方向努力。有了正确的意图，就可以实现乘法领导，好消息是：

1. 乘法领导者确实存在。
2. 我们已经研究过他们的事例。
3. 你可以学着成为乘法领导者。你不仅可以成为乘法领导者，也可以找到并带动其他乘法领导者。这将使你成为乘法领导者的乘法领导者。

我对你提出的挑战是，你要从几个层面去读这本书。从最根本的层面上，这本书应该毫无疑问地阐明你的经历——一些领导者创造了天才，而另一些人则毁了他们。或者你可以超越这一点，反思那些已经成为你职业生涯和生活经历中典型的乘法领导者或除法领导者。而最重要的一点是，你能够意识到你虽然以乘法的方式领导员工，但事实上你是一个无意识的除法领导者，渐渐地迷失了自己。

当我了解乘法领导者和除法领导者的世界时，我经常看到很多年前的自己或现在的自己，也找到了更好的方法来证明我自己的工作教学和培训。我意识到，我们中的大多数人都有自己的缺点，或者至少存在除法领导者的弱点，虽然我们做的多数都是出于好意。我们可能不能完全摆脱成为除法领导者的倾向，但是可以尽可能多地综合利用乘法效应。

本书会为那些想成为乘法领导者的人提供指导，就像英国首相本杰明·迪斯雷利一样，让遇到你的人认为他们是世界上最聪明的人，而不是你自己。这本书也适用于想在团队中培养更多乘法领导者的高管，从而使团队中的人和事都变得更棒。

现在让我给你们介绍一些可称之为乘法领导者的有魅力而又多样的领导者。他们来自各行各业，从公司会议室到学校的教室，从行政套房到非洲的田野。我们所选择的领导者代表了不同的意识形态。我鼓励你们向每个人学习， 即使那些人有着你不认同的政治观点。这些领导者都不是完美的，但当我们研究他们时，我们可以发现新的可能性。我希望你们能从他们的事例和实践中，发现他们鼓舞人心的影响，正如我们当时一样。

总结：乘法领导者与除法领导者的对比

乘法领导者：这些领导者都是天才制造者，他们使别人的聪明才智充分发挥出来。他们在团队中建立起集体的迅速发展的智力。

除法领导者：这些领导者限制在自己的智慧里，也限制了其他人的发展，并耗尽了公司关键的智力和能力。

乘法领导者的五大法则：

1. 人才吸引者：吸引和优化人才；
2. 解放者：要求人们最好的思考；
3. 挑战者：扩展挑战；
4. 辩论发起者：讨论决策；
5. 投资者：灌输责任感。

无意识的除法领导者：

虽然我们更容易发现真正的除法领导者，但在工作场所中，有很多出于好意的无意识的除法领导者，他们往往限制了员工的想法，并导致员工退缩。

研究发现：

通过充分发挥员工的能力，乘法领导者获得的能力是除法领导者的两倍。

第二章

为团队赋能需要"吸引人才"

我不仅利用自己的全部智慧，而且能够使用我能借来的所有智能。

——伍德罗 · 威尔逊

eBay 总经理高效迈进的背后推动力

每当你经过 eBay 公司总经理梅格 · 惠特曼（Meg Whitman）在加州门洛帕克的家时，你会感觉她仿佛住在东海岸。这座房子属于盐盒式建筑，用白木搭建而成，更类似于新英格兰风格。可能这座房子能够让梅格想起当年在马萨诸塞州的剑桥大学学习商业知识的日子。

2007 年 9 月，正值 2008 年总统大选前期阶段，两党候选人都在极力争取选票，我们因此得以一睹候选人的风采。就我个人来说，我得以扩展我的研究，更好地了解两党候选人。

我们一起聚在梅格家后院的草坪上，梅格手握麦克风，开始向我们介绍美国总统候选人之一——米特·罗姆尼(Mitt Romney)。梅格的介绍简练有力:

当我还是贝恩公司的年轻顾问时，我很荣幸能够为米特 · 罗姆尼工作。当我们受聘任职时，所有人都希望能够加入米特先生的业务团队。为什么呢？因为我们听说，米特先生懂得如何培养身边的职员，堪称最佳老板，在米特身边的人都会获得成长。

你可以想想，梅格刚完成哈佛大学的 MBA 学业，正要在整个商业世界崭露头角。和其他 MBA 者一样，梅格选择在贝恩高级顾问公司开始事业。梅格深知，是否能够选择正确的工作单位，决定了她学习经验和事业的发展速度，以及自我价值的提高速度。她曾经在某个高级顾问给她的信中读到：如果你够聪明，你会在米特·罗姆尼先生的团队中找到自己的位置。这个时候梅格并不知道为什么米特先生能获得如此高的赞誉，但她还是凭借悟性成功进入米特先生的团队。与米特先生共同工作之后，她才明白其中原因。

在米特先生的团队里，每个人都必须全身心投入工作。米特先生首先会了解和弄清每个人的具体情况和工作能力，这比简单浏览简历更有效。米特先生会弄清每个人的擅长之处,并通过与客户沟通的方式发挥每个人的潜力。在评估每个人在团队中的作用时，米特先生会提出这样的问题：你的下一个挑战是什么？你的超越性任务是什么？米特团队中的任何一员，只要其有能够解决麻烦方案的能力，都会给予其他团队成员帮助。当米特先生与成员进行一对一的交流时，他不仅询问方案的进展，同时也谈论面临的阻碍。米特先生常常会问：“什么阻碍了你的成功呢？”

但是梅格许多其他部门的同事并没有和她一样获得这么多的指导。他们发现，领导只会注意自己事业的升迁，而不顾他们团队成员的成长。团队里的例会往往包含以下内容：项目经理汇报项目纪要，负责不同部门的每个顾问分别汇报项目日常进展。每个人在团队中各守其责，各自发展。如果其中一个职员在工作中遭遇不顺，往往会独自默默忍受，多熬几个通宵，而不是向其他同事寻求帮助。工作完成了，但是职员为其付出的努力没有得到认可。公司只会认可团队领导者的能力，并扩大其团队规模。至于项目中的参与人员何去何从，公司只能让他们在之后类似的项目里担任同等职位。

任何团队中都有“人才吸引者”，这些人能够吸引最多的智力，将其发挥到极致，并能够加以保存，以备后时之需。一些领导者不仅能够创造事业佳绩，还能够为年轻聪明的员工营造适合成长和进步的环境。这些领导者堪称他人事业发展的推动者。

米特先生就是一位“人才吸引者”，他推动了梅格·惠特曼事业的成功。梅格后来成为 eBay 的总经理并创造了 88 倍的收入。米特不只助推了梅格事业成功，还有其他很多人。

也许你也是一位人才吸引者，你的下属是否认为你知人善任呢？他们是否认为追随你比为其他老板工作受益更多呢？他们会不会认为你其实只是把他们当作可剥夺的资源，利用后就弃之不管了，而不是当作培养的人才。或许他们总抱怨自己付出很多，却不受重视，只是在团队中充当背景或者装个门面。

一些上司善于发挥自身的魅力，吸引人才又善于利用人才，发掘其最大潜力价值。另一些上司善于获得资源，来建造自己的专制帝国。这一章分析了两种人才管理方式的不同点，以及采取两种管理方式将对员工产生哪些影响。

好领导是人才磁石，差领导是事业杀手

乘法领导者是吸引人才的磁石，他们吸引人才并让人才发挥最大能力，从而挖掘员工的最大功效。乘法领导者能够获得最高智力，不是因为他们拥有卓越的招募能力，而是因为人才往往蜂拥而至。如同梅格·惠特曼发现，人们往往趋向于寻找人才吸引者，因为人们深知自己的能力将受到重视，自己的价值也会显著增加。

与之相反，除法领导者如同帝国建造者，他们聚集资源，但并不充分利用智力。他们引入顶尖人才并且夸下海口，但是他们不会充分利用自己的人力，并让员工感觉无望。为什么？因为他们总是将积累起来的资源用于自我提升和自我谋利。帝国建造者会逐步积累，但做不到乘法式加倍。他们就像收藏古董柜里的小摆件一样收藏人才——目的只是让所有人欣赏，而不是好好利用。

这样的做法会造成一个自闭的循环。人才吸引者产生的是一个良性的充满吸引力的循环，而帝国建造者只能产生恶性的衰退循环。

吸引力周期

1914 年，在社会上享有盛誉的英国探险家欧内斯特·沙克尔顿（Ernest Shackleton）决心开启一次跨越南极的伟大征程。在此之前，他在英国《泰晤士报》上刊登了一则招募广告，广告内容如下：

这正是男人梦寐以求的一段冒险之旅。这段旅途意味着微薄的报酬，经历彻骨的寒冷、数月的暗无天日、频繁的危险，甚至不确定能否安全归来。可是，只要探险顺利完成，你将备受赞誉，获得全社会的认可。

令人惊讶的是，数百名男士报名参加。沙克尔顿凭借多年出海掌舵经验，培训和整编这支船队，组成船队的年轻人大多目的明确，他们热爱冒险又向往荣誉，但同时他们也明白现实，做好了迎接一切困难的准备。毫无疑问，沙克尔顿将尽其所能保全远征路上每一位成员的安全，其能力也吸引了年轻人慕名而来。

吸引力循环首先需要一位信心满满又人格魅力强大的领导者，或者领导者自身具有顶级智慧，或者他自己就是游戏的掌控者——一位绝对的天才，而又有充足的智慧和知识来应对每项挑战。在人才吸引者的带领下，所有参与者的聪明才智得以发掘并充分利用。一旦他们充分施展才华，他们就会更加聪明，能力也就越强。

接下来这个循环就会进入超速发展阶段。随着资源得到利用，人才得到培养，机会不断出现，领导和团队会获得“培养基地”的称号。随着影响力不断扩大，更多的顶尖人才就会争先恐后、成群结队地加入人才吸引者的团队，这也就保证了团队内部稳定的智慧供给，而不是依靠团队外的人力资源。

以下重点说明的吸引力循环就在贝恩公司管理者米特·罗姆尼身上得到验证，这也是梅格·惠特曼深信不疑要加入他的团队的原因。

吸引力循环

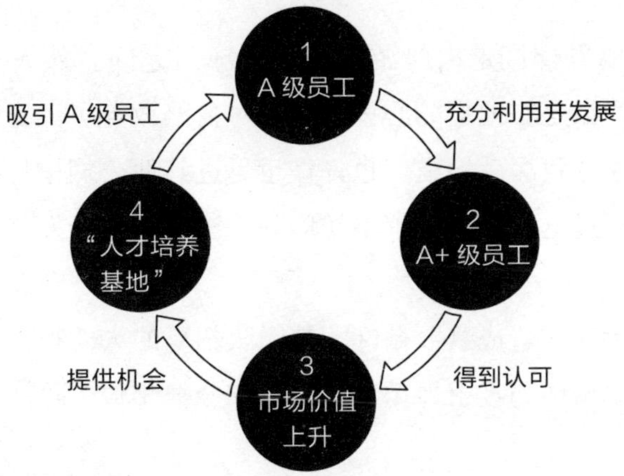

人才吸引者创造了一种强大的力量，吸引人才，然后加速提高自己和他人的智力和能力。这些管理者通过原子间的相互作用，像电磁一样推动宇宙物质运转。

衰退循环

多年来，我与布瑞恩·贝克汉姆先生密切合作，乐趣无穷。他来自加拿大，才华横溢又和蔼可亲，聪明乐观，具备很强的协作能力，能解决任何前进道路上的复杂问题。这些优点令他获得了一个快速增长部门的副总的职务，而他面临的问题是，这个部门的负责人是一位不受约束的除法领导者，同时也是一位坚决的帝国建造者。

布瑞恩的工作主要是解决新兴部门产生的复杂问题，但是他很快发现负责管理该部门的主管并不力求解决问题。部门负责人只想建造自己的帝国，不惜一切代价谋求利益。布瑞恩的角色很快被束之高阁，他和下属只能在表面上解决问题，而高管则持续增加所在团队的员工数量。

几个月间，布瑞恩努力试图冲破束缚谋求发展，但是部门核心却出现了严重问题。由于管理者总是意识不到布瑞恩的作用，所以布瑞恩逐渐变得低调，平庸而没有创新力。他的优秀团队成员开始流失。其他团队领导者往往能够深入看到各种问题，而布瑞恩本引以为傲的点石成金的特质却渐渐被人忽视。在部门混过几年之后，尽管仍抱有提升希望，但是他也明白自己已身处困境之中，机会渺茫。

很快，布瑞恩行尸走肉般游荡在其他部门之间。外人看来，这些行尸走肉还在活动，但是在他们的心里，已经对自己放弃了。布瑞恩本应该成为精英，他的遭遇令我深感惋惜。也许你也见过其他公司里发生了类似事情，或者你也曾经历过这样的境况。不妨问问，这种情况会发生在你自己的团队里吗？

帝国建造者往往造成衰败循环，其团队招募的人才很快就会身心疲惫，形色恹恹。衰败循环和吸引力循环的开始部分很相似（除法管理者常用这方面欺骗雇员）。帝国建造者极力将自己作为团队中心，他们同样较多招募表现比较聪慧和能力强的人才，但这一点和人才吸引者不同。他们不考虑每个人的能力高低，盲目地将他们安排进公司的团队结构。这些A级人才却不能受到足够重视，表现得更像A−或B+水平的员工。他们的工作没有得到足够的关注，逐渐失去信心，逐渐隐退到帝国建造者的光环之下。他们的市场价值不断降低，机会越来越少。衰败循环影响每一个人，甚至辐射整个公司。这样一来，公司仿佛逐渐成了一个“大象墓地”——外界称之为湮没人才的地方。正如一位技术一线人员这样描述他的工作：我在这个职位上耗尽了我的一生。他的辞职报告将这点再次明确：“如果我是牛奶，那么我的工作已经凝固了。”

帝国建造者常常被批为“事业杀手”，很难为公司招募到顶级人才。这也就是为什么他们极力汇聚所有资源的原因。起初帝国建造者能够吸引招募人才，但是他们重点关注自己的扩张，而未能充分利用人才的能力，反而阻碍人才进步，导致人才停步不前。

这些帝国建造者带来了衰败循环，正如接下来的篇章介绍的一样，这个周期呈现螺旋式下降趋势。

帝国建造者忙着集聚资源而不能充分利用人力，而人才吸引者吸引人才，善于利用员工的自信。我们将探索人才吸引者的概念，这些乘法领导者创造了吸引力周期，也带来了创新成果。

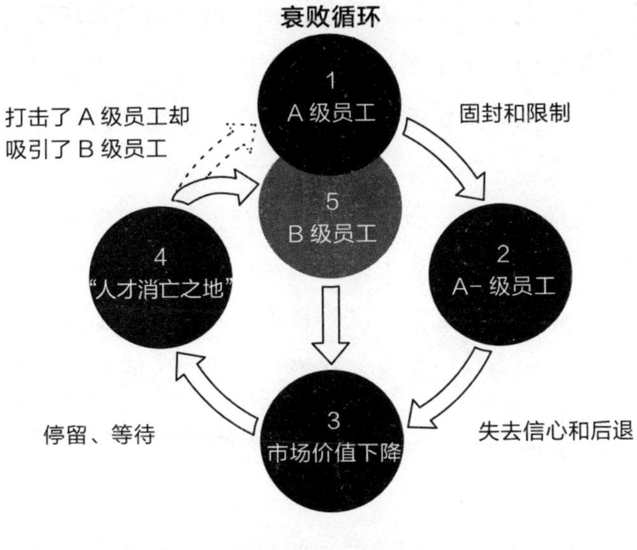

人才吸引者

人才吸引者创造吸引力周期，加快创造业绩，发挥员工潜能。但是这种机制真的只对市场中的顶级人才和 A 级员工适用吗？真正的人才吸引者能不能随时发掘每个人的潜能呢？

1986 年，托马斯·斯特朗格曼和安德里亚斯·斯特朗格曼双胞胎兄弟共同在德国慕尼黑附近创立了德国赫素制药集团（Hexal AG）——德国最大的通用药制造公司。这对双胞胎兄弟也由此成了自主创业者。安德里亚斯是名医生，也是医药管理人员；托马斯从事国际商务贸易。这对兄弟凭借他们的工作经验，成功建立了私营医药公司，并借助当初的本地人才库一步步发展壮大。这家公司用各种方式得到人才资源，而不是一般的招募方式，这样促使普通人创造出非凡佳绩。这正是这家公司的独特之处。

一开始，公司管理者将人才纳入公司里。他们解释：招募员工时，我们会向每个人问一到两个问题。如果应聘者不合适的话，我们不会继续提问。如果某个应聘者极端个人主义，那我们就确定这不是我们想要的人。如果我们发现某个应聘者适合我们的岗位，就会花大量时间考察其能力以及能为公司所做贡献大小。斯特朗格曼兄弟知道如何吸引优秀的人才。

一旦加入了赫素制药，人们就会发现，斯特朗格曼兄弟的另一非常规做法。赫素没有固定团队结构图，也就是说没有固定的团队结构。这和那些不公布团队结构以防其他公司挖走人才的公司不同，赫素制药没有固定的团队结构是因为斯特朗格曼兄弟不相信人才是受限的。工作岗位围绕人们的兴趣和独特能力设置，并不是死板的。他们称这种方法为“阿米巴模式”，这里简单介绍一下。

厄休拉的职责是协助客户服务经理。她在工作中发现针对一个活动会接到大量重复的请求，而且不断有人加入申请行列。她便想利用网络创造工作流程追踪系统。厄休拉据此提出自己的意见，并用电子邮件发给同事，向他们征求意见：“你们认为这个建议怎么样？”有些人回复其邮件，还有的人停在她办公桌前与她交流。但是大家都赞同她的建议，并期待这个建议的落实。

她集合了一些她所需要的员工，获得了一些预算，然后这个临时团队建立了这一体系，并把这个体系简介上报了斯特朗格曼兄弟，上司对他们的努力表示赞许，对厄休拉的领导能力和创新能力表示赞赏。斯特朗格曼兄弟相信，如果一个想法得到了很多人的支持，这就是一个好主意。在赫素制药，你可以在任何地方看到工作激情。

通过鼓励员工寻找兴趣和激情，斯特朗格曼兄弟能够最大限度地任用人才。他们不会将人才限制在工作岗位上，限制他们的贡献。他们为人们提供充满思想和精力的工作环境。他们促进人才像阿米巴虫一样流动和寻找最佳机会。

赫素制药的成功有很多原因，但有趣的是，斯特朗格曼兄弟在 2005 年以 76 亿美元的价格将赫素制药卖给了瑞士诺华制药公司（Novartis AG）。在 55 岁的时候，他们每个人都分得了 38 亿美元。在领导赫素制药期间，斯特朗格曼兄弟从很平凡的员工中得到了超常的成绩。为什么？因为这是一对人才吸引者兄弟，他们知道怎么发动所有人的智慧推动集体事业。人才吸引者是怎么发现和推动人才的呢？在接下来的小节中，我们会找到某些答案。

人才吸引者和帝国制造者的处事方式

在我们研究乘法领导者的过程中，我们发现了四种共同促进并维持吸引力循环的实践。这些人才吸引者：

1. 四处寻找人才；
2. 发现员工的天赋；
3. 充分利用人才的才能；
4. 消除阻碍。

我们现在来逐一分析，从而清楚地了解人才吸引者到底是如何发掘他人的才能，促使他们成为天才的。

四处寻找人才

人才吸引者一直在寻找新的人才，他们甚至脱离自己所处的环境，在更大范围内寻找人才。人才吸引者在广撒网，以期找到身处不同环境、来自不同地方的人才，他们知道智慧从来都是多面的。

欣赏不同类型的人才

1904 年，法国研究人员阿尔弗雷德·比奈开发了一个智力测试，这一测试随后逐渐变成智商测试，可以用来评估法国学生学习是否进步。他的假设是，学生低智商并不意味着学习能力不足，而是他们需要更多不同的教学方式。这个测试方法迅速家喻户晓。在过去的 20 年里，世界各地的认知心理学家都做了大量的工作，提供了更多的方法来培养和发展人的智力。不管是哈佛大学的教授霍华德·加德纳的多元智能理论，还是丹尼尔·戈尔曼关于情商的理论，又或者斯坦福大学教授卡罗尔·德韦克的研究，都着力于思维能力对行动能力的影响。我们可以清楚地看到：智商只是一个受限的衡量标准，并不能代表真正的智慧。我们在很多方面都要比智商测试结果显示的更聪明。

人才吸引者知道天才有多种形式。一些人擅长定量分析或具备语言推理能力——可以通过 IQ、SAT 和其他传统认知测试评估。还有人往往具备创造性的才能，擅长提出新鲜和大胆的想法。有些人的想法很关键，能够识别并记录计划中的每一个问题或潜在问题，而另一些人则有本事绕过风险。日本东京的一名 CEO 成功转型成了风险投资人，他其中的一条成功法则就是：当他在倾听一家寻求融资机会的初创公司团队演讲时，如果团队的三个人都是工程师，他就不会投资该创业计划。他寻找多样性，他深知任何初创公司都需要各种各样的人才，也包括技术型创业。

比尔·坎贝尔（Bill Campbell），财捷集团（Intuit）的前 CEO，也是一位欣赏不同人才的公司老板，他于 2016 年去世，他生前深知如何发掘多样人才，这对企业的成功至关重要。这位哥伦比亚大学的经济学教授以及足球教练，凭借其对硅谷精英技术人才的卓越领导力而闻名。比尔告诉我们：“人才可以弥补我的智力空白，他们拥有我所不具备的天赋和能力。”他在工作中表达了对人才的欣赏。他欣然承认，他很欣赏人才所创造的成果。他会专心聆听那些提出建议的人的想法和具体构思，因为这是他所没有想到的领域。他也会向他们请教他所不知道的事情。这种对他人能力的欣赏，促使这位前足球教练成为多家公司的个人顾问甚至首席执行官，包括苹果、谷歌等等。

忽略边界

在寻找最优秀人才的过程中，人才吸引者并不看重建立团队边界。他们在任何地方都能看到多种形式的内部关联。人才吸引者生活在一个没有围墙的世界里，也没有等级或横向限制。相反，他们更加注重人才网络。

你经常会发现团队内部的人才吸引者，因为他们忽视团队结构。如果团队内部出错，通过团队结构图能够很方便地找出谁为谁工作，谁为谁负责，但是当你寻找人才的时候，这些问题就不那么重要了。就人才吸引者而言，团队结构图是无关紧要的。为什么？因为每个人都为他们工作，每个人都能在工作中发掘自己的能力。乘法领导者是这样的：如果我能发现某人的天赋，我就可以让他为我工作。

这个想法很简单。乘法领导者往往了解人们能够贡献的能力大小。如果他们想弄明白某个人的天赋能力，他们就为这个人开辟出路，他们会任用这些人。如果有人不愿意，乘法领导者的工作也不会受到阻碍，因为他们往往可以从更大的人才资源库发掘人才。

正因如此，在跨团队项目和跨企业投资项目中，乘法领导者可能担任核心角色，也可能位于整个团队结构的顶端。普遍真理就是，他们往往能超越人才的局限。北京一家高科技公司的CEO，一直力求在大学或竞争对手中找到最优秀的人才。在工作日结束的时候，他会坐在优步出租车里，在外面等着某些竞争者从办公室里出来，坐上他的车。在车里，他会和这些竞争对手谈话，利用这种方式寻找所需的人才。尽管暗中潜伏在竞争对手的办公室外面的这种做法很极端，但这是人才吸引者寻找人才的一个很好的方式，然后再去研究和发掘这些人才真正具有的天赋和能力。

发现员工的天赋

作为一家跨国公司内全球职能的负责人，我在跨职能会议和任务小组上花费了大量时间。但是有些时候，会议中经常会出现棘手的问题，这时候就会有人递给我一支白板笔，指着会议室前面说："莉兹，帮我们梳理一下问题。"我会立刻接过笔，讲述一些观点，再把笔还回去。过了一段时间，我就开始想，为什么我就不能像个普通参会者那样，坐在会议室后面，收收我的邮件，简简单单地开个会。我想知道，为什么总有人叫我去处理棘手的问题？为什么让我去做和我本职工作无关的事情？

直到多年经历了类似的情形，我才意识到我不是被迫去管理——而是确确实实在管理。每当一个团队更需要一个执行力强的领导者，而不仅是老板的时候，我就处于管理者的位置上了。我清楚地记得，我的一位同事试图向我解释，为什么我总是被迫主导这些会议。同事解释说："那是因为你可以很容易找到核心问题，能综合分析人们的谈话，并计划出行动路线。"什么？我不解地盯着他，试图弄明白他在说什么，听起来他好像在告诉我我会呼吸这样本能的事情一样。他所说的对我来说，并不是什么特别大的事，也不像其他人口中所说的那样困难。至少对我来说就和呼吸一样简单，我的同事告诉我，我有一种天生的才能——能够既轻松又自由地工作。

寻找与生俱来的能力

人才吸引者知道如何发现和利用人才身上与生俱来的天赋。"天赋"指的是一些更具体的技能或能力，可以经得住领导者 360 度领导力评估。本能或天赋指人们做某事不仅很出色，而且游刃有余。他们能本能地（无须额外的努力）、轻松地（无条件地）做好工作。

人们做擅长的事情，往往轻而易举，不需要为此付出巨大努力，而且他们会做得非常棒。

人们能自如完成的事情，便不会太讲条件。他们不需要因为得到报酬或奖励做擅长的事，也不需要他人的请求或督促。这种本能的天赋给予他们内在的满足感，他们自愿甚至热情地主动献出自己的能力和成果。这是毫不费力的，他们时刻准备着贡献，不管是不是正式的工作要求。

要想员工自发努力，发掘他们与生俱来的能力是关键的一步。它驱使人们超越必需的界限，转而奉献全部的智慧。先仔细观察他们的行动，寻找他们真实的热情和能量。当你看着某人正忙于某事，你可以问他以下问题：

1. 你最擅长做什么事?
2. 你比其他人在什么事上表现得更好?
3. 什么事情你不用很努力就可以完成?
4. 你会自愿做什么事情?
5. 你愿意做哪些无报酬的事情?

指出人才的天赋

与生俱来的才能对人来说更像本能反应,他们可能并不了解自己的能力。也许你听过“鱼是最后知道水的存在的”这句话。但如果人们不知道他们自己具备的才能，就没有办法好好利用它。告诉员工他们所具备的能力，就能提高员工的自我意识和信心，让员工更全面地发挥能力。

已经退役的主教练拉里·格伟斯曾带领过战无不胜的高地高中橄榄球队，球员经常说他们在拉里那里获得了更多本事。在尚未为拉里工作时，约翰认为自己是一个还不错但算不上出色的运动员。但拉里指出了一些让他改变了对自己看法的事情。约翰回忆说：“拉里曾公开夸我速度快。”当教练在其他人面前公开夸自己时，他感到很惊讶。他继续说：“我知道我的速度快一些，但不是特别快。但因为拉里特地说出来，这件事鼓励我相信：我速度很快。每次我要用速度取胜时，就会想起这件事，我就会超越自己的极限。”约翰不仅变得很快，而且变得越来越快。

在为约翰打上能力标签时，拉里解锁了约翰的能力。像约翰一样，大多情况下，人们听到别人描述自己是个天才时，第一反应通常是困惑，他们通常说：“真的吗？不是每个人都可以这样做吗？”或“这没什么大不了的！”发现他人的才干，然后再强调出来，就能直接发掘更多的智慧。

充分利用人才的才能

一旦一个人才吸引者发现了其他人的天赋，他就会去发掘或者寻找那些需要这种能力的机会。有些机会是显而易见的，还有的公司则需要重新审视业务或团队结构。一旦他们发现了某个真正的天才，他们就会把所有注意力都聚集在他的身上，这样其他人就能在工作中看到他们自身的才能。

将人才和机遇相连接

科特尼·考德威尔曾是一名教七年级数学的老师，任职于洛斯阿尔托斯学区的伊根中学。她对数学和科学有着深厚而真挚的热爱，同时也热衷于创新，愿意尝试新想法。一般领导者会如何看待科特尼？让她去教高年级课程，还是让她教最好的班级呢？无疑，哪样做肯定都会向学校表明她的价值，并激励她成为一名更好的教师。

科特尼对课堂实验和创新的兴趣引起了校长助理阿里萨·盖里的注意。当时他所在学校的校长需要一名教师实验混合学习方案，旨在促进可汗学院的建成。这个地区正筹划大胆的愿景，为所有的学生提供革新的教育。校长助理阿里萨·盖里正在组建一个试点团队。

试点团队的四位老师，每个人都对重新思考数学教学方式充满激情，并全身心投入。当他们开发出新的方法时，会将技术和在线学习整合到他们的课程中，当然他们也遇到了许多障碍和一些混乱的问题。科特尼加入团队以后，大胆提问，探索课题，帮助他人理解复杂的问题。阿里萨注意到似乎科特尼在混乱的团队中具有天然的领导能力。但是为什么呢？阿里萨看着她，注意到科特尼对复杂性有很好的预测和分析能力。不知怎的，问题越严重，科特尼就领导得越好。

在完成了一个非常成功的试点之后，阿里萨在资金问题上与其他人进行了争论，主张将新的混合学习策略更深入一层，并将这些实践推广到所有年级的数学教学中，涵盖超过 50 名教师的课程。他指派科特尼做地区数学教学负责人，科特尼一半的时间在自己的教室里上课，另一半时间用于指导其他老师。当这些教师遇到问题时，科特尼也为他们指引方向。在科特尼的指导下，老师不断解决问题，直到新型的混合学习方案逐渐在整个地区内的课堂中形成趋势。

到第三年，整个学校都洋溢着创新的激情。家长们都很关注，也愿意为三名全职教练提供额外的资金，包括一个技术整合教练、一个创新的策略教练和一个 STEM（科学、技术、工程、数学）教练。在科特尼担任全职教练的时候，她能使所有教师重新思考教学实践，不仅是数学，科学也是如此。因为人们对这个团队的创新很感兴趣，阿里萨组织开放对外交流活动，欢迎其他学校教师来访并学习他们创造混合学习环境的经验。当其他学校来访的时候，他们指派科特尼就疑难问题指导和帮助他们。

当领导者将人们的天赋与机遇联系起来，这些人才就会带来最大的贡献。对阿里萨来说，这是一种令人愉快的管理方法。他研究了科特尼以及每一个团队成员，注意他们每个人出于本能和自发性地去做什么。然后他让他们在工作中充分发挥作用，解决问题，从而为所有学生带来变革的教学改变。

在你的团队里，是否有人才在拥有极佳机会时，能够领导一次变革？或者在你的团队里，有没有员工未能完全发挥自己的潜能？

给予每个人自我展现的舞台

每年夏天，在加州的雪乐山区，会有大概 75 名少女欢快地聚集在一起，共同参加一年一度的“女孩夏令营”。这一周的欢乐、冒险和友情往往正是她们青春时代的纪念碑。这个夏令营完全是由 60 名首创者志愿组织起来的。在过去的 6 年里，玛格丽特·汉考克曾担任过（也是一名志愿者）夏令营的总指挥，领导这群不可思议的青年。

玛格丽特是计算机历史博物馆的执行董事，还曾是斯坦福大学的学科带头人。她很聪明，成就多多，而且非常能干，有自己的主见。她的一个助理说：“玛格丽特很有能力，她几乎可以做任何事情。”但是，她的有趣之处不在于她能做什么，而在于她不能做什么。其实，她就是一个乘法领导者，擅长在其他 59 位同事中发现闪光点和奉献精神，从而共同努力把这个夏令营从设想变成现实。

玛格丽特起初建立了一个“梦之队”，按每个人的天赋精心招募。其中一位助理告诉我们：“玛格丽特会不断地分析研究，一定要弄清每个人擅长什么。她选择助理的依据不仅是我们的优势，还在于我们每个人都有她所不具备的优势。”然后她为每个人找到能够发亮发光的职位。有些是女生之间一对一的工作，有些是管理体育项目，还有人负责团队篝火晚会。但无论成员担任哪一个角色，她都精心安排，以充分利用团队中每一个人的独特能力。

然后，玛格丽特向每个人解释他们为什么要担任这些职位。她不仅注意到他们的才能，还指出他们的能力所在。夏令营的一名负责人告诉我们：“她告诉我，她在我身上看到的才能，以及为什么它很重要。她告诉我为什么女孩的夏令营活动将因为我和我的工作变得越来越好。”但玛格丽特并没有就此止步，她还让其他人也知道这点。她通常都是这样介绍新成员的：“这是珍妮弗。她是一位有创造力的天才，我们很幸运能让她指导我们的艺术项目。”

玛格丽特招募人才后，会转回幕后，让每个人都获得自我发挥的舞台。她经常热情洋溢地赞美别人，但从不空洞。她对每个人的赞美是具体实际的，而且是公开的。其他夏令营的领导者可以看到他们的工作和成功。一位夏令营的负责人说：“她不仅告诉你你做得很好，她还告诉你为什么你的工作对这些女孩很重要。我知道我的工作得到了赞扬。”

玛格丽特发掘了他人的才能，然后让每个人都获得自我发挥的舞台，让每个人都能看到他们的才能。结果是什么？对于这 59 名和玛格丽特并肩作战的负责人，他们性格得到塑造，体验了极具价值和经验的人生体验。

消除阻碍

人才吸引者吸引人才和智慧并推动它们成长，乘法领导者为促进进步提供了空间和资源。但是，人才吸引者不仅仅是提供资源，他们还消除了发展障碍，通常移除那些阻碍其他人进步的障碍。几乎每个公司都有一些人压制了其他人发展，消耗了促进周围人成长所需的资源。就像花园中的杂草一样，他们扼杀周围人的智力发展。

放下自我

位于硅谷中心地带的布鲁姆能源（Bloom Energy）公司开发出一种燃料电池系统，这种系统能够生产出清洁、可靠和廉价的能源。凯鹏华盈风险投资公司创办的第一家绿色科技创业公司即布鲁姆能源公司。布鲁姆能源公司由 K.R. 斯里达尔领导，他不仅是著名的航空航天和环境科学家，而且是能源领域的思想领袖。

当斯里达尔开始创办布鲁姆公司时，也开始了他所谓的“基因库工程”。斯里达尔解释道：“A 级人才会吸引其他 A 级人才。A 级人才的智能和激情，会使其他聪明又充满激情的人们想在这里工作。所以你的前 50 名员工一定是最重要的。”当布鲁姆雇用最初的 50 名员工时，绿色科技产业尚未形成。因此，斯里达尔分解了他们开发能源发电机所需的每一项技术，并确定了每一项技术领域中的前沿公司。然后他研究并分析每一家公司中最宝贵的员工。他向这些人解释布鲁姆公司面临的极大挑战，并招募他们加入公司。这样他就建立了一个由精英技术人才组成的“基因库”，他们在各自领域中都是顶尖人才。他还制定了一条规则：放大自我——从你进入公司大门，你就要与团队一起工作，丢掉自己的个性和自我。他现在拥有所需要的人才，也组建了一个团队，共同研发综合能源技术。

在这个精英团队中，关键技术专家的作用非常重要。斯蒂芬是一位杰出的科学家，他是公司关键技术领域的全球专家。在团队运作中，很明显，斯蒂芬无法和别人合作，但对公司的技术方向又有决定权。由于公司刚刚承诺在 18 个月内要发布一个重要的测试版，所以团队工作气氛很紧张。斯里达尔把斯蒂芬拉到他的办公室，向他解释情况，但斯蒂芬不会让步。斯蒂芬知道他自己是公司的技术骨干，所以他向斯里达尔明确表示：要么选择他，要么选择团队。斯里达尔做了一些解释，但是斯蒂芬的自我不允许他躲避这个问题。

在考虑了这个问题和所涉及的风险的一小时之后，斯里达尔做出了决定。他选择了团队。他送斯蒂芬离开公司，然后对团队解释他的选择：“我知道我的行为会增加我们的风险，但我知道我们不可避免。我们要克服这个困难。

我相信我们会渡过难关的，只是成功肯定会大大延迟。”团队知道了斯里达尔愿意放弃他们最顶尖的技术人员时，都陷入了沉默。一个成员打破了沉默，说：“不会延迟的。哪怕做以前从未做过的事情，我们也一定会成功的。”有了新的动力之后，这个团队在周末甚至任何时候都在工作。他们引进了具有批判性专业知识的顾问，弥补他们这方面的缺失。他们保持了 18 个月的增长速度，来填补斯蒂芬的离职所造成的空缺。他们最终的成功只比原来的最后期限晚了两天！

这一事件让该公司明白了：利用行业中最好的人才是最重要的，而不是某个关键人物。斯里达尔加快了知识产权的发展，他的公司摆脱了妨碍发展的首席技术人员，转而利用整个团队的智慧。今天，布鲁姆能源繁荣发展，也是凯鹏华盈持续扩大绿色科技投资组合的原因之一。

个人天才可能具有欺骗性。乍一看，去掉除法领导者的代价非常昂贵。但是，我们只需要盘算一下就可以看到除法领导者带来的高成本。我们的研究不断证实， 除法领导者只能利用员工大约 50% 的智力和能力。移除一个高智商员工或领导者可能很难，但也带来巨大的回报。在一个由 11 人组成的团队中，移除一个阻碍相当于得到 5 个全职员工，也就是有 10 个人 100% 的工作。你可能会失去一个想法，但你会得到五个新想法。

领导者通常都知道阻碍发展的人是谁。他们所犯的最大错误就是等待太久最后反而难以除掉。你最聪明的员工会不会正在妨碍其他聪明的员工？ 可能你等待的时间太长了，反而不容易解雇他们？如果你想释放潜藏在你公司里的才能，就要找出公司里面的杂草并拔除。就像斯里达尔一样，把团队聚集在一起，并让员工知道自己已经解雇了除法领导者，因为他阻碍了团队的发展。这样也能让团队员工重新思考自己的作用。

消除阻碍

人才吸引者通常会移走阻止他人发展的关键技术人员。但有时这个阻碍者就是领导自己。已故的管理大师 C.K. 普拉哈拉德（2010 年 4 月去世）是我的导师之一。他曾经在印度和我说过一句古老的谚语：“菩提树下什么也不长。”它提供了阴凉和舒适，但它不允许阳光照射。许多领导者都是菩提树，他们保护他们的人，但是在树下，什么也不长。

一位公司的副总裁有一个很喜欢的口号，他经常引用，并写在办公室的门上：“为了完成你的工作，请忽略我。”简单的一句话，是对他人判断力和能力的信任。他的员工了解他们自己的判断力和能力，迅速完成工作比取悦老板更重要。他对新员工说：“是的，我也会有焦虑的时候，因为我本可以用更好的办法做事，但是我会克服这一点的。我希望你相信自己的判断，继续前进，完成工作。”

人才吸引者移除阻碍人才成长的障碍。

人才吸引者的世界是动态的。人才吸引者凭借强大的引力吸引人才。然后充分利用和拓展，不断地准备迎接新的挑战。当你为帝国建造者工作时，工作内容往往不会激励人心，而更多的是玩政治、所有权和被限制。

除法领导者管理人才的方法

乘法领导者运营公司通常来自一种信念，即天赋无处不在。只要能识别出人才，他们就可以充分利用这些人才。除法领导者则认为，每个人需要向我报告他们做的任何事。一位高级主管曾表示，IT（信息技术）部门表现不好的唯一原因就是部门向别人做了报告。他认为自己拥有资源是最主要的解决方案。除法领导者是人才的所有者，却不会培养人才。因为他们并没有积极地发展人才，他们团队里的人只会觉得受折磨，甚至会退步。

以下是除法领导者看待世界和运营公司的方式，以及这些方式如何影响员工和公司：

获取资源。帝国建造者们将精力集中在对资源的无限制开采上，并在领导的指挥下将其投入到团队结构中。对某些领导者来说，人才过多会成为一种困扰。

回想一下第一章提到的贾斯珀·沃利斯，他面临高成本的负担，深陷团队规模问题不可自拔。经过多年的发展，贾斯珀成功地为其分公司建立了独立办公楼、客户咨询中心和培训学校。然而，经历了快速无节制的增长，贾斯珀的公司呈现疲软态势，整合与协调等新的问题接踵而至。这个洞变得越来越深，直到他的分公司被其他公司团队兼并。就像罗马帝国一样，其他公司最终没有超越自己，公司却因自己的问题最终解体了。

限制人们发展。分治是帝国建造者的一贯做法。他们带来了优秀的人才，为他们开辟了一片领地，但他们并不鼓励人们走出这些区域。帝国建造者们并没有给他们的管理团队提供广阔的发展空间，而是确保他们自己是整个团队的关键。你可以经常在公司看到帝国建造者,因为他不仅参加一对一的会面，还参加团队员工会议，只是为了方便各个部门向他汇报工作。

有一位经理，他只进行独立决策，而不是与团队共同决策，这一点众所周知。这在他的员工中形成了一场秘密的、高风险的竞争。每个人都将在周五下午的最后一次会议上争夺抢手的一对一会议。为什么？因为每个人都知道上司会在周末做出自己的决定，并在星期一的员工会议上宣布。人们很快就了解到，在周五下午的时候，获得上司消息的人是最占优势的。这种分而治之的方法不仅使人们处于狭窄的定位之中，而且是一种危险而又昂贵的决策方式。

迫使人才退步。帝国建造者扼杀员工能力的方法之一就是他们自己独占风头。他们通常是唯一的领导者，并坚持认为他们在工作中耗费时间最多。人才吸引者会向他人借贷，而帝国建造者却向别人索取。

帝国建造者爱出风头的特性，往往只是阻碍人才的其中一个方面，更隐蔽的问题实际上在于他们的不作为——这些管理者积极地吸纳人才，但却不热衷于培养人才。他们在很大程度上对其他人的进步一无所知。通过我们的定量研究，我们发现，其实“培养团队才能”是管理者最欠缺的三种技能之一。

他们也会因为不去清理有害的员工从而扼杀了人才。我们研究过一个除法领导者，他因他的不作为而臭名昭著。人们说：“他和他的管理团队从来没有做过决定。他们没有任何成就，只是不断地分析。”他不会解雇那些有危害的或无用的领导者，而是会慢慢地让他们不再发挥作用。一个观察人士这样描述道：“看着他的一名员工被开除，这是一种折磨，就像一个小孩把一只蜘蛛的腿一条一条地拔下来，然后看着它蹒跚爬行。”

当领导者扮演帝国建造者的角色时，他们会带来巨大的资源，但他们从根本上低估了资源的价值，所以没能充分利用。他们继续以“一个大脑，许多人的手”的团队模式运营公司，这一模式阻碍了员工的智力和人才的发展。除法领导者建立了公司的团队结构，可身处其中的人们却一步步走向消亡。这就是为什么企业存在除法领导者成本会很高的原因。他们投入的资产不会增值。

成为人才吸引者

在乘法领导者的领导下，人才成长会给公司贡献双倍智力。成为人才吸引者首先要做到以下几件事。

如何在团队内开启一个成长和加速的循环？你可以通过学习成为一个天才的观察者，并发现周围每个人的天赋来开启这个循环。想象一下，如果你是一个公司经理的“天才观察员”，观察其团队中的每一个成员，并注意到他们做任何事都是既自然又自在。天才观察者会问：“我怎样才能利用他们的天赋，完成我们最重要的工作？”或者，某高中的新任校长，他在自己的团队里练习观察人才两个星期，现在发现到处都是天才。在参加一场学区会议时，他注意到艾琳——来自竞争对手高中的课程指导老师，艾琳指出了学校在采用新项目时可能会遇到的各种各样的陷阱。在以前的会议上，艾琳发现潜在问题的本事似乎让人讨厌，但现在看来，这似乎很有用。他想知道自己的团队里有谁拥有“潜在问题发现者”的才能，以及如何使用这种才能。

如果你想要发现、指出和利用你周围每个人的天赋，你可以尝试以下四个实验。对于预备的人才吸引者来说，每一项都是至关重要的技能。附录 E 有完整的表格，用于指导书中大量提到的乘法领导者实验。

指出天赋。通过挖掘一个人的天赋，并释放隐藏的潜力，你可以发掘团队中每个人的天赋（他们在某方面做得轻松自如）。或者你可以是有选择性的，只专注于你正尝试合作的那个人，或者正在琢磨如何利用其才能的人。也许你曾经一直希望能把一个人从团队中除去，不要问：“这个人聪明吗？”试着问：“这个人在什么方面很聪明？”你的发现可能就会改变你之前的想法。

一旦你训练自己去识别人才（在你自己和其他人中），就可以让整个管理团队都来学习识别人才，这样团队成员就能了解团队中每个人的天赋。

拔高任务。试着按给孩子买鞋的方式去度量每个人的工作。聪明的父母是如何决定给孩子买什么尺寸的鞋？他们先测量孩子双脚尺寸，然后他们买一双尺码偏大的鞋。当他们的孩子试穿这些鞋子，不自然地站在商店里，抱怨鞋子太大显得太奇怪的时候，父母会如何回应呢？他们会说："别担心，你会长大的。"

试着拔高员工的任务。评估他们当前的能力，然后给他们一个较大挑战。给个人贡献者领导角色，给一线经理更多的决策权。如果他们看起来很吃惊，那就代表这个角色或责任一开始可能会让他们觉得很难以接受。然后静静观察他们的成长。

让超级明星离开吧。也许比看着 A+ 级别员工离开你的团队更困难的是，你就是曾鼓励他们不断前进的人。大多数的管理者都试图留住他们的最佳员工，最好的领导者却知道什么时候让他们离开。他们认识到这个超级巨星已经超越了他的工作环境。就像父母看着他们的孩子去上大学一样，他们充满了复杂的感情，但很明显，年轻人需要更广阔的天地和新的考验。你的团队中是否有人需要更大的挑战，但除非你让他们离开，否则他们就不会继续成长。

朝着正确的方向前进

苏·西格尔是美国昂飞公司（Affymetrix）的前任总裁，也是一位非凡的乘法领导者，她叙述了其任职期间的经历。她说："对我来说最美好的时刻就是，团队成员在完成了一些艰难的目标或者克服了巨大的障碍之后，会给我打电话。他们通常都很累，但是他们充满了热情，他们已经在挑战中成长了。这些时刻对他们和我来说都是令人振奋的。"为苏工作的人确实把这样的时刻描述为他们职业生涯的亮点。

人才吸引者鼓励人们成长和离开。他们写推荐信帮助人们找到下一个任职公司。当人们离开他们的团队时，他们会庆祝他们的离去，并向所有人宣布这些人是成功的。其实，这些庆祝活动也成了他们最好的招聘渠道。

杰克和苏茜·韦尔奇写道：“成为人们喜欢的老板，能够让你变得更好，也会开启另一种良性循环模式。最好的团队会吸引最好的员工，而胜利往往会带来更多的胜利。这是你和你的员工永远都不会忘记的一段旅程。”人才吸引者创造了一个吸引力循环，不管对雇主还是员工来说，这都是令人振奋的。人才吸引者的团队是人们向往的就业场所，人们蜂拥而至，因为他们知道人才吸引者会促使他们进步、壮大，并加速他们的职业生涯发展。这是一种令人振奋的循环，拥有如同坐过山车一样的兴奋感。但是，如同每一位 CFO 都梦想的盈利表，这个循环也会不断地朝着正确的方向前进。

总结：帝国建造者与人才吸引者的对比

帝国建造者聚集了众多的人才，但是他们没有充分利用资源，因为他们囤积资源，只是为了自己的利益而使用这些资源。

人才吸引者能吸引到最优秀的人才，因为人才会拥向他们，员工知道自己的才能会被充分利用，并为下一阶段的职业发展做好准备。

人才吸引者的四种处事方式：

1. 四处寻找人才。

· 欣赏不同类型的天才；

· 忽略边界。

2. 发现员工的天赋。

· 寻找与生俱来的能力；

· 指出人才的天赋。

3. 充分利用人才的才能。

· 将人才和机遇相连接；

· 给予每个人自我展现的舞台。

4. 消除阻碍。

· 放下自我；

· 消除障碍。

成为人才吸引者：

1. 指出天赋；

2. 拔高任务；

3. 让超级明星离开吧。

利用资源

	帝国建造者	人才吸引者
做法	囤积资源，未充分利用人才	吸引人才并且充分利用
成果	获得不值得优秀人才为其工作的领导者的名声（“湮没人才的地方”） 未充分利用人才的能力导致其能力萎缩 让优秀人才幻想破灭 智力停滞，优秀人才自我放弃并停滞不前	获得优秀人才值得为其工作的领导者的声誉（“能够成长的地方”） 充分利用人才才干，促使其才能增长 鼓励优秀人才吸引其他优秀人才 优秀人才即使离开公司，也会吸引大批其他的优秀人才

意外的研究发现：

1. 人才吸引者和帝国建造者都吸引了顶尖人才。不同之处在于他们在招募人才进公司之后所做的事情。

2. 人才吸引者不会因为把人才输送到更有挑战性的职位上而流失人才，因为有源源不断的人才想要进入他们的团队。

第三章

为团队赋能需要“解放束缚”

唯一永恒的自由是智慧的自由，也就是说，观察和判断的自由。

——约翰·杜威

小领导也有大智慧

迈克尔从一家小型咨询公司开始他的职业生涯。作为一名年轻的管理者，他表达自己的观点的态度强硬，而且这种情况越来越严重。随着时间的推移，他看到了自己这方面的破坏性影响，并表示：“这肯定不能使员工进步。”

迈克尔开始意识到，当成为领导者时，重心就不在自己身上了。他的导师告诉他，领导的工作是把其他人推向舞台。当他开始把注意力转移到别人身上时，他变得不那么有控制欲，学会了给其他人留出空间。他过去常常为员工包办一切，但现在他学会了退出。他发现，让员工发挥才能，他们会给你带来惊喜和更好的结果。当他成长为一名领导者时，他学会了指导，而不是命令。他学会了如何创造一个会促使别人成长的环境。

现在，迈克尔是一家发展得很好的创业公司的 CEO。他为其他人提供了能最大限度发挥才能的工作空间。他努力创造学习环境，招募有强烈学习倾向的应聘者，并且也勇于承认自己犯过的错误。他允许其他人犯错，并且从过去的错误中改正过来。当他提出自己的观点时，他把“强硬的观点”和“温柔的观点”区别开来。“温柔的观点”对他的团队来说是这样的：我这里有一些想法，你们可以参考一下。“强硬的观点”是只当他对某一观点持强烈态度的时候才会使用。

当一位领导者，从专制的管理者转变为乘法领导者和解放者，这是很了不起的，因为做一个专制的管理者其实是最轻松的。就连迈克尔也说过：“真的很难抗拒不做一个专制的管理者。”

事实是，企业环境和现代团队简直就是培养专制管理者的温床。团队结构、等级制度、头衔、自下而上的批准体系，都促使人们隐藏自己且变得更加服从。在等级森严的团队中，公平竞争的环境很少。高层领导站在高处，思想和政策却流于平庸。为创造秩序而建立的政治，会无意地导致人们停止思考。这些政策轻则限制了智力的范围，束缚了追随者的思想，重则使团队中的人完全停止思考。

企业等级结构使得专制统治者更容易统治。在他们的统治管理下，这种管理者可以轻松压制和约束员工的想法。

比如凯特，是一家公司的经理。在职业生涯初期，她是一个聪明、有动力、有创造力的合作者。她被提拔为管理人员，并迅速从一线经理晋升为副总裁，现在正经营着一家大公司。凯特认为自己是一个思想开放、有创造力的领袖。但在最近的一份360度反馈报告中，她惊讶地发现，她的职员似乎并不同意这一观点。这份报告反映出她的强势主张阻碍了下属的创造力和能力，她对结果的追求让人们不得不冒险。其中一项评论写道：“让凯特自己去想吧，我们还是不要表达意见了。”凯特惊呆了。

她在企业管理活动中迈出的每一步，都在无意中扼杀他人的想法。等级制度的性质扭曲了权力，使得凯特与下属的每一次谈话都存在着不平等，因为她比员工的级别要高。她的即兴评论，别人会理解成强烈的意见，并转变为部门的政策。如果她在别人的评论后翻了个白眼或叹了口气，屋内的每个人都会注意到，并且以后会避免说出任何凯特会产生同样反应的话。她的权力比她意识到的还要多。她成了一个无意识的除法领导者。

我在大学里看过很多军事电影，但我觉得它们看起来都是一样的。其中不可避免地会有这样一个场景：一个美国军人在知道一些坏消息时紧张立正向指挥官求助：“可以自由发言吗，长官？”我永远无法理解这种奇怪的习俗，也不明白为什么有人需要得到许可才能畅所欲言。毕竟，我在上大学的时候，思想和言论自由都是常态。然而，在工作了几年之后，我明白了，是正式严格的等级制度，压制了底层的人的声音和思想。

相比之下，乘法领导者则是让员工从公司等级制度中解放出来。他们让员工去思考、说话、行动。他们创造了一个最好的环境，员工可以表达最新颖的想法，可以表现得最好。乘法领导者允许员工思考。

专制者与解放者

乘法领导者创造了一个强大的环境，在这个环境中，卓越的思想和工作可以蓬勃发展。专制者创造了一种紧张的环境，压制了人们的思想和能力。

一位要求严格的领导

詹娜·希利是一家大型电信公司的现场运营副总裁。即使在一亩三分之地，她也有办法压制下属。詹娜是一个严肃的领导者，拥有丰富的经验，也很聪明，但她绝对是个专制者。

她的同事告诉我们："詹娜创造了完全专制的环境。"人们都怕她，她恐吓欺负员工，直到她得到了她想要的东西。她的主要领导方式就是问职员：你还能为我做点什么？她手下的一位经理说："她有点像《穿普拉达的女王》里的梅丽尔·斯特里普。"我脑海中立马就有这个画面了。

詹娜不仅专制，而且性格无常。很难预测谁会惹恼她，或者谁会成为下一个受害者。有人回忆说："你永远觉得自己会成为下一个人。我很紧张，特别紧张，觉得很危险。"她的同事开玩笑说："需要为詹娜准备一个风暴警报系统，这样人们就能知道什么时候该躲躲了。"

詹娜在丹佛的季度管理会议上是这样的。詹娜召集了一个跨职能小组，对美国市场的业务状况进行评估。这是一个典型的商务复盘会，每一个部门依次就其"业务状态"进行演讲。在几次演讲之后，信息技术团队的经理丹尼尔开始向领导展示他的演示文稿。他介绍了现场服务人员利用技术团队开发 IT 工具的相关数据。他接着问道："根据这些数字，我想知道服务团队是否真的利用了现有工具呢？"根据詹娜的反应，你可能就知道了技术经理是在说她的团队愚蠢和懒惰。詹娜厉声说道："你知道你在说什么吗？"然后在人群面前斥责他。争论变得激烈，持续了10分钟。终于有人表示会议应该中止一下的时候，好多人从屋里冲了出去，但丹尼尔却留下来与詹娜理论。屋子里的其他人都出去了，争论变得不理智，变成了喊叫。

当会议室里的氛围火热时，会议室外的员工却不寒而栗。大厅里的很多人都默默地为丹尼尔敢于对峙詹娜而欢呼，但是接下来的演讲者都吓得僵住了，你能感觉到那种紧张。那些已经做过演讲的幸运的人，只能为那些不幸的同事祈祷。接下来的演讲者开始手忙脚乱地调整他们的演讲，避免提出任何有争议的东西来激怒这个脾气暴躁的领导者。演讲者简化了他们的演讲，也顺利通过了会议，但演讲的内容浮于表面，成果寥寥。

詹娜的团队虽然取得了一些进步，但却未能实现其收入和服务质量目标。最终，詹娜的行为越来越过分，甚至欺压公司的一位合作伙伴，公司立刻辞退了她。詹娜后来去了另一家公司当首席运营官，但两个星期之后，她被降职，而6个月后，她被辞退了。

人们通常选择避开詹娜这样的领导者。这些专制者阻碍了信息的流动，无法让人们以最好的状态工作。无论他们走到哪里，他们都发现员工并未充分发挥自己的能力。难怪这些专制者会诉诸恐吓的手段，以期获得好的想法和优秀的工作表现。但是恐吓和恐惧很少能带来真正的成就。

让我们来看看另一位高级销售和服务负责人。

一位冷静的领导者

罗伯特·恩斯林是全球软件巨头思爱普（SAP）公司的业务总裁。罗伯特来自南非，他说话自信非凡，镇定自若。作为一位一贯公平的销售领导，罗伯特备受尊敬，他的公司和业绩都得到了发展。

罗伯特和与他共事的每一个人都像朋友一样共处，所有人都可以找到他。他的一个经理表示：“他很擅长发掘你的才能，他是我们当中最普通的一个。即使你的职位比他低三级，他仍然想知道你的想法。”因此，人们在他面前更加透明，员工不必讨好他。罗伯特的亲和力为员工带来了安全感。正是这种安全感，让他能够经营一个庞大的销售团队，这一点是意料之中的。

几年前，罗伯特受任接管SAP的日本子公司，以解决一些非常特殊的销售业绩问题。当他在日本的第一次预测会上见到他的新团队时，预测过程完全陷入混乱。罗伯特克制自己并开始学习，而不是扮演独裁者的角色，去判断他们的失败，再搬出他的解决方案。他帮助他们认识到当前流程的局限性和新方法的优点。接着，他开始对日本公司的业务展开了解，并问他们："我们怎么才能进一步解决问题呢？"他为团队创造了空间，让他们尝试新的方法，并自己解决问题。他就这个问题与团队商讨了数月，直到他们能够做出一个为业务发展提供可靠预测结果的预测过程。

罗伯特以他的学院派风格和冷静的态度而著称，但是，当他在 2008 年接管北美业务的时候，也受到了严峻的挑战。当时全球经济衰退，随着消费的缩水，大型资本收购也搁置了，高管们都开始恐慌。当你走过费城的 SAP 新镇广场的大厅时，你都会感到这种紧张。当你走进高管会议室的时候，这种紧张感更加强烈了。

在另一间会议室里，罗伯特和他的新团队正在开会，制定他们的销售策略，以面对新的环境。团队里的每个人都知道，罗伯特曾与高管开过会，承受着巨大的压力。团队成员来参加会议，准备迎接压力，毕竟这是一个销售团队。但是，即使是在这种混乱的情况下，罗伯特也保持了冷静和稳定。他的团队甚至开始怀疑他是否读了新闻，是否根本没有参加高管会议。会议一开始，他先是承认了经济问题的严重性，但建议员工把这些问题放在一边，并让团队专注于他们现在所能解决的问题。他接着问道："我们现在能做些什么来突出自己呢？"在专业领域和能掌控的范围内，团队共同探索如何在动荡时期定位解决方案的价值。在讨论之后，罗伯特问道："我们怎样才能让人们消费我们的产品，从而使他们获得最大的经济效益呢？"再一次，团队绞尽脑汁，为这个问题制订一个计划。

他的团队说："我们知道他一定受到了更多压力，但是他没有为我们制造焦虑。他保持冷静，从不退缩，也不会压迫他手下的员工。"另一位 SAP 高管表示："在危机期间，他会问更多的能促使你真正思考问题的那种问题，只是问更多的问题而已。你会感觉到他无形的手正默默指导决策。"

罗伯特的平静并不等同于温柔。他和其他成功的销售主管一样紧张和专注。不同之处在于他的关注点。他的同事说道："他对待事情很努力，但对人却很温和。当你不可避免地犯了错误时，他会站在你身后，帮助你解决问题，而不是攻击你。我们一起工作，压力是大家共同承担的，没有人会感受到异常的压力。”他团队中的一名成员说：“和罗伯特在一起，主角并不是他本人。他会释放你的能力，让你工作表现得最好。”

罗伯特为团队提供稳定的帮助和开放的环境，从而也为容易陷入危机的团队提供了清楚的头脑和难得的稳定性。

紧张 VS 冷静

专制者制造了一个充满压力和焦虑的紧张环境。而罗伯特这样的解放者，创造了一种平和的环境，需要集中、勤奋和精力。这是一个鼓励员工思考的环境，员工也会认为自己有责任把工作做到最好。

除法领导者制造了一个充满压力的环境，因为他们不让员工掌控自己的工作。他们是专制者，在团队中强加他们的意愿，导致其他人退缩、后退。在专制者面前，员工尽量不引人注目。想想员工是如何在政治独裁者的规则下生存的。专制者削弱了别人的思想，因为员工只能给出最安全的想法和平庸的业绩。

专制者制造让员工退缩的压力，而解放者为员工创造了发展空间。专制者在团队中制定严政苛律，而解放者则带来稳定的环境，从而产生前进的动力。

解放束缚才能自由赋能

解放者创造了一个美好的环境。他们创造了人才参与、成长和获得成功的条件。创造这一学习和成功的循环的条件是什么？可能包括：

1. 思想很容易产生。

2. 人们学习效率高，能适应新的环境。

3. 人们协同工作。

4. 复杂的问题得到解决。

5. 困难的任务完成了。

让我们来看看来自不同行业的三名解放者，他们创造了哪些条件，让员工自由地思考和行动。

第一位解放者：利用团队资产

来自阿根廷的欧内斯特·巴克拉特是全球私募股权公司——安宏资本（Advent International）的董事和特别合作伙伴。他拥有 20 年的国际私募经验和哈佛大学的 MBA 学位。欧内斯特显然是一位专家，但是他的天才之处在于他所创造的环境能释放公司中每个人的智慧。

他手下的一位分析师描述了他的工作方法："欧内斯特有意识地创造一个环境。他为人们创建能表达他们的想法的讨论会。但在你发表意见之前，他对你的观点会设置非常高的门槛。你需要准备好数据。他通常对没有数据的意见表示怀疑。"

欧内斯特在团队中建立了一个学习机制。当他发现绩效问题时，很快就会给出反馈。反馈是直接的，有时是苛刻的，但是他的反馈很适度，这样员工就可以吸收它，从中学习，并进行调整。他告诉他的团队，错误是投资行业的常态。他是如何应对错误的呢？首先，他不会惊慌失措，也不会过度责备他人。一个团队成员说："他告诉我们，决策是集体的，错误也是集体的。没有人会单独地受到责备。"然后，团队会做一个事后分析，并学会如何避免第二次犯错。看来，欧内斯特懂得如何创造一个最能充分利用员工能力的环境。

第二位解放者：与员工亲密接触

每个人都知道史蒂文·斯皮尔伯格是一位优秀的电影导演，很可能你最喜欢的前十部电影中，就有一部他的电影。为什么他的电影如此成功？每部电影的平均收入为1.56亿美元。有些人认为这是因为他具备创作才能，还有讲故事的能力，或是他的职业精神。但真正的“积极因素”可能是他比其他导演更能从团队中获得更多的信息。曾在斯皮尔伯格的电影团队中工作过的人说：“在他身边，你的工作状态是最佳的。”

他能激发他人智慧的方法之一是，他知道员工具备哪些能力。虽然他很了解每个人的工作，但他并不亲自为他们做这件事。他告诉员工，他之所以聘用他们，是因为他欣赏他们的工作能力。他利用自己对工作和个人能力的了解，设定了一个标准，要求他们做出最好的努力。

他有自己的强烈想法，但他也表示，坏想法可能也是一个好的起点。他说：“所有好的想法都是坏主意。这就是为什么成功需要这么长时间的原因。”他建立了一个开放、有创意的环境，但他仍然需要团队的杰出工作。他的一名成员说：“他希望人们能做到最好。你有没有尽力，你自己很清楚。”

为什么斯皮尔伯格会制作出这么多成功的电影呢？因为他的员工的效率是我们研究过的一些专制导演的两倍。因为斯皮尔伯格创造了一种环境，让人们可以尽自己最大的努力，这些艺术家和工作人员才会不断地和他签约，为他工作。事实上，斯皮尔伯格通常会同时管理两个项目，每个项目都在不同的制作阶段，因为他的工作人员会和他一起直接进入下一个项目。他得到了他们最好的工作状态和双倍的生产力！他们和斯皮尔伯格一起努力创作获奖影片。

第三位解放者：一位特级教师

停下来想一想你遇到过的最好的老师。确定一两位老师，想一想他们创造了什么样的学习环境？你有多少思想空间和自由？你对你日后的表现有什么期望？你用什么方法来延伸和利用你的能力？你是怎么表现的？我在凯利的班上，向十几名八年级学生问出这些问题。

帕特里克·凯利在加州一所著名的公立学校当老师，向八年级学生教授美国历史和社会学科。他很吸引我，因为每年举办中学毕业典礼时，我看见他比其他老师得到更多的欢呼和感谢，几乎比别人的总和还多。他比学校里的其他老师更容易受人议论，被讨厌，或更受人爱戴。为什么？

我第一次见到他是在拉米拉达的秋季家长交流之夜。这是有多个孩子的家长最害怕的夜晚。因为我有 4 个孩子，我不得不去参加 17 位老师的课，有些课程甚至是同步开始的。八年级的女儿对我说："这是我的课程表。随便你去上哪些课,但是一定要去凯利先生的社会学科班。在他的讲课中不要说话，不要接你的手机，而且千万不要迟到。妈妈，你有没有听到我说不要迟到的提醒？"我走进他的教室，既害怕又好奇。在听了凯利的 12 分钟课程之后，我对社会研究开始有了极大的兴趣，我甚至有辞去工作，回到中学去学习美国历史的念头。

他为何在学生和家长间拥有如此大的影响力?

从你踏进他的教室开始，他就清楚地表明，在他的课上你要努力、思考和学习。一个学生说："在他的班上，不能容忍懒惰。你总是在学习、思考，如果犯错误，要从中吸取教训。"这是一个专业的、严肃的环境，随着学生们的努力学习，这个环境变得越来越轻松和有趣。在这种环境下，鼓励学生大声说出自己的观点，提出好的问题和回答问题，都非常重要。

凯利对学生学习的期望既明确，又非常高。一个学生说："他相信高期望会带来高成绩。他要求我们有最好的表现。他清楚地表示，如果我们付出最大的努力，我们就会成功。"另一个学生还说："他从不隐瞒我们任何事，让我们知道该如何改进。他要求我们尽最大的努力学习。"不要更多也不要更少，就是最好地发挥。他的课上没有作业，没有布置的任务，也没有什么专断的要求。相反，他会鼓励学生"独立学习"，帮助他们理解这些想法，并在测试中表现出色。学生们自主选择，并热情地独立学习。

当然，不是所有的学生都喜欢凯利先生。有些人觉得他太苛刻，要求太高，而他的期望与其他老师相比也不公平。对于那些想要走捷径的学生来说，他的课可能并不轻松。但是大多数学生都是被他的智慧所吸引，在他的领导下，学生茁壮成长。他们感受到了他的感染力，他们对民权、美国宪法以及他们在政治过程中的角色充满激情。

帕特里克·凯利是一位能让学生自由思考和学习的乘法领导者。他创造了一个学生可以畅所欲言的环境，但是他们需要卓越的思考和表现。在他的班级中，98% 的学生在标准测试中的成绩是“精通”或“高级”，这一点也许不会让你感到惊讶，而在三年前，这一比例仅为 82%。

二元环境

凯利老师课堂成功的秘密（同欧内斯特·巴克拉特的公司和史蒂文·斯皮尔伯格的电影）是二元性，我们不断在解放者身上发现二元性。他们似乎持有两种表面上截然相反的立场。他们创造舒适和压力并存的环境。在解放者的眼中，这是一个平等的交换：我给你空间，你做出最好的成绩。

解放者也给人们犯错的空间。他们创造了一个学习的环境，但他们希望人们从错误中学习。这是另一个公平的交易：我允许你犯错误，但你有义务从错误中吸取教训，而不是重复这些错误。

解放者的力量源自这种二元性。仅仅是解放人们的思想是不够的。他们创造了一个激烈竞争的环境，需要人们思考和最好地工作。他们带来紧迫感，但不会施加压力。

解放者的这种双操作系统，就像操作一辆混合动力汽车，具备在电力和无电力之间无缝切换的电动发电机。在低速时，混合动力在电动模式下运行。在高速行驶时，它会利用汽油来满足发动机的额外需求。这样的领导者创造了一个开放、舒适的环境，人们可以自由地思考和表现。

解放者如何创造安全、开放的环境，并不断地要求员工最优思考和工作？他们如何获得团队的全部智慧？让我们转向解放者的做法来寻求答案。

束缚解放者的处事方式

在我们的研究中，发现解放者有三种常见做法：1. 创造空间；2. 要求员工有最好的工作表现；3. 打造快速学习循环。我们接下来逐个分析。

创造空间

每个人都需要空间，人们需要空间来工作。解放者并不想当然地认为，员工本身就拥有所需空间。解放者会特意为他人留出空间，以便他人做出贡献。让我们看看解放者是如何做到这一点的。

通过约束自己来释放他人

为他人贡献空间是一个小小的胜利。维持这个空间，并且尽力不打扰这个空间，才是巨大的成功。因为员工习惯于顺从他们的领导，所以这种情况在正式的、等级森严的团队中尤其明显。

雷·莱恩（Ray Lane）是甲骨文公司的前总裁、著名的硅谷风险投资家，也是一位善于管理的上司。他的一位投资组合 CEO 评论道：“雷已经学会了克制控制力的重要性。他知道，少即是多，他从不浪费任何一个意见。”

当雷进行销售拜访，与潜在客户的高管会面时，有两件事是确定的：（1）客户希望听到雷的消息和他丰富的经验；（2）雷为此准备得非常好。尽管迫于一些外在条件，他必须参与进来，但他还是控制住自己的权力。他提供了一些开放的机会，让销售团队来处理。在谈话中会出现一些问题，雷对此有主意，但他仍在等待。销售团队虽然清楚地知道雷可能比他们做得更好，但他们继续进行。当销售团队完成介绍后，雷就会加入对话。他仍然不会随意说出他的想法。他会仔细倾听，明确知道应该在哪里插话，他表达的观点很少，但明确。

雷的一个长期合作的同事说：“雷经常在重要的会议上保持沉默。他倾听别人的意见。而当他开口时，每个人都会听。”

雷是一位杰出的战略家，他可能是公司中最善于沟通的人之一。他不会夸大自己和自己的想法，而是为他人创造了空间，并利用他的存在发挥最大的潜能，以利于团队的发展。

调整倾听和说话的比率

解放者不仅仅是好的倾听者，也是热情的倾听者。他们凭着对知识的倾听，学习他人的知识，并添加到自己的知识库中。正如已故的管理大师 C.K. 普拉哈拉德曾经对我说过的那样：“你能看到多少别人的智慧，你自己就有多智慧。”解放者专心倾听，因为他们努力学习和理解别人知道的东西。

约翰·布兰登是苹果公司的最高销售主管之一，他运营着一个团队，这个团队每年在世界三个地区的收入能达到数百亿美元。约翰是一位精力旺盛的销售主管，他的行程和会议日程都很紧凑，因此，在他的日程表上安排时间是很困难的。但是当他的直接报告人与他一对一会面时，约翰会全身心参与。约翰专心地倾听他们，并且对他们的情况非常感兴趣，去了解客户和业务都进展得如何。他会问一些深入的问题。他的一位直接下属说：“约翰的不同之处在于，他并不只是在听，而是专心倾听。”在一次谈话中，他 80% 的时间都在倾听和提问。通过倾听、询问和探索，约翰对业务情况和团队所面临的挑战与问题有了更深的理解。这种对市场的集体洞察促使约翰的团队在过去 5 年里创下惊人的 375% 的增长率。约翰深知在什么时候该倾听他人。

解放者不只是花一些时间倾听，而是大部分时间都在倾听。他们很大程度上改变了倾听和谈话的比例，为他人创造了分享信息的空间。

定义一个探索空间

耐克公司全球设计首席执行官约翰·霍克，召集了团队里的高级管理者，准备在一周时间里，在我的帮助下，探索设计的新想法，探索领导者如何增加团队中的整体智慧。他没想到的是，他的乐观性格也会带来问题，但他很快意识到，他那充满希望的领导风格可能会引起一些人焦虑不安。他的团队解释道，在每次被要求提交完美无缺的设计案例时，会感到巨大的压力。随着奥运会的召开，耐克品牌必须要维持其生存活力，该集团坚决不允许失败的存在。

在约翰的鼓励下，他的团队和我决定为实验开辟空间。我们迅速地将他们的工作场景分为两类：一种情况是允许失败，另一种情况是必须确保成功。小组讨论了每一种情况，直到他们就两种场景达成一致。不到一小时，他们就创造了一个安全的空间，让团队在不影响利益相关者或业务的情况下，允许斗争和潜在的失败。由于界限分明，约翰的团队不需要得到上司的乐观估计，团队都充满了希望。

这种想法在耐克的设计圈造成了广泛的影响，并引发了包括耐克全球设计总监凯西·莱纳的注意，她引入“风险和迭代”的绩效目标，鼓励每个设计运营总监识别他们将要冒的风险，然后在这一年里去思考解决方案。凯西说：“对我来说，这不是关于失败，而是关于模拟测试。如果我的团队中有人有他们想要追求的想法，我会让他们去追求，只要他们需要，我也会提供支持。如果最后效果不好，我们仍然可以从中学习和改进。”

这种“风险和迭代”的努力允许了失败的可能性，并为设计师们创造了解决问题的安全环境。她下属的 20 名工作人员的其中一个说：“她赋予我们更紧张和冒险的机会。”另一个团队成员说：“她在给予我们自由尝试的空间和为我们提供支持之间取得了惊人的平衡。”2012 年，凯西·莱纳的工作人员秘密颁给她年度最佳乘法领导者奖，并为此欢呼庆祝。

提供公平竞争的环境

在任何团队中，环境并不完全是公平的，某些人天生就有优势。这些人通常包括高级管理人员、有影响力的思想领袖、重要的团队如产品开发或销售部门，以及拥有深厚知识的人员。除非这种情况得到控制，否则真正提出的问题和观点可能会受到压抑。解放者知道如何放大这些声音，以获取最大的智慧，并发挥团队基层人员的思想和观点的优势。

马克·丹科博格是美国卫讯公司（Viasat Inc.）的董事会主席和首席执行官，他在 1986 年与别的合伙人共同创办了卫讯。在他的领导下，卫讯一直是美国发展最快的科技公司之一，三次被评为500家增长最快的私营公司之一。马克管理着一家每年收入可达 14 亿美元的大公司，拥有 4000 多名员工，但他确保了固有的等级制度不会阻碍人们倾听和优化想法。

马克常常假设如果你雇用了优秀的职员，你就不需要限制于团队结构图。如果工程部有人认为另一个部门的某个地方出了问题，他们应该说出来，并确保公司能正确处理。在卫讯，一位副总裁或首席执行官可能会受到一名刚毕业的工程师的挑战。如果初级员工有更多的发言，那么他们的意见会被听到。马克说：“智慧不是来自上层，它来自整个团队。但是，作为一个领导者，你需要做的不仅仅是点头同意，你还需要积极地鼓励人们畅所欲言。领导必须提出问题，邀请最基层的人来表达他们的想法。”

凯文是卫讯的总法律顾问，在他还是一家律师事务所的年轻律师时，他就与马克合作了。凯文说：“有趣的是，不管我的水平如何，马克总是对我一视同仁。和马克在一起，你会提出有意义的想法，并提供你深思熟虑后的观点。头衔不会给你带来更多的尊重，而你对公司的贡献才会为你赢得尊重。在我年轻的时候，马克就总是倾听我的想法。”凯文回忆说，那天他刚到卫讯，在假期时间工作。他陪同他的老板到马克的办公室，就商业问题发表意见。随后的辩论持续了 3 个小时。马克对一位初级律师的意见印象颇深，即使多年后，这段经历也让凯文受到鼓舞。

当卫讯的商业移动业务正经历快速增长时，该公司组建了一个由经验丰富的领导者和初级经理组成的团队，来制订一个增长计划。当团队开始决定每个人的职责时，一位资深经理漫不经心地说：“我要和詹姆斯谈谈这个角色，听听他的想法。”这位新经理看起来很惊讶，一位高级主管要和一名初级员工商量：“跟他谈谈？不是我们来决定他的工作吗？这可不是讲民主。”当马克听说这件事的时候，他解释说：“嗯，卫讯很民主。我们不仅告诉员工他们具体的工作是什么，还让员工选择他们可以做什么，只要员工的表现达到同事所期望的水平。”

从创造空间开始，解放者所做的不仅仅是为他人创造空间，他们还期待着出色的工作回报。

要求员工有最好的工作表现

在理查德·尼克松任职时，时任美国国务卿的亨利·基辛格是一位“苛刻”的外交官，但有时他也是一位巧妙的乘法领导者。根据一则报道，基辛格的一名主管曾经递交了一份关于外交政策方面的报告。当基辛格收到这份报告后，简单地问道：“这是你最好的工作成果吗？”主管想了一会儿，担心他的老板会认为这份报告不够好，于是回答道：“基辛格先生，我想我能做得更好。”于是基辛格把这份报告还给了他。两周后，该负责人提交了修改后的报告。一个星期后，基辛格把报告又还给了主管，并在报告中放了一张纸条，上面写着：“你确定这是你最好的工作成果吗？”主管觉得可能哪里还不够完善，他又一次重写了报告。这一次，当他把报告交给他的老板时，他说：“基辛格先生，这是我最好的工作成果。”听到这一消息，基辛格回答说：“那么这次我会读一读你的报告。”解放者有办法让员工做出最卓越的工作成果。

守住标准

一场橄榄球比赛结束后，高地橄榄球的主教练拉里·格伟斯站在一群橄榄球运动员当中，问了一个问题：“你们已经尽最大努力了吗？”

一个球员激动地说：“我们赢了，不是吗？”拉里说：“这不是我问的问题。”另一个球员插嘴：“我们完胜了。我们以 64 比 20 赢了，你还能再要求什么？”拉里说：“当你来参加选拔时，我说我期待你的最好成绩。这意味着你将献上最好的想法和你的最大努力。今天的这一场比赛，你们做到了吗？”

一位队员描述了在汤加群岛上的一场比赛，对拉里说：“是的，我已经尽力。”他说：“我遭到对手强烈的碰撞，我的肩膀剧痛无比。我几乎准备放弃，让团队失望。我无法抬起我的手臂。我记得当时我的脑海里开始回响毛利人战歌。我记得透过棕榈树看到日落。就在那一刻，比赛似乎停止了，我做出了选择。一个声音告诉我，我必须继续前进，尽我最大的努力，为了我自己，也不仅仅是为了我自己，最重要的是为了我的兄弟们。”当教练拉里·格伟斯简单地问道：“你做到最好了吗？”他继续说道：“我以两次进攻结束了比赛（每一个都相当于一个触地），我成了第一个在汤加得分的美国高中生。”

作为一名经理，你很容易知道员工绩效的变动。但如果要了解员工是否已拼尽全力，这一点儿也不容易。询问员工是否尽最大的努力，让他们得以有机会超越过去的限制。这就是为什么员工表示乘法领导者可以从他们身上发掘出超过 100% 的智慧。

把最佳工作表现和结果区分开来

要求员工最好的工作表现与要求结果是不同的。当员工的期望超出他们的控制范围时，就会产生压力。但是当他们能够有最好的工作表现，他们会感到积极的压力。

布鲁姆能源公司的首席执行官斯里达尔是全球绿色能源发电机的创始者，也是一位著名的科学家，他在运营自己的公司时，就掌握了这一区别。“如果你想让你的团队承担风险，你就必须把实验和结果分离开来。如果有人不做实验，我不会容忍，但我不让他们对实验结果负责，我只要求他们负责执行。这是布鲁姆能源公司能够在复杂、综合的技术上创新的秘密。”斯里达尔诠释了压力和压迫之间的区别。他引用了威廉的事例，他从他儿子的头上射下一个苹果：“在这种情况下，威廉有压力，他的儿子感到压迫。”斯里达尔让他的团队有压力，但不会让他们对超出自己控制范围的结果负责。

打造快速学习循环

在研究乘法领导者的过程中，我常常想，要成为一个乘法领导者，你需要有多聪明？财捷集团的前董事长兼首席执行官比尔·坎贝尔的回答是完美的：“你必须足够聪明，才能学会。”

也许最重要的是，解放者允许人们犯错误，并认为他们有义务从错误中学习。

承认和分享错误

2003年，当卢茨·齐奥布接任微软教育业务的总经理时，微软的收入和收益都没有达到目标。卢茨需要尽快取得进展，这很容易在他周围形成一个充满压力的环境。但卢茨也知道，如果他们想要在市场上赢得地位，就需要进行创新并承担风险。这是一个典型的管理难题。如果采取强势的方法，气氛将变得紧张，而员工可能会变得反对风险。但是如果你通过降低目标来减轻压力，那么团队成员就会变得容易满足。卢茨没有偏向任何一方。

相反，他创造了一个压力和学习同在的环境。卢茨一直承担着公司的业绩压力，但他允许员工去冒险，去犯错误。他通过对自己和他人的错误的反应来做到这一点。

卢茨没有掩饰自己的错误，也没有把错误转嫁给团队成员，他毫不回避地向员工坦白认错。他喜欢讲故事，最喜欢讲的就是他犯的错误。当他推出一款产品失败时，他会公开谈论这件事，并从中汲取经验教训。他管理团队的一名成员说："他带着一种求知欲，力求去解释为什么事情没有成功。他把自己的错误公开，让别人感觉失败和错误不是那么糟糕。"

坚持从错误中学习

卢茨为其他人创造了犯错的空间。卢茨的手下克里斯·皮里，是销售和市场营销经理，在他刚刚被提拔为微软学习部门的销售主管时，他尝试了一种冒险的促销。不幸的是，这次尝试失败了。但是，他没有认为错误理所应当，而是去找卢茨，承认错误，分析过程，然后尝试了一些不同的方法。克里斯说："在卢茨手下，你会犯错。但是你应该成长得很快。失败是允许的，但你不能犯两次同样的错误。"

卢茨喜欢反馈。他不仅反馈的态度很公开，也坚持一直这样做。他的一位直接下属回忆道，有一次，卢茨对一个项目很冒进，他不得不向卢茨提一些尖锐的建议。卢茨一直主导控制着讨论全程。卢茨的直接下属安排了一对一的讨论，他坐在卢茨的办公室里，向卢茨反馈："卢茨，你正在把房间里的氧气吸走，没有人有呼吸的空间。你需要退后一步。"你认为卢茨是如何回应的？如果你的一个职员认为你是一个专横的氧气剥削者，你会怎么回应？

卢茨的好奇心被触发了，他的反应很简单。他问：“这是什么样子的？它影响了谁？我该如何避免再次这样做呢？”在花时间去理解他的错误之后，他对他的直接下属说：“如果我再犯这样的错，你能提醒我吗？”他对他的直接下属的最后评价是：“我希望你能早点告诉我。”他真的是认真的。

卢茨实现了他想要的环境，即使是在一个充满压力的外部环境中，也能产生快速的学习周期。正如克里斯·皮里说：“卢茨创造了一个良好的环境。即使在巨大的外部压力下，卢茨依然创造了一种让人们的思考和工作都能达到最佳状态的环境，他维持了创新的氛围。”

专制者和解放者都会遇到错误。专制者随时准备打击犯错的人，而解放者随时准备尽可能多地从错误中吸取教训。高质量的想法需要不断学习。没有犯错，就没有学习。解放者在思考、学习和创造之间建立一个快速的循环，从人们的思想中获得最好的想法。修复错误，产生最好的想法，并创建一个敏捷的团队。正如斯里达尔解释的那样：“我们快速迭代，这样我们就可以把周期缩短。”这种快速迭代的关键是创建一个环境，让人们能够承担风险，并尽早处理错误。宝洁前首席执行官 A.G. 雷富礼说：“你会想要职员早点犯下快速和廉价的错误，然后从中吸取教训。”

除法领导者不会创造这种循环。他们可能会强制要求人们给出最佳想法，但他们没有建立起一个能够表达想法并落实想法的环境。

屏蔽专制走向解放赋能

除法领导者还没能兼有舒适和压力的双重性。相反，他们会在两者摇摆不定的时候，把团队拉到一起：（1）专制地坚持他们的想法；（2）漠视他人的想法和工作。

蒂莫西·威尔逊是一位获奖颇多的好莱坞道具大师。他和团队为电影设定场景，创造背景，他还参与了一些规模最大、最成功的电影。他是一个有创造力的天才，但他付出了很高的代价。为什么？因为很少有人愿意和他再次共事。

他的一名员工说：“在和他共事之前，我愿意接受任何工作。”与蒂莫西签约，就意味着在恐惧和压力下工作，没有快乐。那些为他工作的人说：

“你第二天就不想再回来工作了。”从蒂莫西来到片场那刻起，氛围就变了。员工已经做好准备接受他的批评。当杰里米看到蒂莫西走到他过去两天一直在布置的道具前时，杰里米想知道，他会怎么斥责这个道具呢？他会给出一个少有的表扬吗？ 蒂莫西检查了这个道具，并大声地对整个团队发出了他的标志性评论：“这看起来像是 B 级电影的道具。”然后还有一些会让他发脾气的其他琐事。如果道具车摆得不对，他就会疯掉。有一次，他和摄影主管激烈争论，扔了他的无线话机。片场的氛围从紧张到紧绷，人们只想躲起来。

一些领导者创造了一个紧张的环境，迫使人们思考和工作。蒂莫西创造了一个紧张的环境，并在占据主导地位。他制造焦虑并评判他人，抑制了人们的思维和成就。

主宰空间。专制者就像一种气体，它会扩张和消耗所有可用空间。他们主导会议，占用了所有的时间。他们给其他人留下的空间很少，而且专制者也常常会扼杀智慧。他们通过表达强烈的意见，表达他们的想法，并试图保持控制权。加思・山本是一家消费产品公司的首席营销官，他极其强势。他会打断别人的演讲，他会表达非常强烈和极端的观点，要么事必躬亲，要么什么都不管。老职员会提醒新员工：“在这里，成功的艺术就是搞定加思。”他的一名成员说：“我感觉我在这里反而退步了。我可能只付出了 50% 的努力。”那个人离开了这家公司，在另一个团队里发展得很好。

制造焦虑。专制者的特点是他们喜怒无常，常有不可预知的行为。人们不知道什么事情会惹恼专制者，但几乎可以肯定的是，当他们在专制者手下的时候，他们的情绪会发生变化。无论走到哪里，专制者们都要制造“焦虑”。为了避免激怒他们，员工消耗了一定比例的精神能量。想想蒂莫西的片场浪费了多少生产力吧。蒂莫西的团队在担心蒂莫西接下来会说什么，做什么，或者可能做什么，而不是用他们全部的精力制作电影道具。

判断别人。专制者集中力量，扮演法官、陪审团和刽子手。与解放者的快速学习循环形成鲜明对比的是，他们创造了批评、判断和后退的循环。就像詹娜・希利（那位电信销售领袖，活像一位“穿普拉达的女王”）的案例中，人们撤退到一个安全的位置上，他们的想法不会暴露也不会受到批评。日本人对此有这样的说法：Deru kui wa utareru，翻译为：“枪打出头鸟。”

当领导者扮演专制者的角色时，他们会压制人们的思想和能力。人们会克制自己，谨慎行事，只会提出领导者可能会同意的安全观点。这就是为什么企业的除法领导者会浪费企业资产。在除法领导者的影响下，团队为得到资源付出了全部的代价，但是只得到了员工价值的50%。

除法领导者认为压力会提高工作表现。他们要求员工最好的思考，但他们不懂也没有创造一个让员工感到安全的环境，来表达自己或他们的想法。不安全的环境只会产生最保守的想法。另一方面，乘法领导者知道员工是聪明的，有能力自己解决问题。因为乘法领导者能调动人们的天赋，所以员工会把全部的智力都贡献给他们。因为员工在安全和舒适的环境中工作，可以自由地提出最大胆的想法，而不仅仅是那些能让他们躲过专制者的安全想法。学习的环境使他们能够承担风险，并迅速地从错误中恢复。

有一个假设是基于解放者的实践：人们会自愿给予最好的想法，而不是被强迫。经理可能会坚持一定量的生产力和产出，但是有些人所有的努力，包括他们自由的努力，都必须是自愿的。这极大地改变了领导者的角色。他们不会直接要求最好的工作，他们会创造一个合适的环境，让人们自发做出最棒的工作。这样一来，每个人都能自由地提供最好的想法和业绩。

成为一个解放者

记住一点，阻力最小的路径往往是除法领导者选择的道路。就像迈克尔说的，“成为专制者很简单”。但是成为一个解放者需要长期的努力。你可以从以下几点做起：

初期的阻碍

1. 减少筹码。如果你想为别人创造更多的空间，特别是如果你容易主导讨论时，你可以拿赌筹码游戏来打个比方。

马修是一个聪明、善于表达的领导者。然而，他经常很沮丧，因为他常常跑在他的公司前面，不得不费力地领导跨职能的团队。他也在努力让别人听到他的声音。他有很好的想法，但他只是说得太多，在团队会议中占据了太多的空间。我曾和他一起为他的部门准备一场重要的领导力论坛。他等待着机会，急切地与大家分享他对推动企业发展的战略看法。我没有鼓励他，而是给了他一个挑战。

我给了他 5 个筹码，每个都相当于几秒钟的谈话时间。第一个筹码值 120 秒，后面三个值 90 秒，最后一个值 30 秒。我建议他把他在会议上的演讲限制在 5 条评论中，每个筹码都代表一条评论。他可以随意把它们花掉，但他只有 5 个筹码。最初他十分震惊和困惑（想知道他如何能在 5 个筹码中表达自己的想法），但是他接受了挑战。我看着他小心翼翼地克制自己，过滤他的思想，只为了寻找最重要的，在合适的时机插入他的时间。他在研究筹码后，取得了两个重要的结果：（1）他为别人节省了大量的空间。这场会议不再是马修的战略会议，而成为一个不同群体的论坛，大家共同表达想法，共同制定战略。（2）马修增加了自己的可信度和领导力。通过限制自己的一些领导欲望，每个人都更好地表达了自己的观点，包括作为领导者的马修。

试着给自己一份会议筹码预算。也许是 5 个，也许只是一两个，明智地使用它们，然后节省剩余的空间供他人表达想法。

2. 区分你的观点。大家都知道，团队成员会对领导者的观点和想法产生强烈的尊重感。一位高管是这样描述他担任某家公司总裁第一周的情况的，各个部门的人拥到他身边，急于问他问题。他新上任，也希望能对员工有所帮助，所以他提供了一些随意的意见。令他惊讶的是，几周后，他发现他的那些观点已经变成了一套非正式的政策。当他解决这个烂摊子的时候，他学会了小心区分随意的意见和真正的意见与决策。

试试张德培（音译）在解放者转变中的做法。把你的观点分成“温和观点”和“强硬观点”：

（1）温和观点：你提出可以让别人考虑的想法。

（2）强硬观点：你有一个清晰的、潜在的、有力的观点。

通过这种方式，你可以为他人创造空间，让他们可以没有压力地反对你的“温和观点”，并建立自己的观点。如果情势需要，你也可以提出“强硬的观点”。

3. 谈论你的错误。没有比分享自己的错误更简单的方法来学习了。作为领导者，承认你的错误会让别人获得失败的经验，用以继续学习和改正，从而提升自己的能力。

有想法的父母会和他们的孩子一起这样做。父母知道，当孩子们了解自己的父母也是普通人，也会和他们一样犯错误，他们就被解放了。他们特别欣赏孩子从自己的错误中吸取教训并得到改正。当我们帮助人们看到一条改正的道路时，我们会创建一个学习循环。

当分享你的错误时，尝试以下两种方法：

（1）从个人角度出发：让人们知道你犯了什么错误，你从中学到了什么。让他们知道你是如何将所学融入决策以及当前的领导实践中的。作为一个咨询小组的经理，你可能会和你的团队分享，你曾带领的一个项目最后失败了，以及你是如何应对愤怒的顾客的。你可以专注于你的经验教训，以及这些是如何影响你当前的项目管理方法的。

（2）公开：不要在紧闭的门后或在一对一的谈话中谈论错误，要公开谈话，让每个人都能从中学到东西。试着把它作为你管理惯例的一部分。

作为一名企业经理，我经常会利用这种做法。在我的员工会议上，有一个特色环节是“一周糗事”。如果我的管理人员、团队，包括我自己，犯了一个啼笑皆非的错误，这就是该公开的时候了。大家开怀大笑，然后继续前进。这向团队传达了一个信息：错误是进步的重要组成部分。

4. 允许犯错的空间。在团队工作中定义一个实验的空间，明确允许失败和不允许失败的区域。（正如管理者吉姆·柯林斯所描述的）这就像一艘船的水线，在“水线”之上，人们可以进行试验和冒险，还有复原的可能；然而，水线以下的错误就像炮弹一样，可能导致灾难性的失败，并“击沉”这艘船。为你的团队成员创建一条清晰的“水线”会给他们信心，让他们有信心进行试验，并采取更大胆的行动，但这也表明当风险很高的时候，他们要更加努力。这种区分也会向你发出信号，什么时候你需要退后一步，或什么时候你需要上前救援。

上面列出的每一个做法都是一个简单的起点。如果在一段时间内持续坚持上述做法，领导者能够成为从团队内释放巨大能量的强大动力。

自由思考

当人们在压迫下工作时，就会停止思想，压迫到一定程度时，他们最终会反抗，推翻专制的领导者。要建立一个人们能思考和卓越工作的团队，我们需要做的不仅仅是摆脱专制者和独裁者。我们需要领导者成为解放者，给予人们思考和学习的空间，同时施加足够的压力来要求他们最好地工作。

乘法领导者把人们从等级制度的畏惧和专制领导者的统治中解放出来。乘法领导者不会告诉人们该思考什么，他们会给予思考的方向。乘法领导者设立挑战，等待每个人的最佳想法，然后创造集体意志。他们创造了一个可以充分利用每个人的智慧，听取每一个声音的环境。员工就会发起一场解放运动，而不是反抗。

总结：专制者与解放者的对比

专制者创造了一种压抑人们思想的、紧张的环境。因此，人们会退缩，提出安全的、领导同意的想法，并且谨慎地工作。

解放者创造了一个需要人们最好地思考和工作的环境。因此，人们奉献最好的、最大胆的想法，并尽最大的努力。

解放者的三种做法：

1. 创造空间。

· 通过约束自己来释放他人；

· 调整倾听和说话的比率；

· 定义一个探索空间；

· 提供公平竞争的环境。

2. 要求员工有最好的工作表现。

· 守住标准；

· 把最佳工作表现和结果区分开来。

3. 打造快速学习循环。

· 承认和分享错误；

· 坚持从错误中学习。

成为一个解放者：

1. 减少筹码；
2. 区分你的观点；
3. 谈论你的错误；
4. 允许犯错的空间。

利用资源：

	专制者	解放者
做法	创建一个紧张的环境， 抑制人们的思维和能力。	创建一个平等的环境， 需要人们的最佳思考和工作。
成效	那些踌躇不前的人，表面上在参与。	那些能提供最好的想法并真正投入智力的人。
	领导者已经同意的安全观点。	最好和最大胆的想法。
	做谨慎的人，避免冒险，为自己犯的错误找借口。	那些付出全力的人，他们会从任何错误中快速学习。

意外的研究发现：

1. 做一名专制者是非常容易的。因为许多团队都是偏斜的，一位领导者的权力可以高于团队平均水平，成为一名专制者。

2. 解放者保持着一种二元性，允许人们去思考，同时也培养他们做出最好工作成果的义务感。

3. 乘法领导者是富有影响力的。能够辨别并创造紧张气氛的领导者，可以从他们的团队中获得更多的智力。

第四章

为团队赋能需要“挑战不知道”

诺贝尔奖获得者和其他人之间的最大区别不在于智商或职业精神，而是他们提出了更伟大的问题。

——彼得·德鲁克

年轻的天才之间只差一个“不可能”

马修·麦考利在 33 岁的时候就管理着金宝贝公司（Gymboree）—— 一家市值 7.9 亿美元的儿童用品零售公司，之前他担任的是规划和库存管理职位。这使得马修不仅成为这家公司 30 年发展历史中最年轻的 CEO，同时也是华尔街罗素 2000 指数公司中最年轻的 CEO。

马修很年轻，对员工的想法持开放态度。他说：“我喜欢员工提出想法。不管他们在做什么工作，金宝贝的员工都是才华横溢、聪明的人。”马修在大学里曾是一名撑竿跳运动员。他把第一竿设在 17 英尺 6 英寸（1 英尺 =12 英寸 =0.3048 米），他知道这是自己可以跳过的高度，然后总是把第二竿设在 20 英尺——当时的世界纪录，以此来挑战超越自己。马修在工作中也采取了同样的方法。

提高门槛。当马修接任总裁的时候，他有幸接管最近更新的产品线，但也要接受混乱业务运营的挑战。他看到了实现销售增长同时能大幅提高净利润的机会，当时的股价是每股 0.69 美元。马修凭借他对运营和库存优化的深入了解，预估到有利的机会，马修告诉董事会他相信公司股价能增长至每股 1 美元。董事会成员都笑了，但马修仍然相信这种可能性。

当马修与他的管理团队会面时，他解释了实现销售和股价增长的理论依据。他向团队演示过去 5 年来自己一直在研究的销售和费用优化计算，并问团队：这些目标能不能真的实现。他抛出了“不可能”任务——净收益1美元。他向每一个团队成员提出了这样一个问题：“你的‘不可能’任务是什么？”当管理团队抓住这种提高跳竿方法的热情时，他们开始要求整个公司也这么做。很快，这个拥有9500人的团队的每个人，都有了一个“不可能”任务——一个疯狂的愿望。向每个人询问他们认为自己不可能完成的任务，会促使这些任务成为可能。

超越门槛。一年后，马修向董事会、华尔街以及每一位在健身俱乐部的员工宣布，他们不仅实现了1美元的“不可能”目标，而且达到了每股1.19美元的股价，比上一个财政年度提高了72%。

在这一成就的推动下，马修接下来做了什么？他把门槛设得更高，并向董事会建议，他们可以获得每股2美元的价格。这一次，董事会认为这真有点疯狂。马修向他的团队寻求支持，说出他的“不可能”任务，并再一次要求每一个人都要完成他们的“不可能”任务，即实现2美元每股的目标。在2007年，每股收益达到2.15美元，比上一年同期增长了80%。

马修再次向董事会提出每股3美元的建议。一年后，他宣布每股2.67美元。两年后，也就是2008年，令人难以置信的是，每股股价达到了3.21美元。这一数字比去年同期增长了50%以上，四年内，增长了近5倍。

“不可能”任务。这位年轻的挑战者利用他对商业的深刻认识，抓住机会和方法实现闻所未闻的商业业绩。他把握机会，并向团队提出了挑战。然后他让每个人都加入他的尝试中，去尝试不可能的事，再分析他们是如何做到这一切的。通过设置高门槛，他允许员工重新思考业务。通过让员工找到自己的“不可能”任务，他允许员工自主面对挑战。通过承认任务本身的不可能性，他允许员工试一试，而不必害怕失败。

马修从员工那里得到了超常发挥的潜力，因为他不是让员工相信某个目标是可能的，相反，他让员工去探索不可能的、不确定的、不舒适的领域，让员工的想象力和能力都得到了拓展。

让我们来看看另一位高管是如何指定方向的。

20世纪90年代中期，理查德·帕尔默在英国建立了SMT系统公司，为业务流程再造提供系统和工具。公司始于理查德的创意，公司的知识基础也是建立在他作为业务流程分析师和专家系统的知识之上。流程再造工作需要理查德的方法论和卓越的战略，这两者都是理查德青年时期在下象棋中所培养的。

理查德是英格兰最年轻的国际象棋冠军（拥有一个大师称号），这个事情在整个公司中众所周知，而且通常是人们提到理查德时会谈论的第一件事。不管是国际象棋冠军，还是牛津大学毕业生，他显然是个天才，是公司的第一天才。他不只是分享他的想法，还把想法强加给他人。虽然他认为自己在激励别人，但实际上他把别人打倒在地，让别人屈服。当他把CEO的头衔给别人的时候，每个人都知道理查德仍然是董事会主席，他仍然是预算、定价、产品、薪酬和公司战略上发号施令的人。

僵尸部队。理查德一进房间，整个气氛都变了，就好像校长出现在学校大会上一样。好像微积分老师突然布置了一次突击的口头测试一样，大家都缩起来，希望老师不会叫到自己。所有人都担心注意力会落到自己头上，但实际上注意力仍留在理查德身上，他的工作好像就是要保证自己看起来像个专家，是整个房间里最聪明的那一个。

在一次管理层的会议上，理查德让公司法律总顾问如坐针毡，他针对公司治理方面非常具体的法律条文的技术细节来了个突击测验。此前，理查德就担心他的总顾问并不能完全理解这些必须汇报到市政府的具体条款的细微差别，因此发起了这次提问。总顾问一个接一个地回答了问题，直到最后问题已经深入极细微的差别和晦涩的场景中。总顾问感觉很困惑，但还是尽力回答了所有问题。这还是无法令理查德满意。下班之后，理查德在书店关门前赶到书店。他可不是随便买了一本管理学图书，而是买下了长达600页的最新出版的关于公司管理规范的书。他也不仅仅是翻找自己的问题的答案，而是熬夜看完了整本书。第二天，他再次召集管理团队会议，这次紧急会议的主题当然还是那些条款。理查德展示了自己新学到的知识，相当于公开地向所有人宣布，是总顾问搞错了。

糟糕的管理者。理查德是提问题的大师，他只问自己知道答案的问题。他提出问题来测试其他人的知识，并确保其他人理解他的观点。他的一位副总说：“我想不出任何一次他问了不知道答案的问题。”

当理查德自己也没有答案时，他就会使公司陷入停滞。有一次，他在电话会议中提出一些无聊的问题，让会议陷入停滞，而他自己则在 Google 上搜到答案，然后又回来主导会议。还有一次，他与一个客户团队开会，他们正在计划与英国电信达成一项销售计划。销售团队正在审阅这份合同。理查德似乎还不知道合同应该如何措辞，他打断说："你们中有多少人读过英国电信的现场操作手册？"这份手册长达 500 页，不是普通销售代表所能读完的。团队以为这只是开玩笑，于是承认他们还没有读过。理查德回答道："如果你还没有读过现场操作手册，你怎么能理解这份合同，并把它卖给英国电信呢？"整个销售过程陷入了停滞，整个客户团队和理查德都开始读这本手册。一位团队成员说："他不是那种会说'我有个主意，我们为什么不看看手册，以便更好地理解合同的业务和条款呢？'的领导者。相反，他让我们看起来很可笑。"

傻瓜的伴侣。真正聪明、有才华的人在这个团队中待不了太久，这不足为奇。有些人是被辞退的，因为理查德发现他们没有他想的那么聪明；还有一些人"放弃并停滞"，再也没有贡献出有意义的想法。最聪明的人离开，是因为他们发现在这里只是浪费时间和才华，因为这个创始人限制了团队的能力。尽管在理查德的领导下，该公司能够实现销售增长，但大多数人认为该公司与生俱来是受限的。他们说："我们永远不会成为一家认真的公司。"

这两位高管中，有一位是"挑战者"，另一个是"万事通"。为团队赋能是要争当"挑战者"，还是应该成为"万事通"？这一章介绍了两者的区别。

好领导喜欢"挑战不知道"，差领导"只做我知道"

"万事通"和"挑战者"在为团队提供方向和机会之间，有着本质区别。

"万事通"型除法领导者认为，他们的职责就是什么都知道，以及对其他人发号施令。团队经常围绕他们所知道的事情进行讨论，人们浪费时间试图推断老板的想法，以及根据老板的意愿行事。最后，除法领导者限制了团队的能力。因为他们过分关注他们所知道的，限制了团队能够达到的目标，限制了团队解决问题的能力。

在为团队设定方向时，乘法领导者有一种截然不同的方法。他们扮演挑战者的角色，而不是“事事通晓”。他们利用自己的聪明才智，为自己的团队找到合适的机会，挑战并拓展团队。他们并不受限于他们自己所知道的东西，同时让团队不断超越自己。因此，他们创建了能够深刻理解挑战的团队，并有勇气去面对挑战。

“挑战者”型乘法领导者的思维

万事通和挑战者的本质区别是什么？想想这两位 CEO。是什么让马修向团队提出挑战，从而获得最好的思考和工作？为什么在理查德的公司里，职员的智慧停滞不前？我们知道，两位高管都非常聪明，对他们的团队有着清晰的愿景，对工作充满激情。但是，如果我们考察他们设定方向的方法，我们就可以从中区分两种不同的逻辑。

理查德的逻辑里一直有这样的假设：我需要得到所有的答案。他认为这是他作为领导者必须具备的。如果他不知道答案，他要么自己找到答案，要么就得装作知道答案。如果没有答案他会怎么做？他会停下来寻找，直到找到。他买了一本书，读操作手册，或者在 Google 上搜索答案。他认为他的角色是成为专家。在他研究专家系统的那几年里，这种假设可能已经根深蒂固了。

如果一个领导者认为自己就应该提供答案，可是员工却辞职了，接下来就会产生一个向下的循环。首先，领导者提供所有的答案；其次，下属等待领导指示；再次，下属对领导者的答案采取行动；最后，领导者总结：如果没有我，他们永远也不会解决问题。万事通看到了支持自己想法的证据，并得出结论：很明显，我需要告诉别人该怎么做。

马修在金宝贝的领导力遵循了一种不同的逻辑。他把自己的智慧和精力放在两件事上：第一，提出大胆的问题；第二，把挑战分解成合理的进度，这样团队就可以发展智慧，以及逐步从不断挑战极限的过程中获得信心。他假设，人们通过接受挑战变得越来越聪明。当人们接受挑战时，他们的洞察力和信念都在发展。不久之后，不可能的事也开始变得可能。

如果领导者把精力放在提问和找答案上，那他们就只能回答那些已经知道答案的问题。一旦领导者接受自己不是无所不知的事实，那么他就可以自由地提出更重要的、更振奋的问题，坦率地说，也是更有趣的问题。他们从而能够挑战暂无解决方案的事情。

让我们看看另一个案例中的挑战者。

挑战者

1995 年，甲骨文公司的总部位于旧金山半岛红木海岸富饶的海港区。甲骨文已经开始为互联网重新设计产品，但商业战略仍不明朗。这一个挑战任务就落在了甲骨文总裁雷·莱恩的肩上。他在两年前加入甲骨文，并将美国地区业务量从 5.71 亿美元增长至 12 亿美元。

雷的革命。雷决定从全球范围内召集 250 名分公司领导，然后在一系列的论坛上，向他们宣传公司战略，让这些领导根据公司战略管理团队。雷和其他高管，包括首席执行官拉里·埃里森（Larry Ellison）和首席财务官杰夫·亨利，都准备了他们的战略报告，并召集了第一批的 30 位管理人员。他们做了陈述并进行了讨论，但随着时间的推移，这个小组中的人变得越来越困惑。一位副总裁在接受采访时表示："我们对战略还是不清楚，我们只是看了很多幻灯片。"

雷和他的团队对他们的演示进行了一次重大修改。他们邀请了另一组 30 名高管参会。这次的反馈是：集体反感。其中一名高管冒着风险说："不要再组织会议了，除非战略已经明确！"高管团队并没有认可雷和团队的演讲。

独立日，7 月 4 日，这一天大家都有空，团队在雷的家中再次集合。他们意识到，全球业务已经变得比最初设想的更加复杂和多样化，他们无法独自建立这一战略。所以他们决定采取一种完全不同的方法。最开始，雷和执行团队试图告诉其他人所有的答案。现在，他们改变了方法，开始分享一些基本的问题、趋势和假设，而这正是他们的观点。

在下一场领导者论坛之后，雷和团队分享了他们所看到的公司业务和当今世界的发展。雷提出了趋势带来的机遇以及战略框架——四大关键业务转型。然后，拿着画笔，他停止了讲述，开始问：“我们需要这些业务转型吗？”以及“我们对未来的假设可能是错的吗？”

雷挑战小组，让他们自己填补空白。团队将有两天的时间来审查这四个转型中的每一个，确定里程碑，指出业务影响，然后将他们的想法传递给下一组领导，而下一组将更进一步探讨这些问题。这个团队确实推进了高管团队的思考，然后再将工作交给下一组。小组对集体成果非常满意，论坛结束之后，他们便开始了更伟大的行动。这一论坛一直持续到每一位高级副总裁和副总裁都参与进来，每一个小组都对前一个小组完成的工作提出了挑战。他们认真对待任务，不断推翻和审视自己的战略，以寻找缺陷、逻辑漏洞或弱点。最后，他们用集体的智慧进行验证和改进。

大会上。雷召集了整个公司的领导团队，把讨论推向了高潮。执行团队公布了该团队的战略意图和业务转型。全球范围内的领导团队都极其热情和乐观，因为他们知道自己会创造历史。这一战略新颖而引人注目，但对他们来说是很熟悉的，因为这是由他们共同创造的，并留下了自己的印记。

当开展区域性讨论时，情况就完全不同了。人们不会再讨论“为什么在欧洲、中东和非洲（EMEA）这样行不通？”小组会议室里的喧闹谈话几乎都是围绕：“第一步怎么做？”以及“如何在德国实施？”日本小组会议室里的讨论很热烈，他们讨论了这一战略及其对日本市场的影响，然后，他们变得既沉默又激动，就好像他们将要开始战斗一样。

高管会议和小组会议上发生的情况，是团队集体意志的体现。接下来的4年里，在雷·莱恩和拉里·埃里森的领导下，甲骨文引领了企业计算机市场，市值从42亿美元增长到101亿美元，收入增长了一倍多。

雷·莱恩的初衷是以诚实的方式向公司推介战略，但从中，他成长为更强大的领导者，向团队提出了挑战。他并没有设定方向，而是确保方向已确定，并像一位挑战者一样工作。

“挑战者”和“万事通”的处事方式

挑战者如何充分调动团队的智力？在我们的研究中，我们发现了乘法领导者的三种常见的做法：

1. 创造机会；
2. 设立挑战；
3. 塑造信念。

我们来依次分析一下。

创造机会

乘法领导者认为，人们是通过挑战来成长的，智力是通过发展和检验来成长的。所以，即使领导者对方向有清晰的认识，他也不会仅仅只是颁布命令。乘法领导者不会给出答案，相反，他们引导发现的过程：提供足够的信息来激发思考，帮助人们发现并看到机会。

我们将概述乘法领导者的一些做法。

展示需求

创造机会的最好方法之一，就是每个人自己去发现它。当人们看到自己的需求时，会逐渐对这些问题有深刻的理解。通常，领导者所需要做的就是摆脱困境，让他们来解决问题。

犹他大学建立本尼恩中心的目的，是鼓励学生在校园中参与社区服务项目。这个中心的主任艾琳·费舍尔已在职 14 年了，她希望学生们可以报名解决一些城市最棘手的问题。

艾琳并没有到处演讲，也没有向社区中的贫困成员宣传她的服务愿景，而是邀请学生参与进来，发挥领导作用，让其他学生共同与社区合作。她把学生带到市中心的社区，这样学生自己就可以发现社区存在的问题。他们走上街头，观察无家可归者的困境。他们去了避难所，和单身母亲们交谈，知道她们的生存状态艰难。因为他们自己发现了问题和需求，因此对如何创造变化充满激情和好奇，并在这个过程中迅速学习经验。随着学生的参与越来越多，学生领导们承担了越来越多的挑战。她说：“大学生非常聪明，一旦他们有所发现，就开始问问题。我们的学生问了很多问题，然后开始工作。”艾琳创造了这样的机会，让学生们接受挑战。艾琳补充说：“我并不认为自己是一个挑战者。我想为人们创造机会，让他们看到挑战的机会，这样他们就能做出回应并面对挑战。”

本尼恩中心今天仍在蓬勃发展，整个中心建立在这样的假设之上：如果你只是告诉学生该做什么，你便无法获得他们的最大价值。如果你帮助人们发现机会并令他们自我挑战，你就会得到全部潜能。

质疑假设

乘法领导者会质疑团队中的基本假设，并打破当前的逻辑。著名的管理大师和战略教授 C.K. 普拉哈拉德以质疑团队的基本假设而闻名。他知道，战略的关键在于理解和质疑假设。当与领先企业的管理团队合作时，C.K. 普拉哈拉德有一个嗜好，他会提出能动摇他们的假设的问题，使他们能够从不同角度看到不同的市场机遇和威胁。

在与一家跨国制造公司飞利浦合作时，在仔细地访谈每一位高管团队成员以发现对团队业务和压力的核心假设之后，他可以看出，他们在市场上具有不可战胜的能力。C.K. 普拉哈拉德制订了一个计划。当他总结出他们的执行战略后，他假想，他写了一篇出现在《纽约时报》上的预测飞利浦破产的文章。然后他提出了以下问题：当前竞争格局的变化会影响飞利浦的收入吗？如果 A 和 B 合并了呢？市场变化会导致飞利浦破产吗？如果发生了，你的计划是什么？房间陷入一片沉默。他动摇了他们对当前商业战略的信念。他抓住了高管团队的兴趣并引导讨论，于是管理者们开始探索答案。

重新定义问题

乘法领导者懂得机会的力量。正如咨询大师兼作家彼得·布洛克所言:“最强大的工作是回应一个机会，而不是回应一个问题。”乘法领导者分析问题，但他们会把问题重新整合起来，以机会的形式呈现出来。

想一想 A.G. 雷富礼，当他还是宝洁公司的首席执行官时，是如何从新产品研发中重新定义收入增长问题，从而全面振兴公司的。

正如拉里·休斯敦与纳比尔·赛卡伯在《哈佛商业评论》的文章《联结和发展》中所解释的那样，“自我式创新”模式不再支持宝洁维持高水平的增长率。公司能维持 250 亿美元业务，但超过 500 亿美元是不可能的，而当他们的股票从每股 118 美元跌至 52 美元时，宝洁失去了一半的市值。

雷富礼没有重蹈覆辙，而是制定了一项新的战略，向外部开放他们的创新。这种转变是从“外部创新”到“荣誉外部创新”。过去，宝洁把创新看作研发部门必须在物理实验室里完成的“发明”，如今，雷富礼在供应链中寻找合作伙伴，从而更快地进行创新。

休斯敦和赛卡伯说，当一个想法——在品客薯条上印上与薯片同样的图案与文字——出现时，宝洁必须决定是要从头开始创建一个端到端解决方案，还是从合作伙伴网络中找到一个创新的解决方案。在过去，将一款新产品推向市场意味着为期两年的投资。但是，随着雷富礼的改革，他们找到了一条更便捷的道路。

在品客薯片的案例中，他们“创建了一份技术简报，决定了他们需要解决的问题，并传播至遍布个人和机构的全球网络，以寻找世界上是否有人有现成的解决方案。通过他们在欧洲的网络，他们发现了一个意大利博洛尼亚的小面包店，它由一位大学教授经营，该教授还生产烘焙设备”。教授的创新为宝洁新产品进入市场节省了一半的时间，而成本也仅是重新定制解决方案成本的一小部分。该产品一经上市，立即引起轰动，而品客薯片部门在接下来的两年里，实现了两位数的增长。

创建一个起点

乘法领导者提供了一个起点，但不是一个完整的解决方案。他们产生的问题多于答案。这些问题鼓励团队成员充分理解这个机会，同时给他们信心，让他们相信他们正在建立一个坚实的基础。

雷·莱恩和甲骨文的高管们创建了一个战略框架，然后让其他管理者系统地、协作地完成整个战略。

当一个挑战者成功地创造了一个机会，其他人就能看到自己的机会。因为机会的种子才刚刚种下，还没有完全成熟，接下来就是探索的过程。这一探索和发现的过程激发了人们的好奇心，这为挑战提供了力量。答案还不清楚，所以人们明白“我还要做些什么”，他们也就觉得有动力参与其中。

设立挑战

一旦创造了机会，随即也就创造了智慧，乘法领导者设立的挑战会极大地促进团队发展。除法领导者却在他们知道的和别人知道的东西之间设置巨大障碍，但乘法领导者会在两者之间创造一个空间，从而把人们带入挑战。除法领导者制造了强迫性的紧张挑战，人们会感到被欺骗，甚至迷惑。

乘法领导者是如何在不分散团队的情况下设立挑战的呢？如何让人们理解，而不是被欺骗呢？在我们的研究中，我们发现乘法领导者往往有三种方式：首先，他们扩展了一个明确的、具体的挑战；然后，他们会问一些需要回答的难题，以开始这个挑战，但最重要的是，他们不会回答这些问题；他们让其他人填补这个空白。

扩展出一个具体的挑战

肖恩·曼迪是半岛男孩女孩俱乐部的高级主管。他之前曾在加州东帕罗奥图市的学校项目中管理过该俱乐部。1992 年，这个城市的人均谋杀率是美国最高的，高中辍学成为一种常态。肖恩自己在成长过程中也遇到了很多挑战，但他成功从康奈尔大学毕业，然后从斯坦福大学和南加州大学获得研究生学位。经历这些以后，肖恩有充分的理由告诉与他共事的年轻人，他们需要做些什么才能成功。但他没有说出来，而是向他们提出挑战。

当肖恩第一次见到塔基亚娜·罗宾森（Tajianna Robinson）时，她是一个害羞而犹豫不决的 12 岁的孩子。当她不情愿地握着他伸出的手时，他停下了脚步，带着大大的微笑说："你知道，当你遇到一个人的时候，你可能想要做三件事：第一，看看他的眼睛；第二，向他伸出坚定的手；第三，把他的手上下摇晃三次。"塔基亚娜感到震惊也很好奇。

肖恩继续向她提出一些小而具体的挑战。他问塔基亚娜是否要上新闻课。她答应了。然后，他鼓励她为校报写一篇文章，定期与写作导师见面，并学习如何写一篇好文章。她再一次做到了。接下来，他鼓励她提高标准，并争取学校的年度奖学金。她做到了！

肖恩通过向年轻人提问，并给予他们思考和回应的空间，从而扩展了这些挑战。塔基亚娜说："他教导我要为自己着想。"这使得塔基亚娜和其他人能够增强智力，并增强他们应对最困难挑战的信心。

在与塔基亚娜相处的初期，肖恩看着她的眼睛，问道："如果你能摆脱这种环境，你会怎么做？" 很长时间的沉默之后，塔基亚娜说："我要上大学。"肖恩回答说："你要怎么做呢？"经过几分钟的沉思，她的眼睛亮了起来，她说："我需要进入一所好高中！"他们为塔基亚娜设立了一个目标，向附近的顶级预科学校申请奖学金。肖恩问道："我们应该从哪里开始？"

塔基亚娜主导了这个过程，他们一起找出了最适合的学校。他们完成了申请，准备好了她的高中面试。在最后一次面试的前一天晚上，塔基亚娜的家人把她留在家里做家庭作业，其他人出去兜风了。当塔基亚娜家人在停车指示牌下停下来时，一名枪手靠近汽车，向车内开了几枪。车内有三个小孩，塔基亚娜的堂兄从背后被枪击，她 6 岁的妹妹被击中腿部。没有人死亡，但这是一种极其痛苦的创伤。

第二天早上，肖恩建议塔基亚娜，是否要重新安排他们原计划好的高中面试。塔基亚娜情绪非常激动，她喊道："这就是我要离开这里的原因！这就是我要做的事情，我要过我想要的那种生活。我要帮助我的家人，确保他们不会再次受到伤害，这是唯一的出路！"她擦干眼泪，去参加面试，所有面试官都惊讶不已。最终，四家有竞争力的预科学校录取了塔基亚娜，她还获得了全额奖学金。塔基亚娜现在已成长为一个有活力、有动力、聪明的少女，就读于加州阿瑟顿的一所私立学校——圣心大学攻读学士学位。

在肖恩八年级的 17 名学生中，有 12 人已经获得了奖学金，进入了著名的预科学校，另外 5 名学生进入了正规的大学。肖恩是一个挑战者，帮助这些年轻人提高他们的理想水平，并培养他们所需的敏捷思维，以助他们成功。

无论是金宝贝的马修·麦考利的 2 美元股价挑战，还是肖恩·曼迪的大学申请挑战，我们的研究表明，乘法领导者利用他们的智力为他人制造挑战。这些挑战往往具体且可衡量，允许人们评估自己的表现。通过提出真正的挑战，乘法领导者让其他人看到成果，并传达出团队拥有集体智慧的信心。这种信心是至关重要的，因为挑战必将要求整个团队超越现有的边界和能力。

提出难题

除法领导者给出答案，好的领导问问题。乘法领导者会问一些非常难的问题。他们提出的问题不仅需要人们思考，还要反复思考。他们问的问题很有高度，人们无法根据他们目前的知识来回答。要回答这些问题，团队须继续学习。在这些难题的帮助下，人们在所知道的和需要知道的东西之间，创造了一个真空空间；在现有能力和要做的事情之间，也创造了一个真空空间。这种真空空间创造了团队中的紧张气氛。它就像一个被拉伸到极限的橡皮筋。一方需要向另一方靠拢，以减少紧张。

金宝贝的马修·麦考利向团队的每一个成员提问："你的'不可能'任务是什么？"通过建立这种紧张关系，我们不可能原地踏步。

让别人来填补空白

乘法领导者是如何让人们接受挑战的呢？他们把思考的任务转移给别人。最初，当他们建立起一个具体的挑战时，思考的任务在自己的身上。通过提出难题，并邀请其他人来填补这些空白，他们就把思考的任务转移到员工身上。这样一来，他们的任务就是和团队一起面对挑战并找到解决方案。在这种转移中，乘法领导者在自己的周围创造了智慧和力量。

在担任韩国一家大型消费电子公司的新部门的领导之后，一位首席执行官把他的管理团队召集到一起，明确他们的目标是成为市场上的第一名，并成为一家能吸引顶尖大学毕业生的公司。他很清楚，该团队的发展轨迹不会是渐进式的。他有一个大的愿景。然后，他与大量的利益相关者一起，分析了如何才能达到第一的位置。这些人包括重要高管、创始家族成员和外部顾问。在和他们合作时，他开始创造机会，并提出了一些难题，比如："我们为什么要进入这个业务？"和"我们在业务中得到应有的回报了吗？"，以及"我们如何赢过我们的竞争对手？"

这些问题太深刻并引发了混乱。然而，他从未退缩。紧张的气氛迫使团队想出答案。他问了一些难题，然后让团队填补空白。他保持了一个紧凑的时间框架。他说："我不需要 100% 正确的答案。我需要你们在两天内给出 30% 的答案。给我一个 30% 的答案，这样我们就可以开始讨论这个问题，并决定我们是否可以通过 30% 的答案找到 50% 的答案。如果我们找到了 50% 的答案，那么我们会用两个月的时间，以求得 100% 的答案。"

最后，他们得到了清晰的答案。这个过程花费了几个月的时间，但是这个过程增强了团队的智慧，为团队提出了挑战。

提出挑战比指导命令更有意义。挑战包括问一些难题，这些难题没有人知道答案。然后，团队成员就有了思考问题的空间，拥有掌控权，并找到答案。

当一个乘法领导者成功地提出挑战时，人们就会延伸思想，激发热情，全情投入。思考的任务已经转移到了团队身上。这种掌控权激发团队的动力，从而为公司带来巨大能量。

塑造信念

通过提出机会和挑战，人们对可能发生的事情开始感兴趣，但这还不足以带来行动。乘法领导者树立这样的信念——所有的不可能实际上都是可能的。人们只是看到并理解挑战是不够的，他们需要拓展自己的能力。

以下是我们发现乘法领导者在团队中树立信念的常用方法。

降低挑战难度

乘法领导者的一种方式是将挑战降低到一般水平。斯里达尔是布鲁姆能源公司的首席执行官，他的愿景是为家庭和企业生产发电机，而碳排放量只有传统发电厂的一半。他解释说：“这个目标是难以达到的，但不是不可能的。它不能在 3 万英尺的高度，而应在 1000 英尺的高度。如果 CEO 的目标定在 3 万英尺的高度，还要求你的团队去做一些事情，这是不负责任的。你必须降下难度，然后证明这是可以做到的。你必须向他们展示一个途径，并说明为什么可以这样做。你只需要做一次，就能创造出信念。” 通过“乘直升机”到现实，乘法领导者实际证明了，大胆的挑战完全有可能实现。

共同建立计划

当人们制订自己最终能实施的计划时，他们将坚信计划是可实现的。1996 年，在雷·莱恩的带领下，甲骨文不仅建立了战略意图，还在该团队内部树立了一个深刻的信念，即甲骨文可以引领互联网时代。因为 250 名高层领导有机会共同制定公司战略，他们深知未来将会遇到的挑战，知道采取何种行动才能实现这一目标。他们已经建立起了实现这一目标所需的集体意志和能力。这个团队已经准备好迎接挑战了。

为最初的小胜利欢呼

有时，领导者会面临一种诱惑，就是想一次性解决太多的问题。我们的研究表明，乘法领导者往往一开始会鼓励小的、早期的胜利，并利用这些来产生面对更大挑战的信念。

想想诺贝尔和平奖得主旺加里·马塔伊，她于 2011 年去世。用她的话来说：“我听到很多内罗毕的妇女抱怨她们没有足够的木柴，她们也抱怨没有足够的水。我问她们，为什么不种树呢？所以，她们从种树这一非常非常小的起点开始。不久，她们开始互相展示成果。社区开始相互帮扶种植树木。”

从旺加里于 1977 年 6 月 5 日在世界环境日种下的 7 棵树苗开始，“绿带运动”已成功在非洲种植了 4000 多万棵树。当然，这一运动也超越了种树本身的意义。旺加里写道：“许多人不明白为什么这棵树只是一个开始。其实这是一个很容易理解的观点。因为这是人们可以理解的东西，是人们可以做的事情。这样做并不太贵，你也不需要太多的技术来完成它。但是一旦我们在社区开始种树，我们就要解决很多其他的问题，包括治理问题、人权问题、冲突与和平问题以及长期资源管理的问题。”

公司高层领导可以为最初的小胜利庆祝，从而产生面对重大挑战的信念。

当乘法领导者树立了面对可能发生的事情的信念时，重心就会发生变化，而团队也愿意离开已知领域并冒险进入未知领域。

奥斯卡获奖纪录片的拍摄者在1974年拍摄了著名的高空表演艺术家菲利普·帕特的壮举，他在钢丝上行走了140英尺，横跨了位于纽约世界贸易中心1368英尺高的双子塔。在视频中，帕特解释，当他站在双子塔的边缘上，他的右脚在建筑物上，他的左脚在绳索上。“我必须做出一个决定，把我的重心从一只脚转到另一个脚。如果我走上那条绳子，这可能就是我生命的终点了！另一方面，我无法抗拒自己……不去走那条绳子。”

我看到，这种“重心”变化经常在团队内发生。你可以感觉到团队能量开始向一个新的方向转移。当个人或团队完全接受挑战，并产生了信念时，这种转变会相应发生。这种信念并不是由乘法领导者建立的。相反，正是挑战者面对的挑战产生了信念。这个挑战过程提高了智慧、情感能量以及共同向前推进的意愿。乘法领导者会为挑战过程加油打气，改变团队的重心。

“万事通”型除法领导者设立方向的做法

除法领导者与乘法领导者确立方向的做法完全不同。比起利用他们的智慧向人们提供发展机会，他们更喜欢炫耀自己的卓越知识。除法领导者不会创造机会，提出挑战，而是直接告诉员工，指示员工。他们就像典型的万事通，告诉员工他们知道的事情，教员工如何做工作，并测试其他人的知识水平，看看他们是否做对了。

把自己知道的告诉员工。除法领导者认为自己是思想领袖，乐于分享自己的知识，然而，他们却很少鼓励他人做出贡献。除法领导者倾向于推销自己的想法，而不是学习别人知道的东西。一位欧洲经理没完没了地谈论他的想法，仿佛他占用了房间里所有的氧气。他的同事说：“他忙着分享他的想法，没有给他人留下空间。”他的直接下属说：“还有一份直接的报告补充了这样的见解，我在这个部门工作了 10 年，他从来没有问过我一个问题。一次也没有，也永远不会问。我偶尔听到他问问题：‘我想知道为什么我们要做 X？’然后他会用自己对答案的想法来填补沉默。”

测试别人知道什么。当除法领导者与他人共事时，他们想要证实你了解他们所知道的，这并不奇怪。他们会提出问题，而不是获得更多观点或创造集体学习的机会。正如我们之前介绍过的创始人理查德·帕尔默那样，他们善于提疑难问题。除法领导者会让人感到压力，却不能拓展员工的能力。

告诉人们怎么做。除法领导者不懂得如何把思考的任务转移到员工身上，而是会继续思考，并详细告诉员工做事的方法。他们端着思考者的架势，自问自答。

除法领导者的一个例子是契普·麦克斯韦，他是一家大型电影制作公司的执行制片人。虽然导演已经精心组织了一个天才团队，契普却不断地干预团队的工作，理所当然地绕过导演，告诉成员该怎么办。摄影导演在拍摄过程中突然辞职，声称，如果契普比他更懂拍摄，也许契普可以自己做摄影导演。这个曾获过奖的摄影导演当然知道要用多少灯光，应该在什么地方设置灯光。他知道他的才能会在另一部电影中得到更好的发挥。

除法领导者往往会无意识地阻碍他人的智慧。大多数的除法领导者都是凭借自己的专业技能开启了自己的职业生涯，并因其卓越的知识而获得了回报。对很多人来说，直到他们达到事业的顶峰或者是遭遇危机——或者当摄影导演在制作电影期间中途退出时——他们才开始意识到，他们的做法是不对的，会限制自己和他人的能力。

我的一位同事最近进行了一次智商测试，获得了 144 分。他对结果很兴奋，声称自己只比公认的天才少一分。毫无疑问，他还梦想能得到门萨俱乐部的欢迎信。但了解了我们的研究后，他的热情有点受挫：“哇，我一生都在努力证明自己是一个天才，而现在我发现它已经不再重要了！”

当然，这只说对了一半。智商水平仍然是有用的，但是最强大的领导者不仅仅是那些智商最高的人，他们还应知道如何获取和扩展他人的智力。一个是追求智商并把自己智商提高到 145 分天才水平的领导者，另一个是利用自己的智慧为团队中的每一个人增加智商的领导者，想想看两者的区别吧。如果每个人都变得“聪明一点”，你的团队会变成什么样呢？

当领导者很有才华也很聪明时，他们很喜欢以自己的知识为员工提供指导。然而，万事通最终会限制团队的能力和边界。在他们的领导下，团队的全部智力从未得到充分利用，而真正的能力被闲置或在揣测老板心思中被消耗掉。

除法领导者导致人员闲置。在一家大型全球科技公司，一位聪明的副总裁已经习惯了一个快节奏、高要求的环境。他是市场上的有力竞争对手，从不停止挑战自己和他人。然而，在转到由一个典型的“万事通”领导的部门后，他发现自己大部分时间都无所事事。他说：“我大部分时间都在等待老板做出决定。同时，我不能做太多的工作。我基本上没有充分工作起来。我很无聊，但是我很喜欢挑战！”这位副总裁已经准备好了进行高速竞争，却没想到工作根本没有什么挑战。

相反，乘法领导者创造了敏捷循环。通过扮演“挑战者”而不是“万事通”，他们可以获得更多的智慧，让大脑工作得更快，让所有人完全自由支配自己的能力。一旦他们对潜在的机遇和挑战有了清晰的认识，他们就会明白，没有资源是能够浪费的。在挑战者的指导下，团队能够加速他们的绩效。因为这个团队不需要等待领导者的指示，因此他们可以更快地解决棘手的问题。因为人们了解情况，他们可以自由行动，而不是等待别人告知或批准。因为乘法领导者鼓励员工成为“比领导更聪明的人”，员工会停止质疑自己的想法，转而投身于挑战。最终，无论是个人还是整个团队，智力都得到了增长。团队内的集体意愿使整个团队能够突破挑战，而这样的挑战是再聪明的单个领导者也无法独自完成的。

这引出了一个关键的问题：如何像金宝贝的马修·麦考利，或是甲骨文的雷·莱恩一样进行指导？如何从万事通变成挑战者？

如何成为一个挑战不知道的人

挑战者首先要发挥他们丰富的想象力和强大的好奇心。在我们的研究中，我们针对乘法领导者和除法领导者，就48种领导力做法进行评估。对乘法领导者来说，得分最高的做法是好奇心，这并不奇怪。乘法领导者凭借好奇心增强了他人能力，并激发了周围人的学习兴趣。“为什么”是他们思考的核心，总怀着一种永不满足的态度。挑战者是考虑可能性的乘法领导者，他们会向周围的人学习。任何挑战的核心都是对知识的好奇：我想知道我们是否能完成看似不可能的任务。在好奇心的驱使下，挑战者就出现了。以下几个做法可以成为挑战者的起点。

成为挑战者，从这里开始

1. 挑战极端的问题。大多数高管每天都会遇到各种各样的问题，需要不断地回应他人，寻求意见。高管的本质使他们容易陷入回答问题模式，并把自己禁锢在老板的身份中。糟糕的领导者会告诉员工该做什么，卓越的领导者懂得如何提问，让员工自己找出答案。聪明的领导者会问一些问题，把团队的智能集中在正确的问题上。在这个过程中，首先要停止回答问题，并向员工提问。

几年前，我和一位同事共事时，曾和她交流在教育孩子时遇到的挑战。然而不幸的是，那时我已经变成了一个专横的妈妈，不停地告诉我的孩子该做什么，不停地发号施令。布莱恩也有几个孩子，对此很理解也很同情。我详细地描述了一个典型的晚上：“准备上床睡觉。别再玩那个了。让她自己一个人待着吧。拿起你的玩具。穿上你的睡衣。去刷牙。回去，用牙膏再刷一次。到讲故事时间了。上床。回床上去。不，不是我的床，是你的床。好，现在就睡吧。”

当时，我并不是在寻找建议——这纯粹是一种闲聊时的抱怨。但布莱恩提出了一个有趣的挑战。她说：“莉兹，你今晚回家，何不试着跟你的孩子提些问题？没有指令，没有命令。只是问问题。”我很快反对道：“这不可能。

我晚上 6 点回家，在 9:30 前，我无法把他们弄睡。那是三个半小时！”布莱恩向我表示理解，并重申了这一挑战，不要命令，只是提问。当我开车到家的时候，我带着兴趣尝试了这一挑战，我决定把挑战带向极限。我说的每句话都是一个合理的问题。

我鼓起勇气，打开房门，开始了实验。晚餐和玩乐的时间都很有趣。当快要睡觉的时候，我看着我的手表，问我的孩子们：“几点了？”有人回答：“是睡觉的时间。”我继续说：“上床睡觉前我们需要做什么？”他们解释说：“我们要去穿睡衣。”“好吧，谁需要帮助？”两岁的孩子需要，所以我帮了他，而女孩们则自己穿好了睡衣。我问：“下一步是做什么？”他们的反应显示出他们已充分理解就寝程序，并显示出强烈的意愿。很快，他们也刷好牙了。“今晚我们读什么故事？谁来选个故事呢？谁来读这本书？”故事时间后，我问：“谁已经准备好睡觉了？”之后，他们做了祈祷，急切地跳上了床，然后就睡着了。

我震惊地站在走廊里，不禁问自己，我刚刚是目睹了一个奇迹吗？我的孩子们发生了什么事？他们多早以前就已经会做这些了？

我对家中的戏剧性的变化很感兴趣，所以我继续做了几个晚上的试验。我确实找回了更平衡的沟通方式，这一经历深刻永久地改变了我的育儿方法。当我走出了给出答案的模式，并开始问问题的时候，我发现我的孩子们都知道该怎么做，而在这之前，都是我在帮他们做。于是，我决定也在工作中试一试。我开始问：“你认为会出什么问题？”或者“我们如何解决这个问题？”当我开始少说多问，我发现我的管理团队比我原以为的要更聪明。大多数时候，员工不需要我告诉他们该做什么，他们只需要我问一个启发性的问题。

于是我知道，聪明的领导者会问问题，让别人找出答案。

尝试极致挑战，努力从“万事通”转变为“挑战者”。从 100% 开始。在家中试验这个方法时，你可能会发现你的孩子（或者室友）是合适的试验品和伟大的老师！在工作中，第一步，找一个你可以问问题的会议。你可能会让你周围的人惊讶。如果你担心这种极端的方法会很突然或奇怪，那就让你的团队知道你正在尝试一种新的方法。尽管接受极端挑战是一种对现有行为模式的打破，但它并不是一种永久的操作模式。一旦你具备足够的能力，能通过提问问题来领导时，你就可以在调查和倡导之间找到适当的平衡，特别注意需要与你的国家文化相协调。

2. 设立延伸性挑战。向你的团队施加一个“不可能完成的任务”，一个艰难的、具体的挑战，促使他们扩展并挖掘新的能力。确定主要目标，并通过具体的方法安排团队工作。你需要详细描述约束条件，使其成为一个有趣的谜题，例如，“我们如何在限期内完成 X，我们可以使用 Z 资源吗？”然后不要作为，转而让你的团队解决这个难题。当领导者提出挑战，然后创造一种信仰文化时，团队就会进步。人们的贡献超出了他们的想象。你的团队可能会报告说，这段经历“让人筋疲力尽，但非常振奋人心”，并愿意继续参加另一个延伸性挑战。

3. 大巴之旅。密歇根大学教授诺尔·蒂希讲述了一个关于通用电气公司（GE）高管的故事，该高管找到了一种创造性的方法来应对挑战，并帮助他的团队找到市场需求。当汤姆·提勒接手通用电气的设备部门时，该部门正在亏损，部门削减了员工，而且已经好多年未推出新产品了。汤姆从他的管理团队里挑了 40 个人，让他们乘坐一辆出租巴士，前往亚特兰大的厨卫展。该小组的目的是寻找趋势和需求，从而产生新产品理念，为工厂带来活力。最终，该小组开发了一系列新产品，扭转了该部门的状况，从亏损变成盈利 1000 万美元。

大巴之旅有很多方式。本尼恩中心的艾琳·费舍尔把人们带进了市中心，这样他们就能亲眼看到穷人的需求。作为企业经理，你可以访问客户的工厂，看看客户是如何使用你的产品。你可以带你的团队到当地的购物中心去观察人们如何购物。乘大巴（或货车或火车）旅行，帮助员工看到必须满足的市场需求，这将成为一种学习经验，也将揭示需求、创造能量，点燃团队内部的激情。

4. 走出伟大的第一步。企业界对此有太多的术语：创造早期胜利，创造象征性胜利，还有最受欢迎的一种——采摘树上最容易摘到的果实。然而问题是，大多数领导者都是孤立的。他们挑选了一个小组来管理一个试点项目，这引起了管理层的注意，但没能引起整个团队的注意。相反，领导者可以合作完成。为一项新技术开展试点会议，会议对外开放。通过跨职能任务小组的努力，赢回一个重要的客户，让整个团队跨出第一步。但是要大家一起合作完成，这样每个人都能看到结果，并相信伟大的事情是有可能实现的。这种信念会改变团队的重心。

挑战有益

吉米·卡特说：“如果你有一项任务要做，并且你对它非常感兴趣，那么你就会被它激发并受到挑战，从而发挥出你的最大的能量。在兴奋的状态中，疲劳的痛苦消散了，你对结果的热情战胜了疲劳。”我们的研究表明，乘法领导者知道怎么让员工兴奋起来，吸引他们的加入，并献出他们的全部智力和感情。他们产生了集体意志，以承担最大的挑战。

我们的研究表明，当员工为除法领导者工作时，他们只给出了一半的能力，却会说这样的工作让人精疲力竭。相比之下，在乘法领导者的领导下，人们可以百分百地付出，但会将这种体验描述为“有点疲惫，但完全令人振奋！”付出一半的能力让人精疲力竭，但付出所有的时候，所有人都感到兴奋，这难道不是一件有趣的事情吗？我们经常认为劳累是工作过度的结果，但其实如果人们只是在不断做事，却看不到他们努力工作的结果时，就更加容易精力枯竭。优秀的领导者不只是给员工更多的工作，而且是给予他们更大的挑战，促使员工深入学习和成长。

当领导者成为挑战者时，他们答得更少，问得更多，他们从员工那里得到的贡献，远远超过了他们认为的必须付出的部分。正是这种挑战的愉悦感，让人们不断努力。为什么？因为他们提供了一种极具挑战性和有价值的体验。问得更多，你就会得到更多，为你工作的员工也会受益。

总结：“万事通”与“挑战者”的对比

“万事通”会给出指示，炫耀他们的才华。因此，他们把团队的能力限制在自己所知所会的范围里。团队成员会耗费精力去揣测老板的心思。

“挑战者”定义了机遇，向人们发起挑战，超越自己。因此，团队成员理解挑战，能够专注并付出精力承担挑战。

挑战者的三种做法：

1. 创造机会。

· 展示需求；

· 质疑假设；

· 重新定义问题；

· 创建一个起点。

2. 设立挑战。

· 扩展一个具体的挑战；

· 提出难题；

· 让别人来填补空白。

3. 塑造信念。

· 降低挑战难度；

· 共同建立计划；

· 为最初的小胜利欢呼。

成为挑战者：

1. 挑战极端的问题；
2. 设立延伸性挑战；
3. 大巴之旅；
4. 走出伟大的第一步。

利用资源：

	万事通	挑战者
做法	给出炫耀自己才华的指示。	创造人们挑战、超越自我的机会。
成效	当人们揣测老板的注意力时，对工作的注意力分散。	共同的意愿，共同的机会。
	团队的人员闲置，因为人们等着被告知该做什么，或者看看老板是否会再次改变方向。	在没有正式领导的情况下，快速循环和加速问题解决。
	一个不想超越老板的团队。	人们可自由支配努力、智力和精力，去应对最困难的挑战。

意外的研究发现：

1. 即使领导者对未来有清晰的认识，设立挑战也是有好处的。

2. 挑战者有全方位的行动：他们可以表述宏观的想法，并提出重要问题，但他们也可以将其与所需的具体步骤联系起来。

3. 如果你要求人们以正确的方式来看待有难度的事情，那么这比要求他们完成更简单的事情更有效。

第五章

为团队赋能需要“群策群力”

最好在问题还未解决的情况下进行辩论，而不是在未经辩论的情况下做出决定。

——约瑟夫·朱伯特

跨国软件公司前景悲观的启示

领导者做出的决策，会深受周围资源的影响。我们的研究结果显示，除法领导者倾向于独自或是在小的内部圈子做决定。因此，他们不仅没有充分利用其周围的智慧，还让团队囿于原地，无法前进。乘法领导者在做决定时，首先会让大家参与辩论，这样不仅有助于做出合理的决策，而且还发展了集体智慧，并帮助员工做好准备。乔纳森·埃克斯在一家跨国软件公司中做出的一个高风险决定，阐述了这两种方法的不同之处。

最近，乔纳森·埃克斯担任企业策划的全球副总裁，他渴望在业务中做出成绩。该公司在中端市场占有率中面临着激烈竞争，而他们最大的竞争对手在小企业市场份额中占据主导地位，乔纳森的公司则掌握着企业数据空间。为了寻求市场控制权和促进收入增长，在其竞争对手转向中端市场时，乔纳森的公司已开始向稍低端的市场转移。此时，赢得中端市场就具有重要的象征意义。但实现这一目标需要采取一种全新的商业模式，乔纳森需要领导开发新的定价模型以渗透市场。这次机会对于他取得真正的成功至关重要。

为了快速取得成功，乔纳森与相关员工组建了一个由产品、市场营销、服务和商业实践人员组成的团队，其中许多人对中端市场有着深刻的理解。这群人聚集到硅谷总部大楼顶层的一个大会议室里开会，乔纳森坐在一张狭窄桌子的最前面，每个人都能看到他。

他开始了会议谈话，并向团队提出了挑战，向工作组提出问题，并点燃他们的工作热情。他明确表示，公司的首席执行官和其他公司高管期望在中端市场取得重大进展。在挑战的驱动下，大家开始编辑数据，分析数据，并在几周内将分析结果提交给乔纳森。从乔纳森的角度来看，工作组已经有了一个伟大的开始——大家充满活力并参与其中。

工作组刚刚开始运作，但已经有点混乱了。乔纳森没有明确工作组每位成员的角色，以及如何将实际的建议和决策落地。他并没有利用工作组成员的智慧，而只是利用他们回答问题。虽然乔纳森认为他已经说得很清楚了，但是参与者认为，他们仅仅是乔纳森想法的听众。乔纳森的大部分时间都用来在工作组会议上过度阐述自己的偏见或哗众取宠。虽然他坚持收集每个人的数据反馈，但是在工作组会议中，这些信息并没有被分享或讨论过。会议淹没在乔纳森的个人观点中。 一个工作组成员表达了他的沮丧："我来参加这些会议，是希望听到整个团队发出的声音，但我所听到的只有乔纳森的观点。"

尽管乔纳森告诉成员，他们也是决策的重要部分，但是，他们很快意识到，任务小组不是做出决定甚至不是提出建议的地方，也不是挑战个人或集体想法的论坛。他们的怀疑被证明是真的，决定还是由少数几名幕后人员做出。虽然成员们的工作没有什么成效，但他们最终还是收到了乔纳森突然发来的邮件，标题是"新定价模式通告"，并且这个决定是在没有他们的情况下做出的。

乔纳森令成员们对公司赢得中端市场的前景感到悲观，而不是集体的理解和乐观。他本人也落得了一个"时间浪费者"的名声，因为他让工作组成员失去了活力，而不是激励他们。最直接的影响是显而易见的，当下一次乔纳森召集特别工作组会议的时候，大会议室的桌子旁的椅子是空的，没有人来参会。但是，更深远的结果是，该公司在中端市场的业务继续停滞不前，而他们的竞争对手却获得了市场号召力和市场份额。

这个故事经常在公司高管会议室中重复上演。因为很多领导者的管理实践都像乔纳森一样，他们仍然以精英主义的观点来管理团队，相信团队的智慧是由少数几个人组成的。他们不懂得这样的道理：有许多的深刻观点等待更充分地发掘和利用，而且智慧需要通过参与和挑战来拓展。

一个领导者获得团队全部智慧的能力，取决于他做出的最根本假设。

赋能领导的每个决策都来自于团队的辩论

像乔纳森·埃克斯这样的除法领导者有一个假设：只有少数人值得倾听。有时候，他们大声说出这样的想法，就像那位在一个 4000 人的团队中只听取一两个人想法的管理人员一样。但通常，这些高管以更微妙的方式去表达他们的假设。他们要求直接下属去公开面试某职位的候选人，但最终他们还是招聘了符合他们自己喜好的员工。他们说自己的政策是开放的，但是似乎却要花很多时间与一两位重要顾问闭门开会。他们可能会通过征求别人的意见来保护自己，但是当需要做出高风险决策时，他们会私下做决定，再向团队宣布。

赋能的乘法领导者对此却持有非常不同的看法。他们不关注他们自己知道什么，而是关注如何去了解别人的意见。他们认为，如果有足够多的点子，就能把问题解决。他们对每一个人提供的见解都非常感兴趣。就像某位高管，在经过 12 个小时的讨论直至深夜时，仍坚持让整个团队再听取下一个初级成员的意见。而这个意见恰恰是解决当前问题的关键。乘法领导者并不惊讶，他们通过将成员聚集在一起，倾听他们的意见，鼓励成员进行挑战，通过集体对话和辩论来拓展思维。

这些核心假设正是除法领导者和乘法领导者决策方法的差异所在。除法领导者认为只有少数人值得倾听，作为独裁者，除法领导者在风险关头仍依靠自己的知识或内在的圈子做出决定。

当乘法领导者需要做出高风险的决定时，他们会格外需要团队智慧。在利用这些智慧时，他们扮演了辩论发起者的角色。他们意识到并不是所有的决策都需要集体投入和辩论，但对结果的决定，他们会针对事实发起严格辩论。通过辩论，他们挑战和拓展人们的理解，从而让团队成员随着时间的推移变得更加聪明，并按照团队意愿执行决策。

独裁者与民众言论

我们考察了政府人员的两种核心决策方法——一个是国家元首，另一个是警察机关首脑——揭示他们在做出高风险决策时的关键差异。

我们的第一个例子是布什总统，他把自己定义为独裁者。《时代》杂志将他描述为“眨眼总统”，这是马尔科姆·格拉德威尔在他的书中描述的瞬间决策的现象。

在接受《华盛顿邮报》作家鲍勃·伍德沃德采访时，布什总统说：“我是一个很有直觉的人。我以本能进行决策，不会按部就班。”在写了关于布什总统的四本系列书，以及对总统本人进行了11个小时的采访后，伍德沃德总结说：“我认为布什没有耐心。我想，我的总结是他不喜欢做准备工作。而准备工作意味着阅读，看简报或讨论。而作为总统，其职务内容主要就是准备工作。”

我们也亲历过快速和集中化决策的后果，这导致了美国在2003年与伊拉克的战争。关于2007年伊拉克的增兵问题，布什总统向他的安全部门提出了比发动战争更棘手的问题，因为“不同的时代会产生不同的问题”。但是，根据记录，他没有参与关于做出增兵关键决定的一些会议，他告诉伍德沃德：“你会很高兴听到，我没有参加这些会议，因为我有其他的事要做。”

至于另一位公共服务负责人，他需要深入到他的选民基地去做决定。阿扬·蒙格林克是荷兰东区尼乌勒森市伊索尔岛的警察局局长，在职业生涯开始之前，阿扬是一个20岁的“男孩”，带着为他人服务和创造不同的理想，做了7年的特工之后，他已经准备好了下一步，并在警察学院签署了为期三年的培训协议。从那里开始，他不断进步，并在53岁的时候当上了主管和警察局长。

在他的职业生涯升迁中，阿扬深刻了解到与团队成员合作的重要性。他知道，在办公室内制订和讨论的所有计划，都将影响到每一位警员同事和平民百姓。

阿扬也经历过失败。他说：“这些计划是很棒的，但是它们是闭门造车，并没有和具体的工作执行人员讨论过。这就导致产生了很多阻力，我们被困住了，不得不放弃我们失败的计划。这是一个痛苦的经历，但是我从中了解到，下一次该如何更好地处理这样的情况。”

当阿扬面临另一次重组时，他采取了一种新的方法，倾向于向团队中的其他人寻求帮助。当他计划新的重组时，他邀请的国家警察人员发挥了重要作用。他专注于员工参与，组织了会议并从团队中邀请了跨部门的100多名员工——从律师到秘书到警察局长再到特工——让每个人都可以发挥自己的专业知识。在这些会议期间，他的团队就重组提出想法，并鼓励警务人员发表观点，再把不同的观点放到桌面上来讨论。

通过与跨部门员工的讨论，阿扬发现他们的计划更加全面了，而且这一过程确保了员工成为决策的共同所有者，而不是被迫执行决策。警察人员共同制订并完善了方案，并且产生了信念。阿扬发现，他们也会把他们对于这个计划的信念传达给别人。

这两种方法捕获了独裁者和辩论发起者之间的本质差异。独裁者做出快速的决定，却把别人留在黑暗中相互讨论，并试图了解决策背后的理由。而辩论发起者会在决定之前进行讨论，并在此过程中建立起一个采取智慧行动的团队。

辩论发起者

微软高管卢茨·齐奥布在团队的决策过程中，就采用了辩论发起者的思想和做法。卢茨在2003年接管微软的学习业务，这项传统培训业务为企业培训合作伙伴提供为期5天的指导课程。但是，该业务的收入和业绩都未达标。

卢茨面临双重挑战：该团队迫切需要恢复收益的正向增长，同时需要大大扩展其覆盖面，以确保尽可能多的客户和潜在客户掌握微软的技术。作为微软学习业务的总经理，卢茨需要决定是否要在企业培训合作伙伴内部寻求提高收益并达成业绩，或者是否要尝试去学术领域寻求一个大胆并具有潜在风险的新方法。

卢茨略带德国口音，既激情，又保守。他是技术教育事业中的一名老将，掌握着丰富的策略和信息。他招募的团队成员类型多样化：有几位成员是长期的微软员工；有来自其他全球技术公司的成员，具备深厚的学习领域经验；还有几位成员是新手，因为他们需要在熟悉领域和专长之外进行任务拓展。

在与卢茨 15 分钟的谈话后，你就可以判断他是一个很有能力的人，完全可以根据自己的丰富知识做出决定。而且，考虑到决策的风险，许多高管很可能会忍不住做出决策。但卢茨非常喜欢集体讨论，并且他坚信，决策的重要性越高，决策过程就应越严格，越具包容性。所以他开始着手与他的团队一起面对挑战。

他召集了他的团队，向他们提出重要问题：是否应该将整个业务重新集中在学术市场上，将业务重心转向学校，而不是企业培训提供者？是否要冒着牺牲当前的商业模式的风险，去追求更高的目标？他向团队布置了这些任务。几周后，他们将在位于华盛顿州雷德蒙德的微软总部附近的奥卡斯斯岛举行会议，届时，他们将带来所有可收集的信息，以及对于学术市场的观点。

几周后，团队在奥卡斯斯岛上碰头，工作环境非常好——很棒的地理位置，笔和活动挂图，还有一个大的、开放的、明亮的会议室，但更重要的是，他们的思想是开放的！因为每个人都已经准备好，所以卢茨可以很快地定位问题，并提出挑战：“大家都知道，我们所有的 3 亿美元的教育业务都基于一个过时的商业模式。所以我们面对的选择是，是否要坚持这种商业模式，或引入一种全新的模式，让教育走出企业课堂，走入学术界，让我们为学生提供初期职业生涯的培训。”

讨论内容非常广泛。他坚持告诉员工：“我期待每一个人最好的想法。每个人都应该认为自己有义务表达观点，而不是被迫表达。你可以期望我们进行彻底讨论。我们做出假设，问自己一些棘手的问题。”然后，他正式发起了第一次讨论。

他通过一系列大胆的问题引发了讨论：“我们应该进入学术市场吗？”和“需要什么才能成功？”在提出每个问题之后，他让团队围绕问题进行自由讨论。

当讨论接近决策时刻时，他更努力地推进，要求成员改变立场，反对他们之前的立场——“克里斯，和拉扎互换一下观点。拉扎，你本来是赞成这个想法的，现在请你反对试试看。克里斯，你现在要为这个观点辩护。”成员会互换角色，这在一两分钟内会让人感到尴尬，但很快他们就会开始从另一个有利的角度来反思这些问题。或者，为了拓宽人们的视野，他要求他的伙伴假设担任自己职能范围之外的角色。卢茨坚持说：“特蕾莎，你一直从国际视角来看待这个问题，现在从国内角度来看看它。另外，蕾安娜，你一直在关注技术问题。我想让你从市场营销的角度来讨论这个问题。”组员们互换了职能，一组新的火花爆发了。卢茨喜欢挑起争议，如果讨论没有火花四溅，他会明显地感到失望。

团队富有激情地倾听了成员们不同的观点。他们经常用自己的假设去挑战对方的假设。他们很高兴地抛开了公司会议礼貌专业的精神，并以几乎凶猛的姿态迎接挑战。这是做出高风险决定的高风险态度。

最后，团队决定进入学术市场，并在接下来的两年里重新开展学生和学术界的业务活动。在短短两年内，业务范围从 1500 家企业培训合作伙伴扩大到 4700 家学术合作伙伴，规模扩大了三倍。目前学习业务已经成为盈利最多的业务版块。

卢茨没有给辩论留机会。他知道，虽然制造一场辩论很容易，但要进行一场激烈的辩论，还需要深思熟虑。

辩论发起者与独裁者的处事方式

在我们的研究中，我们发现乘法领导者在做决定时，做了三件与除法领导者非常不同的事情。除法领导者提出问题，主宰讨论并做出强制决定，而乘法领导者做的是这三件事情：1. 框定问题；2. 激发辩论；3. 推动正确决策。下面让我们更详细地研究这些做法。

框定问题

我们的研究表明，做出一个正确决策的秘诀是领导者在讨论开始之前所做的准备。他们通过提出正确的问题和组建正确的团队来进行讨论和辩论。然后，他们预先构建问题和讨论过程，确保每个人都可以提出意见。在框定问题时，有以下几点要素：

1. 问题：要做什么决定？ 有哪些选择？

2. 原因：为什么这是一个需要回答的重要问题？为什么这个决定需要集体的投入和讨论？如果问题没有处理，会发生什么？

3. 谁：谁将参与决策？ 谁给予输入？

4. 如何：最后的决定是怎么做出的？ 是少数服从多数吗？达成共识？你（或其他人）会在其他人提供输入和建议之后，做出最终的决定吗？

一个伟大的讨论开始于一个重要的挑衅性问题。全球知名创意设计咨询公司 IDEO 的首席执行官兼总裁蒂姆·布朗说：

作为领导者，我们能发挥的最重要作用是提出正确的问题，并集中精力处理正确的问题。在商业中，你很容易被卷入到眼前的问题中。但是作为领导者，无论你多么有创意，无论你想出多少答案，这些都不重要。如果你专注于错误的问题，你就无法提供正确的领导。

蒂姆·布朗还说：“正确的问题不是放在地上等着被人捡起，然后被问到。”乘法领导者的作用是找到正确的问题，并提出正确的问题，这样其他人就能找到答案。

一个常见的错误是，试图讨论一个主题而不是一个问题。最有成效的辩论是回答一个明确的问题，一个明确的且通常是相互排斥的选择。例如，一个弱势的辩论问题是：我们应该从哪里削减开支？ 更强势的辩论问题是：我们应该为项目 A 还是项目 B 削减资金？

一旦问题被框定了，领导者就会抵制住诱惑，因为一旦迸出火花，就会开始辩论。他们明智地给成员时间，来准备和梳理他们的想法，他们知道宽松的空间会加强思考，消除讨论中的情绪。他们不仅框定问题，而且还描绘了每个人的任务。任务通常包含提出一个清晰的思想观点以及支持它的证据。有趣的是，我们发现当成员建立起一个明确的开放立场，而不是从一个中立的立场出发时，团队会做出最合理的决定。

当卢茨·齐奥布参与上述重要决定时，他清楚地阐述了这个问题：他们是否应该将整个业务重新集中在学术市场上，开始对学校进行培训，而不是只做企业培训提供者？他还解释了为什么这一决定对于扩大市场覆盖面，以及为尽可能多的潜在用户提供教育至关重要。他概述了这个过程，并给了他的团队中每个成员两个星期来准备，要求他们带来观点和相关证据以做决策。

当一个领导者把问题框定好时，团队的其他成员就知道该把焦点集中在哪里了。他们知道什么在界限之内，什么在界限之外。这种方法与大多数医疗程序中使用的外科手术一样。想象你正坐在床上，而护理人员要为你做膝盖手术。你被戳了一下，准备接受手术，被检查，重新检查，护士递给你许多要签字的表格。然后，护士递给你一个大大的黑色的记号笔，让你在未受伤的膝盖上写 NO，在受伤且要做手术的膝盖上写上 YES。虽然你一开始会觉得这很令人不安，但你意识到你很快就会被完全麻醉，并愉快地给你的外科医生写最后的意见。接下来，在手术室里的另一位护士在指定的膝盖上放置了一层薄薄的蓝色手术布，只能看到 5 英寸的方形开口，它挡住了除了膝盖以外的所有东西。手术小组只看到了一个需要一条新韧带的膝盖。把分散注意力的事物隔离出去，手术团队已经准备好手术。当一个领导者明确地提出了一个问题（澄清问题、理由和过程）并允许人们做好准备时，这个团队已经准备好进行辩论了。

当一个决定具有高风险的时候，辩论者需要每个人提出最好的思考。他们知道，如果这些问题被妥善定义并且被框定，如果辩论的问题是明确的，人们会做出最好的思考。他们知道，如果以事实而不是个人意见为基础，辩论将是最富有成效的，提前采集正确的信息也是很明智的。

因为他们需要时间来准备和框定问题，所以乘法领导者比除法领导者更能从成员中获得更多的能力。乘法领导者确保员工不会浪费他们的智力和热情在其他问题上。在明确的背景下就关键问题提出辩论，能够培养员工的动力，帮助他们获得100%的收益。乘法领导者喜欢辩论，他们辩论是有目的的。乘法领导者知道他们想要的是什么，还知道员工们想要的是什么，乘法领导者不仅仅是辩手，他们还是辩论发起者。

激发辩论

在框定问题之后，乘法领导者会激发辩论。通过对高管的研究和培训，我观察到成功的辩论具有四个元素：

1. 参与：这个问题对每个出席的人来说，都是很有吸引力和很重要的。
2. 全面：分享正确的信息，让大家全面理解问题。
3. 事实基础：辩论的基础是事实，而不是观点。
4. 教育：人们把辩论的焦点放在他们学到的东西上，而不是放在谁赢或谁输上。

如何领导这种辩论？有两个关键因素相互联系，就像是一场成功辩论的阴阳两面。第一个是创造安全，第二个是要求严谨。而乘法领导者会同时制造出这两个要素。

阴：为最佳思维创造安全的环境

乘法领导者如何为员工的最佳思维创造安全的环境？

乘法领导者通过消除恐惧来创造这个环境。他们消除会导致自我怀疑的因素，以及导致员工退缩的恐惧因素。我们采访了一位高级经理，他向我们提到他现在的老板：“阿米特持有强硬的意见，但是他在表达意见之前会让大家先讨论。而且，你知道阿米特的立场。他待人平等、尊重，但他对没有意义的观点也会直接坦言。我从来没有因为告诉经理我的想法而遇到麻烦。”

我们共事过的另一位高管，她以聪明、意志坚强而著称，而且她可能会让人生畏。一位直接下属注意到了她最近的变化：“当这个团队在讨论一个问题时，珍妮弗就会把自己的观点留到最后。她给执行团队中的每一位成员都提供了在她之前表达自己观点的机会。”

乘法领导者创造了安全的环境，但同时也维持了一种基于现实的、严谨辩论的压力。乘法领导者要确保每个人都系上安全带，因为他们即将要把脚踩在油门上冲刺。

阳：要求严谨

乘法领导者如何要求严谨？

他们提出挑战传统思维的问题。他们会提出一些揭示阻碍团队的假设问题。 他们会问一些让团队更加努力思考、深入挖掘的问题。他们要求证据。网景公司（Netscape）前首席执行官吉姆·巴克斯代尔以这句话而闻名：“如果你们没有任何证据，就采取我的意见。”辩论者不会被观点和情感上的争论所左右，他们要求证据，包括可能会提出新的或可替代观点的证据。

当一家欧洲在线分销公司的高级管理团队一起开会，并讨论是否要向他们的在线商店添加新功能时，团队成员对此非常支持。但首席执行官不满足于这个直觉，他希望他们的集体思维能够更严谨。他问高管团队，新功能是否会推动销售增长。起初大家有一些意见，但首席执行官想要数据并想知道所证明出的事实是什么。执行团队开始在总结分析中挖掘这些事实。首席执行官又一次将这个问题挖得更深了。他要求该团队根据不同的国家，仔细研究数据，寻找问题的答案。

正如一位在场的高管所言：“没有人放弃自己的观点。”小组成员不断研究这个问题，直到他们总结出，他们暂无足够的信息来做出一个明确的决定，然后他们确定了到底还缺乏哪些数据。这家公司的领导者对这场辩论做出了严格合理的决策要求。

在担任美国昂飞公司的总裁时，苏·西格尔在 2001 年通过运用事实和开放的力量来充分利用团队的全部智慧，从而做出决定。

昂飞公司生产帮助科学家分析复杂的遗传信息的微阵列技术。该公司已上市三年，并已稳步增长至 800 名员工。苏收到一些来自客户的令人不安的消息，他们认为基因芯片微阵列存在一些问题，这些问题可能会导致不准确的结果，但只对其应用的一小部分造成影响。作为总裁，她不得不做出公司在未来几年内将面临的最艰难的决定之一：他们应该召回产品吗？

苏是生命科学行业的一名资深高管，对潜在的技术和问题都有着深刻的了解。但是，她并没有完全依赖于自己对现状的理解，而是超越了管理阶层，深入到团队中，获得了丰富的数据和见解。她直接与了解这些问题的人交流，并让这些人知道她需要他们的帮助。

然后，她召开了一个由不同层次员工和管理团队组成的大型论坛。她把问题的严重性和对公司的潜在影响进行了框定。生物技术的产品开发周期往往很长，而且不能在短时间内修复。对于一家年轻的公司来说，这是一个具有深远影响的问题，答案远未明朗。无论采取哪种方式，他们都将在未来数年里承担这种方式带来的后果。她提出了几个方案后，开始提问，确保团队从各个角度思考这个决定："对我们的客户有什么影响？""我们的法律义务是什么？""有怎样的财务影响？"苏要求团队提供数据和建议。这个小组艰难讨论了两天，苏要求管理团队进行权衡，然后他们决定召回产品。第二天，她出席了在加州拉古纳尼格尔举行的高盛金融会议，这场会议有超过 1000 名的分析师、股东和行业专家等人参加，他们讲述了他们所犯的错误以及做出的错误决策。

对这个年轻的公司来说，产品召回是一个财务上的挫折，对公司两个季度的市场市值产生了负面影响，并在一夜之间从华尔街的宠儿沦为过街老鼠。然而，在公司员工的支持下，他们不仅能够以坚定的信念执行这个决定，而且能够向他们的客户和市场解释这一决定。这使得他们能够迅速反弹并重新获得市场地位，超过他们的原有市值。事实上，产品召回成为建立深厚客户关系和尊重员工投入的转折点，而这将成为公司的标志。在产品召回之后的 4 年里，苏带领公司继续扩大销售，并打破了对营收和盈利的预期值。

苏·西格尔带领团队做出了最艰难的决定，因为她并没有以自我为中心，而是从顾客的最大利益出发，利用团队的全部智慧，做出一个充分基于事实的决定。

辩论发起者会考虑问题的不同方面。当团队太快达成协议时，乘法领导者经常退后一步，并要求某个人从另一方面开始辩论，或者他们可以自己提出不同意见。他们确保所有的辩论都会反过来再进行一次。回想一下卢茨·齐奥布在辩论中如何引发严谨的思考。当人们即将达成一致意见时，他会搅动辩论，重新再来一次，并创造一些未解决的新的争议。接下来是“转换”。在要求人们做好准备之后，他要求他们放下自己的立场，从相反的角度来进行论证。想象一下这对团队会造成什么影响。从相反的观点进行辩论，个人能够：（1）从另一个人的角度看问题，可以加深同理心和理解；（2）不得不反对自己，在开放的情况下摆脱问题和陷阱；（3）找到新的替代品，从竞争选择中引出最好的想法；（4）从自己的立场中分离。当达成最终决定时，没有正方和反方之分，而是整个团队共同拥有最终决定。

下图总结了辩论发起者用于创建安全环境和严谨要求的一些做法：

为最好思维创造安全的环境 （阴）	要求严谨 （阳）
在听到别人的意见后再分享自己的观点； 鼓励别人采取反对立场； 鼓励所有不同的观点； 着眼于事实； 使问题脱离个人化，保持理智； 超越团队的层次和个人职位。	提出棘手的问题； 挑战基本假设； 在数据中寻找证据； 从多个角度来看待问题； 攻击问题，而不是提出观点的人； 反复问“为什么”直至找到根本原因； 提出不同观点的双方可以平等辩论。

推动正确决策

乘法领导者可能会期待一场精彩的辩论，但他们的结果很明确：一个正确的决定。他们以三种做法来确保这一点：首先，他们重新阐明了决策过程；其次，他们会做出决定，或者明确地把决定权交给别人；最后，他们将做出的决定及基本论据告诉大家。

重新阐明决策过程

在辩论之后，乘法领导者让人们知道决策过程的下一步。他们会总结辩论的关键思想和结果，并让他们知道接下来会发生什么。他们会提出以下问题：

1. 我们现在就做决定，还是需要更多的信息？
2. 是团队还是领导者做出最后的决定？
3. 如果是团队做决定，我们将如何解决所有不同的观点？
4. 在辩论中有什么事情改变了决策过程吗？

我们研究的一位高管在辩论结束时表现得强而有力："艾莉森会说出谁做这个决定，什么时候做这个决定。团队不会因为不知道如何做决定而陷入困境。"

乘法领导者让人们知道他们的想法和工作将会产生什么结果，这样员工可以确信他们的努力不会被浪费，下一次他们可能会付出100%的努力。乘法领导者得到团队充分的贡献不是一次性的，而是一次又一次。

做出决定

虽然乘法领导者知道如何产生和利用集体思维，但他们并不一定必须要达成全面共识。有时候，他们可能会寻求团队的全面共识；然而，我们的研究表明，他们同样也很喜欢做出最终决定。

一位负责全球科技公司新兴市场的经理这样描述她的领导："克里斯更倾向于集体决定和共识，但他很实际，他要么快速做出最后的决定，要么听从另一个人的决定，当然问题显然是在那个人的知识领域内。"

传达决策和基本根据

进行有目的且严格的辩论的好处之一是，辩论建立了商业案例和动力来执行决定。随着成员对问题的彻底辩论，他们对潜在的问题和机遇以及变革的必要性有了更加深入的了解。他们每个人都参与了决定，因为他们达成了集体理解，做出的决定才能够集体执行。

卢茨经常在他们称之为手术室的会议室举行辩论。这个“手术室”看起来跟任何其他会议室没有什么两样，主要参与者围着一个大桌子而坐。不过，这个屋子里放着两倍的椅子，因为这些辩论是对团队内的任何人开放的。任何对这个问题感兴趣的人都可以来听听。该团队称之为手术室，因为它像教学医院的外科手术室一样，当人们听到这些辩论时，他们可以更好地了解这些问题。当达成决定时，团队各级人员也都准备好去执行。通过这种透明决策模式来传达决策和理由很容易，因为团队已经准备好继续前行。

手术室不仅帮助团队员工了解决定，还帮助员工准备好执行决策，就像医学院的学生学习做手术一样。他们也了解到，当他们被要求对另一个问题进行辩论的时候，对他们的期望是什么。

独裁者的辩论方式

除法领导者倾向于快速做出决定，要么仅仅基于他们自己的观点，要么是来自一个封闭的核心圈子，而不是从他们的团队中寻找广泛的智慧，然后人们开始疑惑和猜测，热情逐渐消却。

与上述“手术室”形成鲜明对比的是，一位除法领导者曾在办公室举行两个圈子的会议。坐在一个小圆桌旁的是一个很小的内在圈子，他们会讨论这个问题并做出决定。但房间的周围站着一群无声的人在记笔记。参加这个奇怪形式的会议后，我不禁要问这些无声的人，他们站在外圈沉默不语时充当了什么角色。她说：“哦，我们没有参与这些决定，我们甚至都没有座位，我们只是在这里做笔记，所以我们的高级副总裁不必再告诉我们接下来应该做些什么。”显然，这不是一个“外科手术室”，而是一个“演讲厅”。

除法领导者不是为了辩论和做出决定而指定问题，而是倾向于突然提出问题，然后在进行决定之前主导讨论。

提出问题。当一个问题出现时，除法领导者会带来引起成员注意力的问题或决定，但他们框定问题的方式，难以让成员做出贡献。当他们提出问题时，他们关注的是做出的决定是“什么”，而不是“如何”或“为什么”做这个决定。在每周一次的员工会议上，首席信息官经常提出各种各样的分散注意力的问题。他的一名董事解释说：“有一次他一进来，就提出了人体工程学键盘的问题，然后对这个话题展开了一个小时的讨论。”他的聪明和智慧体现在每一个方面，但真可谓多而无益。

主导讨论。当讨论或辩论问题时，除法领导者倾向于用自己的想法主导讨论。他们充当辩手的角色，而不是辩论发起者。回头看看乔纳森·埃克斯，他是在哪里失败的？他召集了合适的成员，收集了数据。但他从未发起过一场辩论，相反，他以自己的观点主导了讨论，并妨碍了所有成员的智慧和驱动力。

强制决策。除法领导者倾向于做强制性的决定，这个决定要么是严重依赖他们自己的观点，要么是通过简化辩论而做出来的，而不是共同促成的一个可靠的决定。正如一位高管在主导工作任务会议后试图结束讨论：“我认为我们都同意在全球范围内将这个职能集中化。”成员们看起来很困惑，因为他们知道这不是小组的共同意见。一位勇敢的女性打破了沉默，回应说：“不，乔，我们听过你的意见，但是我们还没有达成一致意见。”

除法领导者的决策方法对团队有什么影响？乍一看，除法领导者似乎做出了有效的决定。然而，由于他们的做法只是利用少数人的智慧，而忽略了辩论的严格性，所以大部分的成员都是蒙在鼓里的，他们并不理解决定所依据的假设或事实。由于对决定缺乏清晰认知，成员们转而辩论决定的合理性——“绕圈圈”而不是执行。

这种“绕圈圈”现象是除法领导者导致资源流失的原因之一。独裁者不能充分利用成员的才华、智慧和知识，使团队处于闲置状态。但为了解决闲置带来的问题，他们会继续要求更多的资源，并且想知道他们的生产力为什么不高。

相比之下，乘法领导者不仅了解团队成员的最佳想法，他们还会利用辩论来拓展个人和团队的思维。在决策过程中，人们激烈地争论，存在的事实和问题迫使人们倾听和学习。因此，乘法领导者从现有资源中获得了充分的能力，并且拓展和增加了整个团队面对下一个挑战的能力。

如何群策群力收获人心

辩论发起者的促因是什么？如何学会像微软的卢茨和昂飞的苏·西格尔那样领导辩论呢？如何从独裁者变成辩论发起者呢？

据我们的研究以及有经验的高管透露，领导者可以从除法领导者转变至乘法领导者。但是，这不仅仅需要增加一些新的领导力做法，通常还要求领导者根本性地转变假设。通常，当领导者以另一种视角看待自己的职能时，或当领导者明白他们最大的贡献在于提出问题并产生最严格的答案时，这种转变就会发生。

几年前，我自愿在小学里当一名图书课程项目的讨论主持人。这看起来是一个简单的志愿者工作。这项任务很简单直接：引导一群三年级学生讨论一篇伟大的青年文学作品。这个任务的目标是明确的：让他们深入探讨故事的意义，并与同学进行辩论。尽管我很自信地认为我自己知道如何引导讨论，但我还是被派去参加了为期一天的培训研讨会，学习一种叫作“分享研讨法”的技巧。我发现这是一个主导辩论的简单而强大的技术。

“分享研讨法”有三条准则：

1. 讨论主持人只提出问题。这意味着主持人不能回答自己提出的问题，也不允许他对这个问题做出解释，这使得学生不会依赖于主持人给出的答案。

2. 学生必须提供证据来支持他们的理论。例如，如果学生认为杰克第三次爬上豆茎是为了证明自己的无敌性，那么他就需要在文章中找到一段（或者多于一段）文字来支持这个想法。

3. 每个人都要参与。主持人的角色是确保每个人都能获得讨论时间。通常，主持人需要制止更为强烈的声音，而积极主动鼓励更加胆小的参与者。

讨论的领导者提出问题，却不能给出问题的答案。我发现这很有效果。当学生们发表了他们对这个故事的看法和解释时，我会很直观地看着他们说：

“你有什么证据支持这个说法吗？”最初，他们看起来很害怕。但他们很快意识到，只需要拥有证据，就可以发表意见。在获得经验后，他们学会了快速回应。他们会表达一个意见，我坚持说：“请提供你的证据。”然后他们会急匆匆地在文章中找到支持他们主张的文字，并坚定地引用它。因为每个人都被叫起来参与讨论，所以所有学生都学会了如何用数据表达并支持自己的看法。

这个经验巩固了我的信念，那就是一场成功的辩论必须有一个过程及其准则。

起跑线

制造辩论，最好是用严谨的思维和集体智慧来确定一个重要的决定。框定问题，团队准备，引导辩论……不是用强烈的意见，而是用一个合理的过程来鼓励人们在表达观点之前进行权衡。

就像上文中提到的三年级学生辩论会的准则那样，请满足这三个要求：

1. 提出棘手的问题。提出问题，就会知道这个问题及决定的核心是什么。提出带有潜在假设性的问题。将问题提交给团队后，停止表达意见。接下来，不要固守自己的意见，而是询问他人的观点。

2. 要求证据。当有人提出意见时，要求证据，而不是随便提出意见。寻找多个数据依据，并要求他们确定一组数据或是趋势，让这成为一个规范，这样成员们就会带着自己的数据——甚至是一套数据模型——参与辩论。

3. 询问每一个人。不要只集中于最强势的声音，也要听取其他观点和数据。你可能会发现，较轻柔的观点往往来自那些对数据非常熟悉以及有着客观分析心态的人。你也不必要照本宣科地询问到每一个人，但一定要询问足够的人，以收集各种不同的想法。

如果要推动更严格的辩论，你可以尝试第四个要求：

4. 要求成员转换立场。邀请他们从另一个角度考虑这个问题。这将减少个人依附感，从而增加集体所有感。

当你重新思考你作为领导者的角色时，你会发现你最大的贡献可能取决于你提出正确问题的能力，而不是提供正确答案的能力。无论是个人还是集体，所有伟大的思想都缘于一个挑战性的问题或一场激烈的辩论。

讨论、异议和辩论

在林登·约翰逊先生的领导下，美国副总统休伯特·汉弗莱抓住了乘法领导者做决定的基本原理，他说：“自由是在讨论、异议和辩论的铁砧上敲打出来的。”我们的研究表明，讨论、异议和辩论也会敲出正确的决定。

当领导者担当独裁者的角色时，他们不仅承担了做出正确决定的责任，而且还要继续负责执行决定。倘若只有几个人真正了解问题，那么领导者的负担可能会很沉重。但是，当一个领导者让团队共同做出最重要的决定时，成员会共担责任。在集体智慧的基础上，团队也会做出更好、更全面的决定。经过深思熟虑后，团队更加意志坚定，能全力支持决定。通过讨论、异议和辩论，他们产生了集体的意志力和决心，能够准确和有力地解决问题。正如玛格丽特·米德所言：“永远不要怀疑一小群用心执着的人，他们可以改变这个世界。事实也一直如此。”

太多领导者竭尽所能在团队中收集利益相关者的支持，但事与愿违，他们往往收到成员的反感，因为人们不喜欢被强迫。你应该投入到决策中，也应让相关者参与决策，这样才能获得成员的支持。

总结：独裁者与辩论发起者的对比

独裁者在内部的小圈子里做出决定，但是大多数团队成员毫不知情，因此成员会浪费时间在辩论决定的合理性上，而不是真正执行决定。

辩论发起者让人们对问题进行辩论，以此产生成员能理解且有效执行的合理决定。

辩论发起者的三种做法：

1. 框定问题。

· 定义问题；

· 组建团队；

· 组合数据；

· 确定决定。

2. 激发辩论。

· 阴：为最佳思维创造安全的环境；

· 阳：要求严谨。

3. 推动正确决策。

· 重新阐明决策过程；

· 做出决定；

· 传达决策和基本根据。

成为一个辩论发起者：

辩论四大要求：

1. 提出棘手的问题；
2. 要求证据；
3. 询问每一个人；
4. 要求成员转换立场。

利用资源：

	独裁者	辩论发起者
做法	在内部圈子中决策。	做决定之前，在激烈的辩论中获得广泛的想法。
成效	没有充分利用团队的资源，而少数人却超负荷工作。	充分利用资源。
	缺乏对执行者的了解，导致更糟糕的决定。	需要真实的信息以做出合理决定。
	某些人拥有太多的资源，却不能理解问题，无法高效执行决定。	缺乏资源也能做出高效执行，因为他们对问题的深刻理解使团队能够高效执行决定。

意外的研究发现：

1. 作为领导者，你不仅可以有非常有力的观点，也可以促进辩论，从而为他人的观点创造空间。数据是最重要的。

2. 辩论发起者也很高兴能成为最终的独裁者，他们不必要一定以共识为导向。

3. 严格的辩论不会拆散一个团队，而是会巩固团队，并让团队更强大。

第六章

为团队赋能需要“投资团队”

如果你想建造一艘船，不要急于安排人们搜集木料，分配工作。

取而代之的，应是教会他们幻想那一望无际的浩瀚海洋。

——安托万·德·圣·埃克苏佩里

为团队赋能的领导不会让团队产生依赖

时间已过半夜，韩国首尔的麦肯锡会议室的灯还是开着的。占据这里的项目组两天后就要向亚洲最大客户之一做重要推介。组长贤智办事得力，在业内评价颇高。这个晚上，麦肯锡在首尔的合伙人之一在哲也加入了他们。在哲知道这个团队正在准备向客户展示他们的发现，这是他们的第一次重大推介，而剩下的时间已经非常紧张。他就是来帮助团队调整和完成整体思路的，这是非常典型的做法。

项目组长贤智站在白板前，她和组员们正在用过去一周发现的新情况重新测试推介的整体思路，要将这些新发现糅合进已经完成的针对客户业务改革的核心信息里，这并不容易。在哲认真地听着，不断发问，众所周知，他很擅长这么做。

很明显，整个团队遇到了困境。组长正试图有条理地解决这个难题，却不忘向在哲这里投过来一个“求助”的眼神。在哲曾无数次遇到类似的项目，也曾多次站在项目组长立场上帮忙。这个团队现在忙于细枝末节，还没有找到头绪，但他已经有了一个完整的思路。

在哲想出了几个思路供团队讨论后，他站起来，从组长手中接过了白板笔。在走向白板的途中，他就罗列了已经浮现在脑海中的好几个主题，鼓励团队从一个不同的角度看待这些新情况。全组的人都兴奋起来，他们发现了一个全新的视角。尽管时间已经很晚，他们还是开始激动地往下发展思路，不断试验、推演直至最后成形。这场讨论被彻底激活，新的见解不断涌现，现在在哲已经可以在脑海里清晰地看到整个推介的全新流程。站在白板前，那种他所熟悉的舒适感再次浮现。推动整个团队迅速完成这个项目的欲望又开始向他招手。他多想把自己的一切想法统统摊到桌上分享给所有人，这样大家都可以早点回家多休息一会儿。作为咨询师的在哲告诉他就这么做吧，完成工作，自己完成整个方案就好了。但作为领导者的在哲提醒他要克制。他停止了脑中的策划，把视线转向项目组长，想看看她是否对这个新方向感到满意。当看到对方脸上的微笑后，在哲说：“好了……看起来我们找到了一条新思路。让我看看你们顺着这条路能走多远吧。”随后，他将笔交还给贤智，交由她来控制全程，并率领整个团队为客户完成一次优秀的推介。

显然，对在哲来说，直接跳出来拯救整个团队于水火，一个人推动整个推介直至最终完成，是一个很大的诱惑。他可能会觉得像个英雄（很可能还会觉得自己年轻了好几岁）。对整个团队来说，让他完成这一切，尤其是在已经这么晚了的时候，也是很有诱惑力的。但在哲更倾向于为团队成员及其成长投资。他以领导者的身份回忆这一幕：“你可以跳出来教他们，但随后你得把笔还回去。当你把笔还回去时，你的人会明白，还是他们做主。”

当某件事脱离了轨道时，你是全盘接管，还是选择投资？当你拿起笔添上你的想法，你记得要将笔还回去吗？或者那支笔就一直留在你的口袋里了？

乘法领导者们会投资于其他人的成功。他们也许会跳出来，教授和分享他们的主张，但他们通常会回到重视责任制度上来。

如果领导者没有归还所有权，整个团队会变得具有依赖性。这是通向失败的不归路。他们跳出来，省下时间，直接通过自己个人的加入做出成果。如果领导者归还了那支笔，则是以最合适的方式巩固了责任制度。这样一来，大家不会再整天指望有领导者的拯救。

让其他人拥有成果的所有权，并投资于他们的成功，乘法领导者们就这样使其他人得以独立运作。乘法领导者不可能总是站出来玩紧急救援，所以他们要保证他们团队中的人都能自给自足，在没有他们直接参与的情况下也能顺利运作。

到现在为止，本书已探讨了为什么乘法领导者的出现可以令人们变得更聪明能干。现在请思考另一个问题：乘法领导者不在时会发生什么？当乘法领导者带来的阳光不再照耀他们那一方世界时，人们会变成什么样？

本章将探讨这个最令人好奇的问题：乘法领导者是怎么让整个团队在没有他们直接参与的情况下还能灵活应变、收获理想成果的？

赋能领导赋予能动，从不事必躬亲

为团队赋能的乘法领导者像投资者一样工作，不断向他人注入必要的资源和所有权以保证在企业独立于领导者之外的情况下也能收获理想的成果。这可不是做慈善。他们投资，然后期待收获。

永远强大

拉里·格伟斯站在橄榄球场边，看着他的高中球队练习。他回想起第一支由他带领、拿到全国冠军的球队，他记得他们总是在天亮前就起床一起训练。拉里自言自语说：“好吧，那都是过去的事了。”

在他眼前的这支球队很出色，这一点是肯定的。他们努力学习这项运动，但他注意到他们并没有以前那些球队那么好的体能条件。拉里有点儿不知道怎么办。他并不是没有试过。训练时他不断提醒大家，他们会不停点头，然而他们就是做不到。

他原本可以取消技术练习，用体能训练取而代之，但这样就要承担技术水平下降的风险。他原本可以冲他们大喊大叫，但这只能起到一两天的效果。拉里把身体侧向一位助理教练说：“我们需要把这个问题交给队长！”

第二天，拉里在队长面前快速走向黑板，在黑板上画了一条线，从黑板这一头画到那一头。他说：“我们在决赛前还有 6 周时间，要建立起必要的体能储备，一个相当优秀的运动员需要 6 到 7 周时间。”教练们和队长们仔细听着他说的每一个字。他接着说：“如果现在找到办法，我们就能成为全国冠军。如果找不到，我们就会空跑一场。”

他给球队成员透了个底：“有两个办法：教练们接着拼命想办法，或者你们这些队长把问题接过去想个解决办法。我们应该怎么做？”

现场安静了一会儿。后卫队长说：“交给我们吧。”

拉里说：“我面对的这个挑战，一旦你们接过去，你们就完全独自面对它。从今往后两个星期，我希望你们能交出一份答卷，我不会干扰你们。”

队长们交换了一个表示认可的眼神后，前锋队长站了起来，向黑板走去。他转向已经和其他教练坐在一起的拉里，说道：“好，我们有几个问题。”拉里和教练们回答了队长们提出的问题，主要是提高速度、灵活性和耐力的体能训练种类，然后拉里和其他教练就被轰走了，四个才十几岁的队长围着黑板站成了一个半圆，就这么开始商量起来。

他们最后的实施方案是，将全队分为由四五个人组成的小组，每个组都选一个组长。队长们把责任下放给组长，组长们把责任下放给队员。这些小组在这几周上学前或上学后都会集中进行体能训练，很快这支球队就成了拉里 34 年执教生涯中身体状况最好的队伍。然后，他们以全赛季不败的战绩拿到了全国冠军。

如果是一个事必躬亲的教练，他会如何解决同样的问题呢？答案应该显而易见吧。

控制所有战术

马库斯·多兰冲着约翰·金博尔大吼，声音响彻整个校园：“给我过来！”马库斯是一个专横的教练，希望能控制住球队的所有事务。他冲着一位球队队长大喊：“永远不要在没有我的情况下开始训练，否则你就滚出球队。你已经把所有人都搞得一团糟了！”

毫不意外，约翰再也不会这样尝试了。渐渐地，他和其他队员一样变得一点也不主动了。在马库斯执教的球队打球，意味着你将毫无疑问地按他说的做。训练场上那无休止的跑圈任务就是要完成。即使是在比赛时，他也会为所有球员安排所有战术。整个球队十分专注，对马库斯十分依赖，他们没有敏锐思考的能力，也不能针对场上变化迅速调整。他们输掉了每一场比赛。马库斯曾经拥有一队优秀的球员，他们愿意为球队负责，但他事必躬亲的管理方式毁了这一切。有意思的是，《体育画报》随后将他评为高中体育史上最糟糕的教练。

更有意思的是，他手下的八名球员最终都离开了球队，去为拉里·格伟斯打球了。事实上，他们就是上文中提到的那支天亮前就起床练球的队伍，也就是那支队伍最终让高地队拿到了第一个全国冠军。

跑进球场

为什么一旦存在很高风险，很多经理就跳出来接管一切？我看过上百场青少年足球赛，我不得不承认我观察教练的时间远比观察球员多（专心看球的阻碍之一）。我见过许多教练在球队落后又踢得非常糟糕时异常沮丧，我也见过教练在场边疯狂挥舞手臂，无休无止地喊叫，或时而大发雷霆。但我从来没有见过有教练跑到比赛场地上，从球员脚下抢走足球，带球穿过整个场地，然后射门得分。每一位教练都有绝杀比赛的能力。我也确信不少人很想这么做。

那为什么他们不这么做呢？最明显的理由当然是这不合规则，除此之外，这也不是他们的角色。他们的工作是教练，球员的工作是踢球。当风险很高时，很多公司经理会毫不犹豫地跑进球场，夺下足球，上演绝杀。为什么这样做的理由也许不是那么明显：因为在这些公司里，这么做并不是不合规矩，很多人无法抵挡这种诱惑。以下两个例子每天都在职场上演：

1. 一场争取重要潜在客户的竞争中，销售经理认为进展不够快而主动参与销售进程，试图靠自己拿下生意。

2. 营销副总发现她的手下在给首席行政官讲解新产品营销计划时磕磕绊绊，当首席行政官向他提出尖锐问题时，营销副总挺身而出，不但代为回答那尖锐的问题，而且代他完成整个讲解过程。

你也许会问自己：如果我从不踏入球场，又怎么执教？如果我从不参与和接管，又怎么领导众人？如果我是乘法领导者，该怎么应对团队表现上的落差？

乘法领导者明白他们的职责是投资，是教授，是指导，他们会将打球的责任留给球员。只有这样，企业才能在没有他们在场的情况下取得胜利。

现在让我们来研究一下投资者法则，看看乘法领导者是如何建立充满绩效并且屡战屡胜的团队的——这样的团队不只要在乘法领导者不在场时表现出色，更需要在他们的直接影响结束很久以后还能持续保持出色。

投资者与管理者的处事方式

埃拉·巴哈特（Ela Bhatt，也叫埃拉本）是一位已经 78 岁高龄的印度妇女，说起话来轻声细气的，给人一种颇为柔弱的印象。她住在一个最简单的两室小平房里，平时把自己的床折叠起来当写字椅用。她的祖父曾参加过为期 24 天的“盐路长征”，莫罕达斯·甘地从艾哈迈达巴德的修道院到阿拉伯海边煮盐，以表达对英国法律的不满与抵抗。她的父母在她成长过程中反复讲述有关祖父的故事，老师们也不断讲述关于印度独立斗争的故事。

为了获得关于农村贫穷状况的第一手资料，埃拉本选择定居在印度农村，亲身体会到仅仅从英国人那里赢得政治独立是不够的，经济独立将是下一场胜利。在农村，她同时体会到了这里的生命力与挣扎：女裁缝、街头小贩、建筑工人。为此，她最终于 1972 年建立了印度妇女自营协会（SEWA），并将其建设为该地区颇具影响力的工会团队。

如果埃拉本愿意的话，按照法律要求每三年举行一次选举的妇女自营协会秘书长之位永远都是她的囊中之物。如果这样，她将无限拥有制订该团队日程的权力，然后给其他所有人安排任务就行了。毕竟，妇女自营协会是她一手建立的。这项事业在她脑海里计划了很久，让她永远担任协会正式领导者职务即使不是众望所归，也是完全可以理解的。

但埃拉本坚持将运营妇女自营协会的责任转交给年青一代的新领导者。她个人则投入时间和精力指导协会成员熟悉民主程序，鼓励所有人学会必要的政治常识以便于他们能站出来争夺那些公开选举的位置。

最终，一位出身贫苦、只能说古吉拉特语的卷烟工人约迪·迈克万从普通的妇女自营协会会员起步，最终成为需要整日讲英语的协会秘书长，这也是妇女自营协会纲领及领导哲学的完美体现。在她的任上，妇女自营协会得到了极大发展，最近一次协会选举就有120万人参加。约迪的一生，本来会在日复一日的挣扎求生中度过，但由于有了埃拉本的领导，她得以将自己的聪明才智用于解决大到涉及国际事务的复杂问题上，影响超过100万与她身份背景相似的妇女。她曾和埃拉本一道在一次新闻发布会上和当时的美国国务卿希拉里·克林顿肩并肩回答各种问题。

约迪的故事还只是个开始。妇女自营协会属下所有团队机构第二代首席执行官一开始都是在埃拉本的教导下开展工作的。在他们逐渐成长为合格的经理人的过程中，每个人都一点一点获得更大的决策权。每当埃拉本建立一个新的机构，她都在未来领导者身上投入甚多，然后从实际管理中抽身退出。每一次的权力移交都非常顺利，她完全可以充满信心地说，即使是她在其他地方忙于投入精力建立另一个新机构，人们依然可以感受到她的影响力。

妇女自营协会旗下有一家银行（由4000名妇女每人存入10卢比起步），还有古吉拉特邦住房信托基金（the Gujarat Mahila Housing SEWA Trust）、古吉拉特邦合作协会（the Gujarat State Mahila SEWA Cooperative Federation）、SEWA保险公司（SEWA Insurance）、SEWA学院（SEWA Academy）、南亚家庭网（Homenet South Asia）等为数众多的机构团队。

埃拉本依然一如既往地投入到建立机构和培养领导者的工作中，以保证他们能独立顺利运作。她就好像在扮演父母的角色一样发挥影响力，又像睿智的老人一样在人们需要的时候给予指导和帮助。她的管理方式来自她那句简明扼要的座右铭："领导者就是帮助其他人当领导的。"如今埃拉本是长者联盟（the Elders）的一员，这是一个由纳尔逊·曼德拉（Nelson

Mandela）在2007年成立的国际非政府团队，成员都是各国的公众人物，如老牌政治家、和平活动家、人权拥护者。

培养新的领导者，让他们不仅能接过决策权，更能保证继承团队机构原有的目标，埃拉本是怎么做到的呢？我们将在投资者的三种做法中找到答案。

投资者的三大做法

当我们研究乘法领导者效应推动积极成果的独特方式时，我发现其中一些守则与另一个我所熟知的世界惊人的相似——在这个世界里，知识财富和投资相辅相成，产生倍数效应；在这个世界里，技术和商业的领导者们在寻求发展、回报和创造财富的过程中培养了更多领导者。

这个世界的资本中心之一距离我家只有一英里远。加利福尼亚州门洛帕克市是硅谷风险资本的聚集地，在这里的沙丘路上，每天都会产生许多百万美元级别的投资决定。这里有大量新兴技术和初创公司，其中有些注定有朝一日将成为行业领导者，风投公司整天不断搜寻，就是希望能找到并投资于这些未来领导者。在一轮融资中投下筹码时，风投公司会拿出一份条款说明书以操控整个交易。这其中，所有各方特别关心的是所有权结构的细节。所有权结构描绘了整个企业的股权结构（投资后），并决定了对企业决策权和问责制度的期待。简单来说，条款说明书让各方都明白是谁说了算。

一旦新公司的所有权确立，风投公司随后开出支票，开始投入资源。这样的投资可以为企业经营提供大量财政资源，以便于获得资金、知识产权和人力资源。对新起步的公司来说，风投的价值并不仅限于资金支持——其真正价值往往来自风投公司高级合伙人的专业见解，以及指导合伙人，这些男男女女都具有发展企业和孵化技术的经验，往往还自己经营着大型企业。他们不只是投入资本资金，更是向这些新兴公司投入自己的专业技能；他们将指导首席执行官；他们把自己的生意伙伴和关系借给新公司开拓市场、发展生意；他们也将和管理团队一起工作，以保证企业的财务目标得以达成。

在注入了资本及技能后，这些风投合伙人期待得到理想的回报。这些市场上的回报也许要等到多年以后（也许从来都无法兑现），但他们等待着投资回报到来的时刻。管理责任是很明确的。如果企业的回报达到了预期，第二轮或第三轮融资也就触手可及。否则，企业将失去风投的支持，只能自生自灭。

与之类似，作为投资者，乘法领导者们决定决策权的归属，让其他人明白哪些是他们可以做主的，哪些是还需要更进一步研究的。乘法领导者也以类似方式投资于其他人的天赋：教授、指导、支持以及注入成功和独立运作所必需的资源。

于是，当他们同样向其他人要求履行责任时，乘法领导者们完成了同样的投资循环。他们明白，这种责任并不是那么残酷无情。这是一场刺激智慧和能力超常爆发的赌局。

我们将逐次分析这三个步骤：（1）决定决策权；（2）投入资源；（3）让他人担起责任。

决定决策权

投资者以建立决策权制度起步开始这个循环。他们在身边人身上发现了智慧和能力，于是让这些人说了算。

指定负责人。约翰·钱伯斯担任思科（Cisco）集团首席行政官时，任命道格·奥尔雷德为他的第一位副总，并将控制权交于这位负责顾客支持的副总，明确了各自的职责：“道格，关于如何经营公司这方面的业务，你拥有51%的决定权（并100%为结果负责）。记得向我汇报，有事来和我商量。”几周之后，当道格向约翰汇报进度时，约翰回答：“我就知道你会取得令我惊讶的成绩的。”得到大部分决定权的不仅仅是道格，约翰的每个管理团队成员都在各自负责的领域得到了“51%的决定权”。

如果你老板告诉你，你已经拥有51%的决定权，你会怎么做？你会怀疑你自己并将所有决定权交还给他？或者你会走到另一个方向上去自作主张完全跳过他？多半你不会这么做。最可能的情况是，你会在重要决定前咨询你老板的意见作为参考，而在更小的问题上你可能会为了更好地完成工作明智地忽略他。

授予 51% 的决策权和全部的责任，能令道格产生安全感并建立起信心，这样他就不会自我猜疑，反而能更好地参考其他人的意见。明确作为领导者的角色能让人得到更多决策权而不是更少。他们接下来将更好地理解你参与决策的性质，以及你投资于他们的时间和方式。至关重要的是，他们明白，自己手中握有绝大部分决定权，成功或者失败都取决于自己的努力。

为最终目标给予决策权。某管理团队被召集起来参加一次非现场会议，准备计划一次对公司来说非常重要的收购。他们以一种叫作“大拼图”的管理练习起步，这是一种简单却有效的方法。整个团队分为九组，每组都拿到一个一英寸见方的小图片，那是从一张著名现代画作照片上截取下来的。他们的任务首先是复制并放大自己手中的小图片，然后把所有经过放大的部分组合成一张原始画作的复制品。最后的结果应当是一张技术上非常精确且可以无缝对接的画作。这其中的挑战在于没有人见过那幅“大拼图”。

我希望大家能想象这个画面。每一组都因为面前的挑战兴奋不已，努力研究自己手中的那个小方块，开始往面前那张大一点的纸上复制。他们全力投入这项任务，画素描，很快就把颜料搞得到处都是。当第一阶段时间耗尽时，他们又把注意力转向身边的同事。他们开始试着把小方块组合起来，却发现组合起来的图画看起来不怎么样。线条对不上，色彩也一塌糊涂，就像弗兰肯画派的作品一样。

课程组长提醒他们，重点是要让画作整体更美而不是他们自己的那一块。于是他们开始把注意力转移到“大画作”上，尽管时间已经不足以完成一幅无瑕的作品，但他们依然重新调整自己的工作，更多地关注画作的整合与协调。最后整个团队交出了一份“大拼图”，依然是一个“补丁集”，只能勉强看出原作的样子。

当人们只拥有某个大拼图中的一部分的所有权时，他们倾向于尽量做好这部分的工作，把自己的思维限制在这最接近的领域。当拥有整个所有权时，他们的思维将得到延伸，并越过原有的界限去挑战自我。

角色延伸。我们持续地注意到，乘法领导者们从属下员工处发掘出的能力是除法领导者们的两倍。人们不断告诉我们，乘法领导者们得到的不只是他们所拥有技术和能力的100%，而是120%，甚至更多。这是因为人们在乘法领导者的领导下会得到成长。其中一种激励成长的方法是要求人们不断延伸自己的角色，去完成他们以前从未做过的任务。

来看看这三个人：

埃莉诺·沙夫纳·莫什是一位追求更大事业的冠军。1988年，她在博思艾琳汉密尔顿咨询公司（Booz Allen Hamilton）担任小型IT业务市场总监职务期间，负责运营基础需求挖掘项目。可她突然发现自己面前出现了一个巨大的机会。公司决定将IT业务的所有权转交给一位坚决主张改变的合伙人。几个月间，她一直忙于筹备一场全公司范围内的IT业务启动仪式，接下来她召集了一个聚集全球顶尖首席技术官的论坛。当某次会议中她发现自己就坐在本公司首席执行官身边时，她满怀信心地向他说明为什么IT产业和本公司的IT业务将要改变整个世界。她说："我不害怕任何人或任何事。我们知道我们在做什么，我们觉得自己仿佛能做任何事。"

迈克·哈甘准备承担起整个公司的全球业务，但他真的就需要一份护照。迈克在一家跨国公司担任销售运营总监，所在的美国销售部业绩达到数十亿美元。他的工作是确保销售队伍遵守公司相关政策。当销售部主席希望以全球化推动业务增长时，他要求迈克找到解决办法。这一天，迈克是监督政策执行的警察，为违反销售规范的同事写下传票。下一天，他就是整个全球业务销售规范和政策的设计师。一开始的时候，迈克抗议过，坦承自己缺乏国际业务经验，甚至都没有一份护照。他的抗议被忽略了。主席说他很优秀，肯定能找到解决的办法。他就这么做了。这段经历令人精疲力竭，却也令人精力充沛。迈克回忆说："我得到了一次从未有过的做事的机会。事实上就没有人做过这差事。"工作很艰巨，但迈克就像预料的那样得到了成长。

波利·萨姆纳是一个等待得到释放的高手。甲骨文新主席一来就注意到了这位渠道销售经理在战略上的悟性和渴望，任命他担任负责联盟及战略合作的副主席。那时，波利身处大批极端混乱又极具风险的冲突中。甲骨文应当向其应用伙伴（同时也是竞争者）SAP提供最新版本的数据库代码，但管理团队无法就提供速度达成一致。波利向她的新上司提交这个问题，得到的答复是：“这是个复杂的问题，可能超越了你的职权范围。但是你应该是那个领导大家得出解决办法的人。”波利直接找到可以解决问题的人。作为联络人，她找来两家公司的创始人兼首席行政官，SAP的哈索·普拉特纳和甲骨文的拉里·埃里森，在拉里最喜欢的日本茶室召开了一次会议。问题得到了圆满解决，波利也成了业内的超级巨星。

这三位都为同一位老板服务，只是配置略有不同。这个公式的公分母是什么？是雷·莱恩，以善于挑战他的团队并激发出成员每一盎司的潜力著称。当我们问及为什么能给予雷如此之多的回报时，他们的回答则是一个不断重复的故事：他要求他们走出他们的舒适区。他可以发现其他人的智慧之处，并给他们提供超越自我的机会。他给他们的决策权，不是符合他们当前能力的水平——通常是超出一个等级，偶尔还会超出两个等级。

当投资者扩大职权时，他们同时也在培养承担这个职权的那个人——扩大后的职权产生了真空，必须有人填补上去。

投入资源

完成关于决策权的设计后，投资者将开始投入资源。注入获得成功所必需的知识及资源，以保证获得决策权的人能按要求成功履行职责，达到期望，这就是他们保护自己投资的方式。

教导和指点。麦肯锡的在哲与项目组一道投入讨论时，不是为了展示和炫耀自己的智慧。他“接过笔”是为了教导和指点其他人。这个区别很简单却也很关键：除法领导者告诉你他知道怎么做；乘法领导者帮助你学习你需要知道的知识。在哲不只是一位业务领导者，他同时也是一位热心的老师，会在团队原地打转或遭受挫折时寻找可以指导大家的机会，那时人们的思维是最开放、最好学的。他也知道如何提供相关的专业知识，或提出最适当的问题，并以此推动整个团队前进。

在本书此前章节中曾多次出现的布鲁姆能源（Bloom Energy）首席行政官斯里达尔，就是另一位大师级的老师。他的教学不是发生在教室或者公司培训中心里；他完成“指导”工作是在艰苦的过程中，在真实的问题前。团队与某个技术难题搏斗时，他的参与方式不是直接给出答案，而是提出一个启发思维的问题。他会问："我们是怎么理解这些无效的方案的？""让我们产生这些结论的是哪些假设？""我们当前需要降低的风险有哪些？"随后，他的团队跟着这些问题，发掘他们的知识和能力，组合成集体的智慧。

斯里达尔说："应当在帮助团队解决实际问题中教导他们。即使你知道解决方法也不要拿出来。如果拿出来了，你就失去了这个教导的机会。这个过程必须是苏格拉底式的。你提出问题，帮助他们梳理出答案。"

尽管斯里达尔专注于解决实际问题，但他在这些教学时刻中的投资带来的成就远不止是答案而已。领导者进行教导的目的，就是投资于成员的能力，让他们未来能够解决问题或避免问题的发生。这是乘法领导者令身边人的能力得以提升的最有效方法之一。

提供支持。当你考虑向你的直接下属进行智力投资时，很容易想到你就是那个提供资本的人。但这将使得投资的选择局限于你的能力和时间、精力。此外，如果你是唯一的投资者，你的出现可能是压倒性的，你试图提供的帮助带来的破坏可能大于利益，尤其是当影响特别重大的时候。

当人们得到了空间，得到了在他们现有能力水平之上的机会，他们必然有磕磕绊绊，会行差踏错。这种情况对除法领导者来说很熟悉，尤其是对那些事必躬亲的管理者来说，就更倾向于拯救焦头烂额的属下于水火。管理者怎么才能在不夺取控制权的情况下实施干预呢？明智的乘法领导者会保证预备有防护网——预先计划好的支持，属下可以向他咨询如何优雅地恢复原状。毫不惊奇的是，最好的防护网不是管理者：没有几个人会喜欢自己的老板时时从天而降拯救自己的感觉。通常情况下，最适合提供这个级别的支持的，是那些可以提供帮助又不会小声嘀咕或摇头叹气的人。与其跳出来接管，投资者宁愿选择提供备份。

当领导者决定了明确的决策权架构并投入资源时，他们已经播下了成功的种子，并取得了要求人们承担责任的权力。

让他人担起责任

在与数百位企业高管共事过之后，我注意到了其中的佼佼者们共有的特点。他们好像都在办公室里放上了"斜面桌"。当然，他们自己坐的书桌（上面放着他们的电脑和手机）是完全水平的，但他们的会议桌明显是斜的。也许你并没有注意到这一点，但你一定见过行动责任是怎么从桌上他们那一侧滑向其他人那一侧的——你通常就坐在那一侧。对没有想到这些的人来说，那看起来可能就是平的。但如果你在桌上一侧摆一颗弹珠，它一定会滚到对面去！领导者们的天性就倾向于要求其他人负责，并保持这种状态。当他们的属下将问题推到自己这一侧时，在谈话结束时，这些问题还会滑落回到原先的位置上。领导者会给予帮助，会提出建议，会提出具有建设性的问题，甚至可能点出或指出关键所在，但责任会滑回来，最后落到下属们身上。他们的桌子会向着其他人倾斜。

我曾共事过的一位高管每次开会都带着一个小小的真皮笔记本。奇怪的是，他从来不把会议内容记在上面。但他每次都是全心投入，认真倾听，提供经过慎重考虑的专业意见。在这些会议上，我得拼命记笔记，仔细标出我需要做的内容，其他人也是这么做的。他也会写上一两条笔记，但我只见过几次，那只是为某些只有他要负责的行动做的准备。这就是斜面桌原则的实际运用。这位领导者明白如何让他的属下承担责任，他全力参与，但他从不接管。由于他在接受责任时有着明确细致的约束，当他往自己的小本子上记录工作要点时，你可以确定这件事一定会完成，毫无延迟。

归还领导权和责任。投资者会参与其他人的工作，但他们总是会归还领导权和责任。

约翰·伍基是赛富时公司产业应用领域的执行副总，也是软件应用行业的资深人士。他同时也是一位深知如何建立企业体系的乘法领导者。他知道软件的交付速度和质量是不可能兼顾的，但他同样清楚地明白事必躬亲式管理和参与其他人的工作之间的区别。

软件开发领域中容易产生事必躬亲式管理的场合之一是用户界面测评会。一个典型的软件应用约有 250 个界面，其适用性关系到产品在市场上的生死存亡，所以大多数管理层对此都非常关注，希望能尽量做到完美。用户界面测评会开到最后，事必躬亲式管理开发负责人会抓起笔来，冲到白板前，在整个团队前重新设计这些界面，展示他那令人印象深刻的设计天赋。

约翰见过他的前任副总和老板们这么做过许多次，但他不会这么做，他转而采取投资的方式。当约翰在界面中发现问题，他会提出建议，讨论其他选择和备选方案，再要求团队回到“实验室”彻底完成。约翰说：“我给予他们的反馈是指点，而不是命令，因为我认为已经为此持续尽心投入工作好几周的人会比我这个只看了几分钟的人见解更深刻。”基于几十年商业软件开发的经验，约翰的确提供了他的见解，并提醒团队成员考虑用户对软件的真实需求。他们的目标是开发一个能为之骄傲的产品，但他努力把自己的指导限制在所有人都能做到的方面。

约翰完全可以跳出来把所有活儿都干了，但就像麦肯锡在首尔的合伙人一样，他交回了那支笔。他表明了自己对此感兴趣并乐于投入其中的态度，但不会做负责人。他交回了决策权，设计和开发一个伟大产品的责任依然留在其他人肩上，这些人在此过程中也顺便得到了提升。

迈克尔·克拉克是伟创力公司（Flextronics）的基础设施部主管，他在如何归还责任并激励员工做出持续贡献方面有独到之处。这个过程分为两步。他先颇有兴趣地听取汇报或建议，然后苦笑一声，用浓重的约克郡口音说：“嗯，这是个好主意。”这样一来，他以赞扬这主意的精妙之处开头，然后确认他们对目前这个问题的决策权：“我希望知道我们应该在 X 或者 Y 上投资。我是说，你很聪明，你能解决这个问题。”他的团队会反复听到这句话：“你很聪明，你来解决这个问题。”他们的想法得到了认可，解决问题的责任也回归到了他们肩上。

期待工作完成。那是在 1987 年夏天，我拿下了我梦想中的实习岗位。我将要和科里·帕特森一起工作，他曾是我就读的商学院的团队行为学教授，当时正在南加利福尼亚经营着一家管理培训学院。

科里以他杰出但略有些神经质的头脑著称。当你把爱因斯坦的头脑塞进丹尼·德·维托（著名喜剧演员）的身体里，科里就出现了。所有人都想为科里工作，但我通过学院推荐信和超强的信念得到了这份工作。我满怀热情地驱车前往南加利福尼亚，开始在他的指导下工作和学习。

就像大多数实习生一样，我做了一堆杂事。我编写培训内容，操作电脑，甚至还处理了一批互不相干的法律事务。但我最爱的工作是编辑整理任何科里写下的东西。有时候是培训手册，有时候是演讲稿，但我的工作总是编辑整理，发现和修改错误。在特别的那一天，我正在整理科里事先写好的营销册子。我像往常一样整理，发现并修改了一些拼写和语法错误，重写了一些不通顺的句子。然后我在一堆乱七八糟、缠夹不清的单词前停住了。我好几次试着重写这些句子，但我实在想不出科里到底写了什么，这个麻烦太大了，不是我能修改的。我试着想象科里那智慧的大脑袋会怎么做，就用标准的编辑术语“AWK”标在空白处，表示这段很不通顺。

我把文件交还到科里的办公桌上一个小时后，他就从一个会议中回来检查我的整理成果。我听到他大步流星地沿着走廊向我的办公室走来，那脚步声说明，他并不是来感谢我的。他冲过门口，然后直接冲向我的办公桌。我有点担心，站起身来准备迎接科里扔过来的无论哪种暴风雨。连一句招呼都没打，科里就把文件狠狠地砸到我面前，直视着我的眼睛说：“永远不要给我一个没有修改好的‘不通顺’文件。”他的眼睛闪了一下，这位完美的老师转身离开了我的办公室。我明白了，我更努力了一点，变得更聪明了一点，改好了不通顺的句子，就偷偷溜进科里的办公室，把新的修改稿放在他的桌子上。

科里继续教学，不断出书，完成了四部畅销书（《关键对话》《关键冲突》《关键影响力》《改变一切》）。我结束了实习生活，从商学院毕业，然后投身到商业世界拼杀，带着科里给我上的最重要的一堂职场课：“永远不要给我一个没有修改好的‘不通顺’文件。不要只是发现问题，要解决它。”

在我的经理人职业生涯中，我把这个故事讲给许多人，也许有数百人。与我一起工作过的人如果曾经在我的桌子上留下一个没有附加解决方案的问题，我都会和他分享这个故事。我就原样传递：“永远不要给我一个没有修改好的‘不通顺’文件。”

我们要求“把问题解决”，其实等于给了别人一个完成思考和工作的机会。我们鼓励他们让自己的智力肌肉伸展一下，锻炼一下，否则在其他聪明能干的人出现后，它们会萎缩的。乘法领导者们从不会为自己属下承担任何本来他们就能完成的工作。

尊重自然结果。几年前，我们家去夏威夷毛伊岛度假。我们把车停在卡纳帕里海滩黑岩底下。那是一片美丽的海滩，从那里看过去，海浪撞击着突出海滩的巨石，那浪头可真不小。我的孩子克里斯蒂安那时才三岁，望着大海兴高采烈地躲开小浪花，直奔危险的大浪而去。这一幕对所有父母来说都熟悉极了。他的冒险之路走得太远，我会把他拉回来，放在眼皮底下，告诉他大海的威力，告诉他为什么他走出去那么远是很危险的。他会接着玩，忘记我的话，继续冒险。我们会把这个循环重复好几次。

我觉得，是时候让他从大自然母亲而不是他自己母亲那里好好学上一课了。我寻找着一个中等大小的往岸边来的浪花，我需要它能够将孩子打得摇摇晃晃，却不会让他径直被冲到日本去。当浪花接近时，我不再把孩子拉回来，而是让他继续历险。我也不再抓住他的手臂把他抬离水面，只是简单地站在他身边。周围好几位父母在看到浪花靠近的时候都很警觉。有一位父亲以一脸看“坏妈妈”的表情看过来，想要引起我的注意。我向他表示我并没有脱岗，只不过比起保镖，我更像一位老师。浪头打过来，立刻就把克里斯蒂安拖到了浪花下，还好几次把他抛来抛去的。当他摔了个狠的跟头后，我才把我的宝贝拉到安全地带。当他缓过气，吐出满嘴的泥沙后，我们进行了一场关于海洋威力的谈话。这一次他看起来明白了，知道不能跑得离海岸太远了。他还是很爱大海，还是个冲浪迷，继续表现着他对自然威力的尊重。

自然最懂得如何教育人。当我们不加劝阻，让人们体验他们的行为造成的自然后果，他们就会飞速和深刻地学到教训。当我们保护人们免受自然后果的影响，我们实际上是阻碍了他们的学习。真正的智慧会在实验过程中、从考验和错误中得到成长。

允许行为后果自然发挥效果，也就是允许自然力量告知我们哪些行为是明智的。这样做实际上是告诉大家，管理者相信员工的智慧可以解决问题。大家会变得更加独立，因为他们觉得自己可以为自己的行为负责，也可以为这些行为的后果或结果负责。投资者希望他们的投资成功，但他们知道不能干涉，也不能改变市场的自然力量。这些领导者通过向属下提供失败的机会，让他们拥有成长和成功的自由与动力。埃拉·巴哈特很了解这一切，她说：“每个行动都有风险，任何成功都有某些失败的种子。”

乘法领导者们有个核心信念：大家都是聪明人，能自己解决问题。所以作为投资者的他们把推动人们前进的责任交还给人们才有意义。他们投入发展企业所需的资源和人力，他们积极提供专业见解和指导，但他们完事之后记得“交回那支笔”，所以属下依然有责任完成期待中的回报。

通过向属下投资，乘法领导者们也令他们变得更加独立。乘法领导者建立起了可以在没有他们的直接参与下仍保持运作的制度。当公司真正实现自治，领导者们就赢得了离开的权力，留下一笔丰厚的馈赠，然后离开。

除法领导者的执行方式

除法领导者操作的前提就完全不同了，除法领导者认为：人们永远不可能在没有我的情况下解决问题。他们相信，如果他们不跳进细节里跟进，其他人什么都做不好。这些信条令属下产生了依赖性，因为他们从未得到过完整的责任。除法领导者会分配琐碎的任务，然后自己跳进去，因为他们相信，其他人是不能在没有他们的情况下完成的。

不幸的是，最后这些信条都会被证明是正确的，因为人们会由于依赖于除法领导者的答案、许可和整合力而变得无能。当这一切发生，除法领导者会向外看，只会问自己：为什么他们总是令我失望？当除法领导者最终离开公司，一切就会崩塌，因为领导者是用事必躬亲式管理和血汗劳动将整个公司运作捏在一起的。

让我们看看巴西的私人资产投资者是怎么用事必躬亲式管理扼杀自己整个公司的。塞尔索非常聪明，他的同事都认为他是金融奇才。他曾是个优秀的分析师，也曾是股票市场的明星交易员。但他那畸形的控制型管理风格束缚了他建立大公司的能力。不幸的是，作为一家私人资本公司的掌舵人，他的工作偏偏就是：建立公司。

在会议上，他的同事很少能在他精确地分析介入前完成关于预期投资或投资公司组合的报告。当然，他的一些见解非常独到，但这可不是激励其他人思考的好办法。他标志性的表达就是“我无法相信，你居然做不到”。

塞尔索跟踪着他们投资组合中所有公司的表现，几乎每秒更新；他安排自己从手机上收到所有公司的销售报告。销售数据达不到要求时，他会在晚上的任何时候打电话朝首席行政官吼叫。无论出现什么情况，塞尔索都是第一个做出反应的。就像巴甫洛夫的狗一样，刺激和反应之间毫无延迟。只要发现问题，他就立刻跳起来，尝试着自己解决问题。

随着时间的推移，塞尔索的事必躬亲式管理让公司员工出现了明显的区别。绝大部分员工会躺下来等着，反正他最终会自己解决一切问题。很多有能力的员工陆续离开，他则从顶级大学中雇用积极进取的毕业生代替——毕业生们经验不足，不知道还有其他领导方式。公司逐渐变得非常像塞尔索。和许多除法领导者一样，塞尔索的事必躬亲式管理束缚了公司中一大批聪明人的智慧。

让我们看看除法领导者是如何令下属的能力逐渐萎缩，让团队变得富于依赖性的。

把责任捏在手中。一位著名教授的团队中的成员曾经很好地描述了事必躬亲式管理者的管理方式："我不能做任何决定。我的铅笔里没有芯，除非杨教授说我有。"除法领导者们不相信其他人可以自己解决问题，所以他们会把责任握在手里。他的授权并非给出真正的责任，只是发放琐碎的任务。他们只会给人们拼图中的一小块，所以人们在没有他的时候拼不出拼图就毫不奇怪了。

伊娃·维塞尔很聪明，很积极，但对她的团队来说，不幸的是，她是个坚定的早起主义者。作为生产线上的业务经理，每天早上她都会有一整套全新的点子等着她的管理团队。她会在上班路上计划一天的工作，抵达工厂，走过大门，开始拜访属下的办公室让他们知道这一天她希望他们做什么。有的时候没什么变化，但另外的几天里这些任务可能将他们带向全新的方向。她的员工注意到了这个规律，也开始了简单的处理模式。每天早上 8 点，他们开始在大厅到办公区域的走廊上列队。他们拿着纸张和咖啡，等着她冲进来分发这一天的"行军装备"。对所有人来说，等着接受要做什么的命令要比自己主动思考简单多了。

毫无疑问，伊娃觉得自己是个伟大的领袖，能分配任务给手下并清晰地交流。事实上，伊娃是一个事必躬亲式管理者，自己负责了团队所有的思考工作，把工作的责任牢牢揽在怀里。

事必躬亲式管理者会将工作交给其他人，但一旦问题出现就收回来。他们就像一条小鱼一样，被渔夫钓鱼线上闪亮的小东西吸引。突发问题和巨大阻碍对除法领导者来说是无法抵挡的诱惑，他们看到了这些闪亮的小东西并为之吸引。解决问题的挑战是如此巨大，拯救这一天所带来的关注和奖励是如此刺激，他们完全无力抗拒。人们会更依赖他们的才华，这种自己很重要的感觉也让他们不能自拔。他们热爱被诱惑，而属下员工得到的除法效应已经注定。

问题是他们并不是被吸引了就一直待在那儿。他们会跳进跳出——高管们的雷达屏幕上出现了一个问题，然后突然间他们就都冲上来了，当乐趣消失，他们又飞速退出。他们就是蹦极型的老板。

山本加斯是一家消费品公司的首席营销官。他有两个工作模式：一个是“全押上去”，另一个是“完全不理”。如果他的团队所做的工作在首席行政官的视线以内，他会跳出来接管一切，然后直接向他极为善变的老板报告。如果首席行政官没有参与，加斯就会躲得看不到人。在那些看起来不那么显眼却同等重要的事务上，他的员工很难吸引到他的注意力，尽管那些事务算得上是公司业务的核心部分。

当这些领导者像蹦极一样在自己的工作范围内跳进跳出，依赖性和离心力就应运而生。当他们以随机规律出现时，破坏性的混乱就随之而生。

后退。我第一次担任管理职务时是 25 岁零 6 个月。那是下午 7：30，我坐在甲骨文办公大楼的办公桌边，走廊里一片漆黑，其他人都回家了，除我以外。我还是很忙，忙着了结我这一天要做的事，这其中许多是在这天的工作中一个接一个出现在我的办公桌上的。我从眼前繁忙的工作和思考中挣脱出来，为什么我还要做这么多事？我已经授权给其他人了。为什么这些事又都回到我这儿了？人们把他们的问题带来给我，然后我就带回去。

意识到我的团队自己不干活却把问题丢在我桌上后，我极为恼火。然后，在一间昏暗的办公室里，我顿悟了：这不是我该做的。作为管理者，我的工作不应该是关于我自己。我的责任是管理工作，不是去做这些工作。长久以来，我一直像那些过于狂热的超级英雄一样自己解决问题，但其实我应该是帮助他们解决问题。我的工作应当是把工作交给我的团队，保持工作留在他们那儿。这个做法简单得有点儿令人尴尬，但对我这个刚刚提升的管理者来说，这是个令人吃惊的领悟。

在我的管理教程中，我频繁地发现，有多少高级领导者，甚至高管都没有发现这个简单的道理，我很惊讶。当管理者把问题拿过来，他们不仅完成了全部工作，更偷走了其他人使用和培养其能力的机会，阻碍了他们身边所有人的成长。他们实际上变成了“无意型除法领导者”。

无论是否无意，除法领导者对团队机构来说都是代价高昂的。他们自己可能是超级巨星，但很快就变成阻碍团队成长的边界因子。事必躬亲式管理者带来的代价，就是整个团队不可能超越管理者本身的能力，还得费力拉平团队内部其他人的能力成长。

事必躬亲式管理者无法运用所有人的全部智慧、天赋、资源，而这些本该是他们能运用的。所以，这些能力在他们的机构内只能一无是处。为了抵消这种影响，他们还会继续要求机构投入更多资源，还在疑惑为什么大家不能更积极一点，为什么总是要让他们失望。

与之形成鲜明对照的是，投资者不仅能够通过明确地分配责任约束属下，更能够通过扩展任务培养整个团队及所有个体的能力和思维。他们令自己手中的资产得到增值。作为回报，他们令自己现有的资源得到充分利用，同时还令整个机构的能力得到扩展和成长，以便于承担下一个责任。

真正的投资团队是连续不断的效应

在印度孟买最大的贫民窟旁的一个小型公寓中，纳拉亚纳·穆尔蒂和他的6个朋友商量了7个小时，终于完成了在班加罗尔成立一家软件公司的计划，计划里主要就两件事：第一，劝他们每个人的妻子每人投资250美元作为启动资金；第二，赢得全世界的尊敬。两件事他们都做到了。

他们在知识力量和金融资产上的投资非常稳健，印孚瑟斯（Infosys Technologies）在穆尔蒂先生的带领下，从如此微小的起点发展成历史上第一家在纳斯达克上市的印度公司，市值达到了100亿美元。穆尔蒂帮助他的团队超越了自己的梦想，激励着印度企业家坚信自己的力量，也展示了印度的新形象。

他成了公司内外颇受尊重的人物（2005年《经济学人》将他列为全世界最受敬仰的十大商务领袖之一），他本可以很轻易地站在巅峰，享受他尊贵地位应有的名声和权力。

与之相反的是，在他60岁生日那天，纳拉亚纳·穆尔蒂从首席行政官任上退下来。这并不是因为有什么危机，也不是因为有什么权力斗争，这是一个早已安排好的计划的必然结果。他多年以来一直在其他合作创始人身上投资，令他们可以在自己不在的时候也能独立运作公司。作为计划的一部分，他将首席行政官的职务交给了其中一位合作创始人南丹·尼勒卡尼，穆尔蒂自己则继续担任他已经担任了10年之久的公司非执行主席和首席顾问职务。印孚瑟斯的市值持续增长，2016年11月已经达到了320亿美元。

在瑞士达沃斯举办的世界经济论坛上，当被问及为什么给自己选了这么个角色时，穆尔蒂说，他作为领导者的主要职责是保证领导者的更新换代。当被问及是什么推动着他如此投入时，他毫不犹豫地说：“赢得一次弹子机的奖励，是有机会玩下一次。”换句话说，他对担任首席行政官的渴望，远不及再次自由投资的渴望。有些首席行政官对赞誉上瘾，但这位领导者对培养其他人更上瘾。这是一位真正的乘法领导者，他认识到自己最大的价值并不是自己的能力大小，而是他可以以自己的能力为资本投资其他人。

现在，作为他的第二次征途，他又开始投入到其他人的成长中，和第一次相比影响力更为深远。不需要再承担在印孚瑟斯的管理责任，穆尔蒂已经在对一些政府及机构投资，这其中包括泰国和联合国，还有如康奈尔大学、沃顿商学院、新加坡管理大学这样的教育机构。他成了印度总理的顾问，在他的帮助下继续投资下一代。用他的话来说：“如此巨大的教育计划必须让年轻人做主。”他对管理层采取的投资者管理方式已经在印孚瑟斯形成了规模。

当纳拉亚纳·穆尔蒂这样的领导者投资于其他领导者的成长时，他即使离开也不会危害到整个公司的利益。投资者不仅收获了报酬，而且得到了在其他地方重复这个投资循环的机会。

这就很像那些能够一个接一个创办成功企业的系列企业家一样，这些领导者能变成连续乘法领导者。当然，要做到这一切需要彻底摆脱曾获得过许多高级领导者的赞扬的沉溺，转为对成长的上瘾——业务的成长和身边人才的成长。连续乘法领导者培养的是智慧，这种智慧不是短暂的，不是当乘法领导者不在身边就消失无踪的。它是真实的，可持续的，能够让乘法领导者们一遍又一遍地复制这种效应。

成为一位投资者

成为一位连续乘法领导者（或连续创业家），你首先必须有一个起点，拥有一个可以开始对成长上瘾的积极循环的成功起点。要成为一位投资者，这里有四大战略：

1. 给出 51% 的决定权。当你授权出去，你多半要让下属知道你期待着什么样的结果。把这个认知再推进一步，让下属知道他们将会做主（而不是你自己）并负责。告诉下属你会如何保持关注并提供支持，但负责的依然是他们自己。给下属一个数字，让这一切变得更具体。比如，告诉下属拥有 51% 的决定权，也就是说，你只有 49% 的决定权。或者更大胆一点，告诉下属他们手里拥有 3/4 的决定权。

这些让下属负责的事情，应当是超出他们目前能力、需要他们努力成长去完成的。从让下属拥有目前职务所应当承担的决策权开始，到后往前再进一步。找些办法提升他们的责任，给他们一份他们还不能完全胜任的工作。

2. 自然发展。自然是最权威的老师。当结果被人为影响时，我们很容易忘记这一点。但当体验过我们行为的自然后果后，我们会记得很牢，学得很深刻。放手让自然给我们上课很难，但我们在管理上的本能会得到激发。我们需要保证的是，团队能顺利完成工作。好消息是，你不需要承担让重要项目失败的风险。寻找“小一点的浪花”，这样既能提供自然学习的机会，也不用承担灾难性的后果。想在自然发展中成长，下面这些步骤可供尝试：

（1）让它发生吧。不要为了避免失败而跳进去修改已经派出去的任务。不要因为有人没法完美掌控会议就自己接管。让他们经历某种程度的失败。

（2）复盘沟通。准备帮助某人从失败中成长。准备在一次失败的会面或销售谈判后帮助他们重新站起来，掸去尘土，谈谈失败是怎么发生的。只问应该问的问题，避免说类似“我早就告诉你了”这种永远只有副作用的话。

（3）专注于下一次。帮他们找到下一次成功的道路。给他们一条能够走出失败向前进的道路。如果他们刚刚笨拙地处理了一个重要的销售电话，问问他们，如果遇到其他客户的类似情况会怎么处理。

自然结果有失败，也会有成功。让他们经历真正完整的成功，站到一边，归功于他们，并让他们享受胜利的全部收益。

3. 要求解决问题。很多人被提升到管理岗位上的原因，是他们天生能解决问题。所以，如果有人带给你问题，你想要自己解决它是很自然的。机会就在于，人们期待你解决是因为你太经常这么做了。在你做出回应前那一秒，想一想科里·帕特森冲进实习生办公室，要求她不是指出不通顺语句的那一幕，而是要求他们完成整个思考过程，提供一个修改计划。问些简单的问题，比如：

（1）你对这个问题有什么解决办法？

（2）关于解决这个问题，你有什么建议？

（3）你想做些什么来修复这一切呢？

最重要的是，不要默认解决问题的责任是在自己身上。把问题退回到属下的办公桌上，鼓励他们推动一下。如果有人告诉你一个“语句不通”，向他要求一个“如何修改”。

4. 归还责任。如果有人遇到问题，来询问你的意见，要你不接管是很难的。对某些人来说，接管一切的倾向已经强到需要他们必须强迫自己袖手旁观，以至于不敢开口说话，以避免把事情变成一次恶意接管。当看到你的团队成员焦头烂额时，你可以提供帮助，但记得准备一个退出计划。交谈可以发生在任何地方——会议室里、办公室里单独对话、走廊上的突发碰面。无论在哪里，在对话中明确地把那支笔还回去。想象自己站在白板前，往白板上的集体智慧中加入一些新点子之后，结束你的思考，将笔还回去。这个姿态让你的同事明白他们依然处于主导地位，他们仍要对整个工作的完成负责。

下面这些话就能够明确表示还笔的意图：

（1）很高兴能帮助大家把这个问题想通，但我还是期望由你们继续推动向前。

（2）这件事还是由你负责。

（3）我可以配合你。你是负责人，需要我做点什么吗？

上面每一句都是一个简单的切入点。但重复这些举动能推动团队内部的乘法领导者效应加速发生作用。

乘法领导者效应

一旦乘法领导者们向其他人投入资源和信心，并让他们拥有成功的所有权，就等于打开了他们体内无限智慧和能力的龙头。穆罕默德·尤努斯（Muhammad Yunus，小额信贷运动之父及2006年诺贝尔和平奖获得者）说过："每个人都拥有无限潜力。他自己就可以通过社区、国家影响到其他许多人当时及未来的生活。"

乘法领导者们投资于他人的方式，是允许他人在手头的工作上充分运用其智慧，以建立起他们的信心及拓宽他们的职责范围和影响力。这种信心同时也允许投资者反复再次投资，成为连续乘法领导者。这道数学题很简单，但威力无穷。直接的乘法效应下，乘法领导者平均可以获得两倍于他们所统领的能力总量。由此推算普通规模的普通团队——大约50人，就等于他手上多了 50 个员工。如果有 10 个不同管理者重复这个过程，那就是额外增加了 500 人。

乘法领导者能够不断让自己的人力资源免费翻番。这种由于乘法效应不断收获的翻倍收益足以令最敏锐的投资者叹为观止。

总结：管理者与投资者的对比

事必躬亲式管理者以一种特殊方式管理所有细节，以至于团队内依赖领导者及其参与团队工作才能有所成就。

投资者给他人提供必需的投资及所有权，以产生独立于领导者存在的成果。

投资者三大做法：

1. 决定决策权。

· 指定负责人；

· 为最终目标给予决策权；

· 角色延伸。

2. 投入资源。

· 教导与指点；

· 提供支持。

3. 让他人担起责任。

· 归还领导权和责任；

· 期待工作完成；

· 尊重自然结果。

成为投资者的四大战略：

1. 给出 51% 的决定权；

2. 自然发展；

3. 要求问题解决；

4. 归还责任。

资源利用：

	事必躬亲式管理者	投资者
做法	管理工作的所有细节以保证按照他们设想的方式完成。	让他人为结果负责并投资于他们的成功。
成效	等着接受指导的人。	积极主动并期待挑战的人。
	因为预计会被打断和被教训该怎么做而畏缩不前的人。	全力争取成绩的人。
	等着老板跳出来拯救他们的搭便车者。	能抢在老板前面解决问题的人。
	试图让老板干活并编造精致借口的人。	对身边自然力量反应迅速的人。

意外的研究发现：

1. 乘法领导者们会参与操作性的细节，但负责的始终是其他人。

2. 在成就世界级成果上，乘法领导者们产生的价值比除法领导者们高出42%。

第七章

限制团队发展的行为不经意间就出现在美好的愿景中

我们用行为判断他人，却用动机判断自己。

——爱德华·威格尔斯沃斯

美好的初衷未必会带来美好的结果

也许在此前章节里，除法领导者被说的好像专横的坏蛋和自作聪明的骗子一样，但事实上他们并不都是坏家伙，有些甚至是很好的人。当自我陶醉的领导者占据新闻头条的时候，绝大部分发生在我们工作中的削弱现象是由无意型除法领导者们完成的——这些管理者动机单纯，只是想带领大家把工作做好而已。

在最善意的动机驱动下，我们是怎么在自己带领的团队中造成除法效应的呢？我们最真诚地付出努力，试图帮助、教导或以身作则带领团队，他们反而会因此受困扰？

一所高中正面临一次重要的考察，它将决定他们是否有资格成为“蓝带”学校。申请的最终期限即将来临，责任落到了经验丰富的校长萨利身上。她热爱分析工作，任何事只要涉及数据、电子表格和综合分析，她都会为之所吸引。她一头扎进文件中，试图对这些必须要完成的分析有一个彻底的了解。当意识到整个项目意义重大且需要大量分析工作时，她决定让副校长也参与进来。

马库斯是个新手，无论对副校长的工作还是对电子表格都是新手。但他很聪明，思维缜密，富有洞察力。她决定把数据分析部分交给他，让他拥有全部决定权。萨利希望他能取得成功，所以她非常细致地安排了全部交接工作。她和他会谈，和他一起温习报告的要求，告诉他一切由他负责，还为必须完成的项目制订了清晰的工作目标。

随后，萨利开始往报告的其他方面努力，等着马库斯把数据分析发给她。两天之后，报告没有送来，她怀疑马库斯是不是遇到了困难。她想伸出援手，于是发给马库斯更多指示，还建议了某些可用来分析数据的范畴。她又一次没有怎么听他说话。她走到他的办公桌前，想看看他是不是完成了。答案是没有。

萨利知道马库斯是个很负责的人，于是她认为他需要更多帮助。她坐下来，提供帮助，并且问道："在这个分析报告上，我有什么可以帮忙的吗？"她没有得到一个具体的回答，于是就继续建议："我给你做个简短的教程，教你如何运用Excel里这些统计功能，怎么样？或者也许我们可以一起坐下来看看这些数据？"奇怪的是，他没有接受任何帮助。

萨利有点儿泄气。马库斯明显需要帮助，但她不知道怎么帮助他。萨利开始准备和他一起分析第一批数据，但他在她开始之前就开口了。萨利停下来，全神贯注地听着，为终于有机会知道他需要什么帮助而兴奋。他踌躇着如何开始，不想告诉她那些泛滥的帮助令自己多么恼火。但他最后还是鼓起信心说出了口："萨利，我觉得你可以……少帮助我一点。"

萨利羞怯地理解了他发出的信息，并离开了，给他留出了独自解决问题需要的空间。他确实解决了，这位聪明认真的副校长做出来的分析结果成了报告中关键的部分，为这所学校赢得了"蓝带"荣耀。

即使拥有最好的动机，这位领导者还是变成了无意型除法领导者。她的动机是帮忙，结果成了帮倒忙。管理者下决定太快，采取行动太快，结果会是怎样？或者太热情、太帮忙？或者只是热情或乐观？当然，这些都是很好的品质，和在商学院或者培训课上教给你的一样。但大量流行的管理实践会把我们带向无意型除法领导者的陡坡上，缓慢但异常坚定。

什么样的领导会在无意间限制团队的发展

我们都遇到过无意型除法领导者。乘法领导者效应的秘诀在于了解自己的薄弱之处，在行动中发现它们，把这些场景转变成“乘法领导者时刻”。下面我会分享一些动机良好的领导者最终在下属中造成除法效应的做法。在你思考这些案例时，你可能会问自己：我的弱点在哪里？为什么我良好的动机却埋没了好的想法和聪明的员工？

点子大师

这种领导者富有创意和创新意识，很喜欢充满创造力的环境。他们是名副其实的创意喷泉，每天 24 小时每周 7 天，各种点子像泡泡一样不断冒出来。所以他总是带着满溢的创意冲进办公室与同事分享。这种领导者不需要觉得他的创意多好，他只是觉得他抛洒出来的点子越多，就越有机会点燃身边人的创意火焰。

但在点子大师身边真正发生的情况是什么？他抛洒的点子看起来具有压倒性，所以团队成员开始跟随他的步伐。当他们开始按领导昨天的创意工作时，新的一天领导又会有新的主意冒出来，团队在多条战线上都只做出微小的进步。一场伟大的追逐变成了原地等待，因为大家意识到最后总是会回到第一步——所以为什么不就等在那儿呢？只要他们学会停止随着领导者的主意起舞，一定也会同时停下自己出主意的步伐。毕竟，如果他们真的需要一个新主意，只需要等着喷泉的再次喷发就够了。

在点子大师身边的人，很容易变得点子匮乏。

永远在岗

这种领导活力四射，魅力无穷，精力充沛；他总是全情投入，总是无处不在，总有话说。这种领导的人格魅力可以填满一整间房间。他们觉得自己的能量是可以传染的，就像病毒一样，是可以被看到他的任何人捕获的。

但是，就像普通的感冒一样，这种领导也是会耗尽精力的。比起为同伴充入能量，他更容易令人乏力。他膨胀的时候就像耗尽了所有的氧气，其他人反而会窒息，大多数人只会觉得他令人精疲力竭。很快，大家会避免和他有视线接触，或者避免碰面；大家会想，我现在只是没有精力。在这种领导周围，思考型的内向属性会受到压抑，行动优先的外向型人格会处于统治地位。

我们都知道这种永远在岗的领导会有什么影响，我们都见过，也体验过——但在这种领导手下的其他人最终会如何？嗯，对一个没有“关闭”状态的人类来说，你会做什么？如果你找不到开关，你肯定会在自己脑中关掉他。你把他放到背景里，把他变成白噪音。他那无穷无尽的演讲变得低沉，有时根本听不见。永远在岗的领导觉得他很重要，但事实上他变得不重要，而且会随着他身边的人一起变小。精力是无法传染的，但其他人的态度和信心会。

领导永远在岗，会导致其他所有人永远不在岗。

拯救者

他是个优秀的管理者，也是个好人，见不得手下人挣扎、失败或犯下本可以原谅的错误。只要出现第一个失败的信号，他就会跳出来帮忙。他偶尔会突然降临，来个英雄般的大救援。通常他就是帮个手，解决个问题，帮助大家越过终点线。顺便说一句，我们发现这是领导者无意间产生除法效应最常见的方式。

拯救者的动机很高贵。他希望看到其他人变得成功；他渴望保护为他工作的人的名声。但由于打破了自然循环，他令手下人缺少了取得成功所必需的关键环节。管理者的帮忙出现得太早、太频繁，他身边的人会变得无助和具有依赖性。这样当员工们倒在终点线前，他们并不会觉得成功，反而会体验到挫折和信心尽丧的滋味。

是的，员工们对此一定会有感激涕零的时候，但这个行为还是起到了除法的作用。他们可能觉得松了一口气，但他们失去了成长，甚至失去了充分利用自己的智慧的机会。此外，拯救者一旦干预，就会形成一种令人烦恼又极为普遍的现象：将团队成员同来自自然结果的反馈隔绝开。管理者能看到失败和他们必须填的坑，而成员们看到的总是成功。你没法批评他们产生的这种幻觉，毕竟有了拯救者无形之手的帮助，他们总是能按时抵达终点线。

作为领导，有时候我们不帮忙就是最大的帮忙。

先导者

这是一种以身作则、目标导向的领导。为了建立起工作节奏，她个人会定下标准来评估工作表现和说明企业价值观（比如质量、客户服务、创新等）。她会带头，设定步调，希望她身边的人注意到这些，跟上她的步子。比如说，管理者可能希望传递出一个强烈的信息：客户服务是最重要的，她会增加在这个领域投入的时间，走访客户集中的场所，与关键客户会面，撰写和分发出差报告。她的动机是传递出这样一个信号：她的公司应当积极听取顾客的声音。

可领导的快速推进事实上会带来什么呢？其他人真的会跟上她的速度还是落在后面？结果是复杂的。领导者有一半是对的：其他人会注意到这些。他们会跟上，但很难赶上来。他们不会提高自己的速度，更常见的是把自己放到旁观者的角度，看着先导者做她的事。先导者希望员工能加速，但事实上他们反而慢下来，甚至坐下来。他们不会开始更多地接触顾客，反而会觉得这是领导的责任而坐回去看报告。或者也许已经意识到他们与先导者之间的差距越来越大，就直接放弃了。

我在职场看到过多次这个过程，但直到一次和 6 岁孩子的竞走才深刻地认识到了问题的关键。那是在我儿子约书亚上二年级的时候，他坚持每天和我比赛谁先到车站。和任何好父母一样，我明白这些竞赛的目的是鼓励他对体育和竞争的热爱，所以我努力确保让他赢或让他觉得这是一场激烈的竞赛。

但偶尔我会忘记这一切。我自己也是热爱奔跑的，很享受马力全开和第一个冲线的感觉（或者即使只是不垫底也好）。约书亚是我最小的孩子，在那个时候也是唯一一个我还能徒步胜过的孩子。在某些突然到来的徒劳的野心刺激下（比如，中年危机），我偶尔会全速奔跑，轻松击败他。我喘着气往回看，他已经停止奔跑，只是走路而已。看起来很奇怪，他是个很爱跑步的孩子！当他走近些，他脸上混合了失望和不高兴两种不同表情。当他到达车站，他会耸耸肩，漠不关心地说："这次我们没有在赛跑。"每次我失去理智时，都会远远地跑在前头，制造出一个对他来说不可能追上的差距。同样的事情多次发生之后，他已经学到了，如果他跟不上，最好干脆让我赢。

作为领导，有时我们跑得越快，其他人就跑得越慢。当领导充当先导者，周围人变成旁观者比变成跟随者的机会要大得多。

快速反应者

喜欢飞速采取行动的领导又如何呢？这种领导强调敏捷和高速变向。他承担责任，然后全力投入。他的反应速度很快，有问题马上解决，各种微小决定都做得很快。我们大多数人都和这种领导共事过。他发现问题，然后解决问题。他看到一头熊，就把它干掉。电子邮件从来不会在他的邮箱里待太久。他会打开邮箱，阅读邮件，立刻解决问题。当然，他的动机也是积极的。他想要一个敏捷的团队，能够对问题做出快速反应。

但他得到的不是敏捷，而是低级的冷漠。即使最好的雇员，在知道上司已经做出反应的时候，也一定会有所放松。想想一封紧急邮件送到雇员的邮箱中会发生什么。他打开邮件，意识到其重要性。当他看到这封信已经抄送他的老板，这个问题属于他的责任范围时，他做出反应，又一次仔细读了信，全面考虑了各种情况。意识到他需要更多信息，还询问了一位同事。当这位员工开始起草回信时，他发现已经接到了新的邮件，绝望地意识到他老板可能已经在此间处理过了。当然，老板的确这样做了。他不想打断这个节奏，于是轻轻放过。当这一幕发生得足够频繁时，员工们意识到让老板处理就可以了，即便手上的问题的确就是该他们处理的。最后，快速反应者不仅是第一个和唯一一个做出反应的，也是唯一得到成长的。

快速反应者会在团队内造成交通堵塞。由于他对各种事务的快速反应，团队的工作流程中随之产生了大量需要处理的决定，路上会充满了待处理事务，由于这些事务都需要迅速执行，人们被堵得寸步难行，交通堵塞很快会变得极为严重。

领导者的反应很快，但他身边的人却反应缓慢。

乐观主义者

此类积极主动、永远相信做得到的管理者往往看重责任，相信绝大部分问题都是可以通过努力工作和正确的思考解决的。他阅读过很多研究报告，都是宣扬积极精神的力量，宣扬乐观主义拥有不可想象的精神和物质功效，他会说“玻璃杯还有一半是满的”。

积极主义者并不一定都是啦啦队，他只是在乎什么是可能的，相信他身边的人（包括他自己）都很聪明，能解决所有问题。那么，这为什么会导致除法效应呢?

我曾经和一位同事在一项高风险的研究项目中共事，我们需要在一份著名学术刊物上发表一篇文章，而成功的可能性是非常低的。为了完成这个任务，我们需要完成非常复杂的分析工作，再做一轮额外的研究，然后写出文章，而与此同时我们还需要从事其他几个项目的研究，项目预算还很少。

商务世界很神奇，给你一周时间往往意味着杂技飞刀，从帽子里变兔子，用力摩擦硬币就能合在一起（意即随时可能创造奇迹——译者注）。在这样的世界工作了好几年后，这项研究工作看起来可以做到，是个很有趣的挑战。我充满热情地投身于这个项目，还全程带着我那位有点稚嫩的同事。

在一次重要会议上，他对我说：“莉兹，你别这么说了。”

“说什么？”我问道。

他回答：“这能有多难？”

我看起来很迷惑。他解释道：“你总是这么说：‘这能有多难？我们能做到。毕竟这能有多难呢？’”

我明白他的意思了。当我为甲骨文这样快速发展的公司工作时，我在还相当年轻的 24 岁时就做到了管理层，整天都要面对大批对我来说毫无准备和毫无了解的挑战。这种形式的经历告诉我，一个聪明努力的团队几乎能做任何事。我学会对自己说，我能做到。毕竟，这真的有多难？这种态度（卡洛尔·德维克博士称之为“成长性思维”）让我在过去多年里与许多同事合作愉快。

我眼前这位同事的声音把我从回忆中带回来：“是的，这就是我希望你别再说的话。”

“但是为什么？”我问道。他停下来，径直盯着我的眼睛说：“因为我们所做的工作是真的非常难。”停下来想了一会儿，他又说：“并且我希望你认识到这一点。”

他并不认为这项工作做不到，他只是希望我认识到挑战的难度以及他的挣扎。他不希望我用自己的乐观主义掩盖这个巨大的挑战。在收到这个真诚的信息之后，我坦率地看着他做出确认：“是的，我们所做的工作很难，真的非常非常难。我想我的意思是我们很能干，我对解决这件事充满信心。”气氛变得不那么紧张了，我能感觉到。我向他保证，我会用尽全力控制自己不说“那件事”。与此同时，我在脑海里对自己说，是的，我可以不这么说。毕竟，这有多难？

你在以前的工作中起到积极作用的“一定能做到的态度”，有可能在你作为领导者时跳出来和你作对吗？当你变成乐观者，你实际上有可能低估了团队正面临的困难，也低估了他们为了应付这个困难而付出的艰苦学习和工作。你的团队也许会怀疑你是不是脱离实际。或者更糟糕的，你也许无意中正在释放一种“错误和失败是不被允许的”信号；毕竟，这能有多难？

作为领导，只看到积极一面时，其他人可能会很容易看到消极的一面。

保护者

好心的管理者很容易掉进“熊妈妈”的陷阱变成保护者，就像熊妈妈保护它的幼崽一样保护自己的团队成员，为他们挡下职场的各种艰难和危险。拯救者是在问题发生后拯救这一天，保护者则是直接让自己手下远离危险和受伤——甚至在还没有看到问题的时候。他担心团队成员在肮脏的办公室政治中纠缠不清，担心他们被生吞活剥，所以他为他们和职场恶霸斗争，保护自己的成员远离肮脏的内部政治。

管理者往往更了解团队内部存在的黑暗力量，他们认为自己要来承担这些责任。保护者担心如果他的团队暴露在这些严酷的真实中，他们会受到感染，或者理想幻灭，会决定离开去寻找一片更美丽的草原。所以，他不让成员参与争执不下的高管会议，因为他知道这些冲突可能造成成员职业生涯的局限。他为他们挡开残酷的事实，领导着团队避开危险，制造出了一个看起来十分安全的天堂，一个所有成员能欢聚一堂的欢乐谷。当然，明智的管理者可以保护团队的场合是很多的，但这种做法本身可以变得非常危险。

不幸的是，“熊妈妈”可能阻碍团队成员从艰难环境中学到东西和承担责任的机会。制造安全的尝试本身就走错了方向。我们知道，乘法领导者能够制造出智力安全（指的是人们可以自由表达自己的意见），但他们不会故意为他们遮挡现实的风雨，也没有必要为他们解决一切问题。事实上，由于相信“大家都是聪明的，能解决问题”，乘法领导者更倾向于令他们暴露于现实的残酷中并经受考验，希望他们能从中锻炼抵抗力和得到力量。

如果领导一直保护属下免遭风险，下属是不会学到如何保护自己的。

战略家

战略家很喜欢思考，能描绘一幅非常美妙的未来图景。他给团队展示出更好的未来，值得所有人为之奋斗，他像传教一样热情宣传。战略家认为他在制造能让大家摆脱现实重力的能量和动力。当然，聪明的领导知道描绘未来场景、解释我们现在为什么要这么做有多么重要。这也的确重要。

但有时候，太注意战略和未来的领导可能走得太远和太规范了。也许他没有给其他人留下自己设想冲破挑战、激励自我、将理想化为现实的足够空间。人们会把更多的时间花在猜测老板想要什么，而不是自己寻找答案上。他们不会自己寻找答案，而是爬上高山向大师寻求答案。如果埋下一颗挑战的种子，此类领导可能获得比推销未来更好的结果。

如果你已经建立起了战略家的形象，人们会把战略都留给你，不要为此感到惊讶。

完美主义者

我们都认识有完美主义倾向的领导：他欣赏杰出的工作，热爱完美的感觉；比起先导者为他人设置高标准的行为，他走得更远，他希望身边所有人都能满足那种什么事都做到刚刚好的要求。所以他会提出很有帮助的批评，指出任何微小的错误和缺憾。这种做法往往发生在家庭装修工程中，业主用蓝色的建筑胶带标出哪怕很小的不完美的地方——这里有一滴油漆，那里有颗钉子露了点头。这样能够让建筑工修补不足之处，完成工作清单，享受工匠精神带来的自豪。

如果能列出改进建议，他等于是在设计一件顶尖作品，就像在重要的作业上得到了 A+ 的分数。他知道杰出的作品不会一下子到来，而是反反复复地调整得来的。但是他能看到 A+ 的到来，其他人只能看到到处都是红色的叉和蓝色的胶带，只能看到血色和失败，很容易就无心恋战，失去信心。

有时候，由百分之百的责任心的团队执行的只有 90 分的方案，也好过由无心恋战的团队执行的完美方案。

以上的例子只是用来说明具有良好愿望的领导也能带来除法效应，方式也远不止是这几种。看过以上这几种无意型除法领导者的案例后，当然你们中有些人会有共鸣，有些人刚刚了解，甚至有些人可能会觉得内疚。以上哪一种错误是你犯下的，并不是问题的关键；关键在于“你怎么能发现你的错误？”这个模糊的问题也可以在做过我们在 www.multipliersbooks.com 的在线测试“你是无意型除法领导者吗？”后变得更加清晰。这个测试时长三分钟，能帮助大家自测和分析你可能存在的除法领导者习惯。

你是无意型除法领导者吗

我要说清楚：拥有以上所说任何倾向并不能让你成为除法领导者，只是增加了你制造除法领导者效应的可能性。这是好消息，坏消息是，如果你制造了除法领导者效应，你很可能完全没有注意到，很可能是最后一个得知的。作为领导，你怎么才能知道动机良好的你是不是在制造除法领导者效应？如何增加你的自知之明呢？规范和记录自己的洞察是合理的第一步，但你需要询问你的下属，分享他们的观察，这才能明白更多。

几年前我在阿联酋阿布扎比一家乘法领导者培训机构执教。整个房间坐满了穿着漂亮的名为“坎杜拉”的白袍子、带着头巾的男人。我处于高度紧张中，因为我的主张很可能是不符合当地传统的，我的教学方式很可能会违反这里的文化规范。但所有人都非常投入，都很享受这门课程。

我让每个人写下一个他可能无意中当了除法领导者的表现。他们这么做了。我又让他们与坐在一起的同事们分享自己的结果。他们犹豫了一下，又照办了。我大大松了一口气，坐下来整理思路。几分钟后，我抬起头，注意到这次练习没有按计划进行。白色的坎杜拉袍子围成了一个旋涡，我看到人们都站起来，四处走动。很快我意识到，参与者已经超出了练习的范围，在干其他事情了。我非常担心，走近前去看发生了什么。卡利德是一位热情而智慧的阿联酋人，我请他帮我了解发生了什么。他回答：“那时我们在分享我们自己的观察，但很快我们意识到，我们真的应该让同事告诉自己我们是怎么在无意中制造除法领导者效应的。我们重新分组，这样就能从自己最熟悉的同事那里得到反馈。”我兴趣盎然地看着这一切，人们在房间里充满活力地移动着，急于寻找能给予自己最真诚的反馈的同事或者小组。

这样的领导团队了解作为领导的自我审视来自被领导和被服务者的观点，来自我们领导工作的“客户”。我们的学习可以从自己的洞察开始，但不能仅此而已。

如果你从其他人那里寻求反馈，你可以得到 360 度全方位的评估，得到未经过滤的反馈（请登录 www.multipliersbooks.com），但你也能用更老派的办法——好好提问，保持面对面，保持真诚。你可以使用下面这些问题引导出你想要的答案：

- 尽管拥有良好的愿望，我也许拒绝了来自他人的想法和行动?
- 我做过哪些也许不自觉地对他人产生了除法效应的事?
- 我的意图可能会被其他人怎样误解?我的行为传达的实际信号是什么?
- 我能有不同的处理方式吗?

黑兹尔·杰克逊是一家设在迪拜的咨询公司的合伙创立人及首席执行官，她在每次与同事进行的表现研讨会上都使用这个问题：我可能会令你退步吗？然后她仔细倾听，做出调整。你可以通过正式的渠道获得反馈，也可以通过随意的谈话，或者是定期的研讨。哪种方式都好，关键是你能从中获得新的信息以提高你的自我意识，重新调整你的工作方式。要想有意识地成为乘法领导者，我们必须了解我们的良好愿望是如何被错误解读和接收的。

有意识地规避限制团队发展的行为

有意识地发挥领导作用，首先要明白我们的自然倾向是有可能把我们带向错误的道路的——良好的习惯和看起来强有力的领导特质是可以被扭曲最终成为弱点的。

约翰·C. 麦克斯维尔是一位领导学作者、讲师及演讲高手，毫无疑问，他拥有领导者的天赋。他写过 105 本书，销量超过 2600 万本，其中 13 本进入畅销书排行榜。他不仅教大家如何管理，他自己也是个非常努力的从业者。他创立了五家成功的企业，个人还指导着数以百计的其他领导，如果不是数以千计的话。

当约翰第一次听说“像乘法领导者一样当领导”的想法时，他脑海中的一根弦被拨动了。乘法领导者理论中每一个典范和守则都和他作为领导所采用过的方法产生了共鸣。然而，无意型除法领导者的概念让他停了一会儿。

作为一个热心的学习者，他在听过除法领导者的特质后发现，这些他都有过。他意识到自己的某些天生强项也许对他的团队有副作用。约翰发现了自己的盲点和具有除法效应的习惯，尤其是先导者、乐观主义者和拯救者。

为了调整自己的愿望以抵挡来自自身的除法效应，约翰定下了为期一年的计划。首先，他学会了解自己作为领导者的良好愿望是如何无意中造成团队的除法效应的，并且从他身边的圈子中寻求反馈，尤其是从他那五家公司的首席执行官马克·科尔那里。由于他们多年来一起工作，共同进步，早已建立了信任感，双方的交流得以顺利进行。马克和其他人一道帮助约翰发现问题，虽然团队总是需要他去打出本垒打，但他并不需要像以前那样为了他的球员去拿球棒。作为一个体育迷，约翰能看到自己的缺点所在。他知道所有事都有起有落，对他来说，站在一边看着自己的队员被三振出局是很难的。于是他开始用斯伯丁公司（杰克逊·斯伯丁 Jackson Spalding）的合作创始人格伦·杰克逊的办法。棒球中有一种情况叫“三球两击”，指的是一个击球手已经经历了三个坏球和两次击打失误，这就意味着只要多一次击球失误，这个球员就会出局，彻底失去上垒和得分的机会。约翰说：“出现三球两击的时候，我的自然反应一定是站出来接管最后一击。”

约翰和他的团队做出了一项约定。如果某个项目看起来要完蛋了，马克或另一位受到信任的同事会说：“现在还是三球一击。”这个信号很明确——团队成员还在挣扎，还没有到要被踢出局的地步。约翰还可以稍等一会儿。

比如，约翰指导的一位领导者正开始自己的新事业。这很常见，约翰是非常具有企业家精神的，他的团队也是。但是具体到这桩生意，对约翰并不适合，约翰不喜欢这桩生意。他的第一反应本来应该是跳出来指出这一点。但现在，他允许马克·科尔用他习惯的方式来表达这一点。约翰退后，让马克负责领导这项事务，而他做得非常好。

约翰意识到，他退后并不是表示漠不关心，而是相信持棒的球员。马克说：“约翰让我用自己的方式和计划处理这件事。实际上这样做效果很好，也令这位领导者给予我更多的信任。我们最终让这位领导者的事业回到了正轨上。”

随后，约翰回忆说：“学到关于除法领导者的知识，以及改进自身带来除法效应的习惯，是我过去一年中有关自身成长最重要的事。”这位领导者现在已经培养了数以百计的新一代领导者，他能够做到这一点的原因就是他从不停止提高自己。

有意识地发挥领导作用，需要了解我们是如何无意中产生削弱领导作用的。你是如何无意中令人退步的？你如何看到你自己看不到的东西？

即使是最优秀的领导者也有盲点。一旦你发现了自己的盲点，就可以与你的团队一起建立一套信号体系和处理机制。拥有一套得到普及的信号体系，能让你发现和避免除法效应的诱惑；处理机制随后帮助你将这些原本会发展成除法效应闹剧的时刻转变为乘法效应。

接下来的这张图表将向你揭示如何建立这些新的做法。你可以尝试附录E中任何一个乘法领导者试验，或者可以尝试在这种时候使用简单的处理方式。这其中包括忍受某些细微的规则，比如“如果你想要其他人处理这件事，等到24小时之后再回复这封邮件”，或者设定某种过滤器，比如“如果不想让其他人就你的想法采取行动，就先不要公开你的想法”。就像一位有追求的乘法领导者说的那样：“我无法控制自己的脑海中蹦出新点子，但我可以控制它们不从我嘴里蹦出来。”

少做事，多质疑

成为乘法领导者，总是从减少除法效应开始。这往往意味着少做点事：少说话，少回复，少劝说，少救急，因为大家都需要通过挣扎自我提高。少做点，我们能变得更像乘法领导者。

少做点事，反而能成就更多，这是违反直觉的，但违反直觉的事情比直觉更具有建设性的例子也有很多，这只是其中之一。如果没有其他人说话，自己跳出来填补这个空当是压倒性的习惯。但只有在我们学会控制自己，保持沉默以便其他人可以站出来之后，我们才能成长为乘法领导者。如果感受到了这种变得重要的要求，就让它成为一个信号，提醒自己要变得不那么重要，提醒自己放弃关注细小密集的事务。当本能告诉我们要提供更多的帮助，也许我们需要的是提供更少。

最小化您意外出错的倾向

倾向	愿望和结果	简易措施	经验教训
万事通 	愿望：用他们的想法刺激其他人的想法。 结果：他们战胜其他人，停止工作或花费时间实现这个想法。	创造一个存储库。 在分享新想法之前，停下来问问自己，是否希望为你工作的人们马上采取行动。如果不是，请延迟分享并保存以备后用。	多问问题， 制造辩论。
总是在岗者 	愿望：创造传染性能源并分享他们的观点。 结果：他们消耗了所有空间，其他人就得关掉了。	只说一遍。不要重复那些重点，尽量只说一次，为他人提供一个加入会话的理由并在这些想法基础上发展。对他人设定讲话的期望。	用更少的筹码， 交出51%的决定权。
拯救者 	愿望：保证人们成功并保护他们的声誉。 结果：人们变得相互依赖，这损害了他们的声誉。	要求F-I-X(解决方案)：当某人带给你一个问题时，让他们完成思考过程并提供解决方案(一个F-I-X)。可以使用一些教练问题来提供帮助，但把工作责任留给他们。关于这个问题，你有没有找到什么解决方案?	为错误留出空间， 给予反馈。
先导者 	愿望：为质量或速度设定高标准。 结果：其他人成为旁观者，或在跟不上时放弃。	停留在视线内。如果你有前进的想法，提醒你自己停留在视线内，人们才不会放弃或者迷失。停留在一些人可以赶上的距离之内。	交出51%的决定权。
快速回应者 	愿望：保持他们的组织迅速行动。 结果：他们的组织行动缓慢，因为过多决定或变化造成拥堵。	设定强制的等待期间。在回复任何属于他人的工作邮件之前，等待24小时（或无论多久）。给予该人首次回复的权利。	多问问题， 制造辩论。

请查阅附录E中的“乘法领导者实验”

倾向	愿望和结果	简易措施	乘法领导者实验
乐观主义者 	愿望：让团队建立“我们可以”的信心。 结果：人们怀疑他们是否欣赏大家的努力，是否在意可能会有的失败。	指出问题的难度。在展示你那无边界的热情之前，先告诉大家你们的工作很辛苦：“我要求你们做到的事情很难。成功并非唾手可得。”	为错误留出空间，谈论你的错误。
保护者 	愿望：让员工远离团队内的政治斗争。 结果：员工学不会如何保护自己。	暴露和孵化。将你的团队成员暴露在小剂量残酷的真实面前，让他们能从错误中学习和成长。	为错误留出空间。
战略家 	愿望：为超越现状提供具有说服力的理由。 结果：人们会迟疑并猜测老板的意图，而不是寻找答案。	不要自己完成所有拼图。描绘未来图景时，给你的团队留点机会。用“为什么”和“什么”来搭建拼图的框架，把“怎么做”留给团队。	设置一个具体的挑战，多问问题。
完美主义者 	愿望：帮助大家做出杰出的令他们自豪的成果。 结果：大家觉得你太挑剔，变得灰心丧气，不再尝试。	设定标准。设定是否杰出的标准，公之于众。让大家知道什么是“优秀”，设定完成的标准。让他们自己用标准来评价自己。	为错误留出空间，交出 51% 的决定权。

请查阅附录 E 中的“乘法领导者实验”

要成为乘法领导者，我们必须明白我们出于最善意愿望的行为是怎么制造出除法效应的，有时候这种影响是非常深远的。美国神学家莱因霍尔德·尼布尔（Reinhold Niebuhr）说过：“所有人类的原罪从后果上看都比从动机上看严重很多。”与之类似，领导者们总是从他们那美好愿望的镜头中观察自己的领导艺术，但团队成员只能从其消极后果中分析。如果学会少做而多质疑，我们可以将自己从无意型除法领导者变成有意识的乘法领导者。

总结：无意型除法领导者的特点与规避方法

无意型除法领导者指的是那些尽管愿望美好，却会在他所领导的团队中造成除法效应的领导者。

无意型除法领导者画像：

点子大师：富有创意和创造力的思想者，相信他们正在刺激其他人产生灵感。

永远在岗：动力十足、富有魅力的领导者，相信他们的能量具有感染性。

拯救者：代入感超强的领导者，看到人们陷入麻烦时会飞速帮忙。

先导者：成果至上的领导者，以身作则，期望大家能注意到并跟上他的步伐。

快速反应者：喜欢迅速采取行动的领导者，相信他们正在建设一个快速敏捷、行动至上的团队。

乐观主义者：积极的、充满信心的领导者，认为对团队的信任能激励他们达到新高度。

保护者：警惕地保护成员远离麻烦。

战略家：积极思考和描绘未来图景，认为自己向大家展示了更美好的未来。

完美主义者：为杰出成果而努力的领导者，做出完美安排帮助成员交出更优秀的答卷。

减少你成为无意型除法领导者的习惯：

1. 寻求反馈；
2. 有意识地领导；
3. 使用附录 E 中“乘法领导者实验”中的措施和成长实验；
4. 少做，多问。

第八章

如何与限制团队发展的领导共事

无论黑暗多么广阔，我们必须发出自己的光亮。

——斯坦利·库布里克

不能改变领导，就改变自己

肖恩·赫里蒂奇效力于美国海军，是一名密码战军官。他毕业于美国海军学院，在约翰·霍普金斯大学和海军战争学院拿到研究生学位。他是新一代海军领导者中的代表，不仅是聪明的指挥官，而且是充满创意的思考者、敏锐的学习者和善于合作的领导者。

在作为指挥官巡回各地服役后，赫里蒂奇被派到美国空军中，在一位上校的领导下担任联合指挥官。赫里蒂奇中校的直接上级并不只是与赫里蒂奇来自军队的不同部门，他的领导风格也与赫里蒂奇之前的领导完全不同。这位上校很明显从不知道领导者的责任是激励大家去完成“什么”，而不是连具体的“怎么办”都要管到底。他会非常细致地告诉大家要做什么，如果属下采取了其他方式，他会十分明显地表现出失望，即使最后的结果非常符合要求。当赫里蒂奇中校和其他成员努力全心投入工作，上校总是能找到办法无休止地恶意批评他们的工作。几个月间，赫里蒂奇中校在上级尖锐的话语及自己徒劳无功的努力中挣扎，最终撞到了南墙——相当符合字面意义的撞墙，他在上校的办公室里狠狠地捶墙。当他恢复理智并为自己不职业的行为道歉后，捶墙的疼痛仍未退去，但比起意识到他还要在这个位置上待两年，这种疼痛就不算什么了。他很无助，很困惑，甚至想就此离开军队。

赫里蒂奇中校转向他的同事求教，他们的回答很正面：“为了我们，不要放弃。你是我们希望的灯塔，我们的光亮。”赫里蒂奇中校进一步向他最信任的个人导师理事会（PBOD）求教，他定期向这群高级导师咨询。他的个人导师理事会使他有了宣泄的地方，也有了学习成长的机会，于是赫里蒂奇中校开始重新调整自己。他不再抱怨那个等于不存在的领导，转而自己担起团队应有的领导责任，并刺激上校向他学习。为了强调他对现实的失望情绪，他开始装得更过一点儿，玩起了“假装”的游戏，装作好像他的上级更接近乘法领导者一些。他不再把上级排除在工作之外，而是把他带入工作中。他希望让上校看到团队的努力，于是他邀请上校观察大家的工作情况。上校没有批评团队在他不在场的时候干得热火朝天，开始参与他在场时就已经成形的工作。赫里蒂奇回忆说：“我们都在一条船上，有着同样的航向。但我们现在快多了。”

赫里蒂奇开始更明显地倾向于令工作变得更有乐趣，在培养同事和后辈的领导能力上下功夫。是的，他也分享了本书的主要内容，和团队成员讨论，甚至还为那些希望参与创造更富有合作精神的工作环境的人创建了一个“文化俱乐部”。他在身边和他能指挥到的所有人身上都试过了乘法领导者领导方式。他并不是等着完美的做法，而是为任何方向的正确尝试而庆祝，甚至是那些一开始还很不稳定的尝试。他说：“如果你希望改变职场文化，你必须向冰球传奇韦恩·格雷茨基（Wayne Gretzky）那样‘冲向冰球飞去的方向’。”专注于在他的控制下工作应该做成什么样，他重新装饰了工作场所，每周都引进一件新的艺术品，作为一种表达自己个性和活跃气氛的方式。他也给大家带来了一些愉快和充满希望的东西——带有标题的图解，例如“让想法冒出来，永远保持惊奇”——这些创举很快就成了极富影响力的“乐观主义之墙”。

两个月后，上校撤换了他的副手，让赫里蒂奇承担这个职责。这项任命对整个团队来说，就是对赫里蒂奇中校领导风格和大家共同创造的团队文化的明显肯定。一年以后，上校退休，他在他的退休典礼上说了很多，对赫里蒂奇在如何当好领导的问题上对他施加的影响大加好评。很快，领导着美国国家安全局网战司令部的四星上将，邀请赫里蒂奇中校加入他的管理部门担任他的执行助理。当赫里蒂奇把注意力从对抗转向建设，他发现了更大的目标：他不再是糟糕领导的受害者，转而成为创造未来的领导者，配得上所有人的尊重。

有时候，摆脱不利处境的最好方式，就是变成乘法领导者。在一个除法领导者手下受挫，你最好怎么做？猛力捶墙，与除法领导者直接冲突，听起来很爽；退后，妥协，也很容易。但存在着第三条路，更有力的选择：成为乘法领导者，杀出去。

有太多愿望良好的管理者被除法领导者压制着。他们渴望带领其他人做到更好，但被除法领导者上司制造的旋涡吸进去。我常常听到这样充满挫折感的表达："我希望成为一个乘法领导者，但我的老板完全就是个除法领导者，所以我做不到。"或者，就像一群南非管理者说的那样："我们都听说过乘法领导者，但有身边这些除法领导者在，我们能做些什么？"

你怎么为那些削弱你的生命力和能量的人工作呢？尤其是当你的老板只能激发最差的你的时候，你怎么可能激发最好的雇员呢？我和我的团队在会见了数十位并调查了数以百计的职业经理人之后，得出了针对除法领导者的五大最常见反应：（1）冲突；（2）逃避；（3）辞职；（4）妥协服从；（5）忽略除法领导者的行为。我的研究同时发现，与除法领导者相处的效率最低的五个办法是：（1）冲突；（2）逃避；（3）妥协服从；（4）说服他们你是正确的；（5）做出人事调整。换句话说，对付除法领导者最常见的办法，往往也是最没效果的办法。

然而，这些与除法领导者相处的办法是错的，也是无效的，这也并不令人惊讶。毕竟这就是问题所在——在除法领导者身边，我们并不是最好的自己。他们所引发的紧张情绪，触发了我们大脑的扁桃体（我们的感情大脑），它反应迅速，绑架了我们的大脑皮层（我们的理性大脑），让我们的行为失去理性，充满破坏力。当理性的力量受到威胁，与除法领导者共处时的判断和处理办法也将随之变得脆弱起来。与除法领导者共事是艰难的，需要我们的思考能力处于最佳状态。

本章节是为读者中那些受制于除法领导者领导的人准备的，它将提供已经被证明有效的处理办法，帮助你以最佳方式应对。如果幸运的你已经被乘法领导者所围绕，可以略过此章节，直接前往最后一章"成为乘法领导者"。

本章节中的信息很简单：即使为除法领导者工作，你也一样能成为乘法领导者。有了正确的心态和一整套聪明的战术，你可以将除法领导者效应降到最低。这里没有模板，只有合理的主意，必须辅以谨慎的判断和极高的悟性。如果如乘法领导者一般领导众人算是管理科学，那么应付除法领导者就算得上是一门艺术。但保持谨慎和坚持，你也许甚至能发现你对除法领导者型的领导已经免疫了。最终，你也许可以加入那些我称为“不可战胜者”的行列——即使被除法领导行为所包围，也能继续充分运用自己的能力和智慧。

限制团队发展是一个恶性循环

碰到除法领导，尤其是长期如此时，是充满压力和令人沮丧的。即使人们对此有无数应付方式，也还是有好几种下意识的反应。就像来自欧洲的企业中层代尔特观察到的那样：“与除法领导者结为联盟，以其他同事的不幸为食，要比艰苦奋斗之后一切被吃掉要容易得多。”自己转化为除法领导者并回报以除法领导者行为，同样也很容易。不幸的是，这只会令问题长久保持下去。

想想以下这个“绝望循环”的情景。你的老板是个事必躬亲式的管理者——他控制一切，独断专行，压迫着你工作的每个最微小的细节。在公众场合，在表面上，你都充满敬意地默认他的指挥和审查，但在私底下，一摘下职业面具，你会觉得被鄙视、被怀疑、被无视、被低估。你觉得那些最基础的自我判断都被否定。

当我们觉得被冤枉或被错误对待时，我们的自然本能是反击回去。于是我们批评他们，我们停止倾听，对他们的表现表示不屑。我们想要除法领导者停下来，所以我们将他排除在外，让他尽可能地远离我们。或者，如果我们已经认为什么事都做不好了，就会停止尝试，或者置若罔闻。

然而，毁灭旋涡并不会就此停止在少数受影响者身上，因为除法效应有自我增长的倾向。当老板们觉得他们的权威正受到威胁，或者他们的主张得不到倾听，他们会用更大的往往是加倍地力量，推进他们的主张。如果被拒绝处理细节，事必躬亲式管理者会变得紧张，甚至多疑。发觉事情已经出了问题，他们会更多干涉，坚决地插手所有讨论和决定。现在就僵住了——不是在除法领导者和受害者之间，更像是在两个除法领导者之间——原来那个事必躬亲式管理者老板和后来新鲜出炉的除法领导者：你正在激发老板内心最糟糕的那一面。

如同下图中描述的那样，循环会持续下去：他们规定，我们撤退；他们判决，我们放弃；又一次地，他们总结出，要做成某些事情的唯一方式，就是全面压倒我们。我所从事的研究表明，这种扩大化的循环平均能维持 22 个月，这也是 85% 受访者坚持与除法领导者共事的时间。

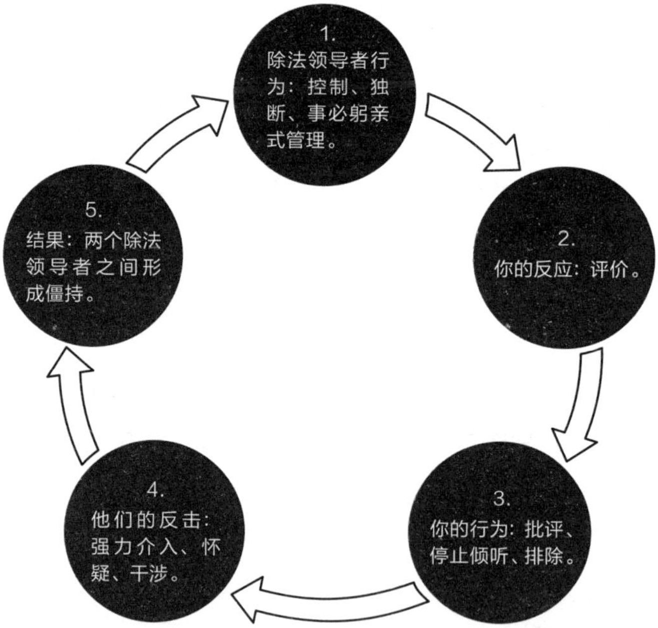

不幸的是，这个情景太常见了。想用除法效应让某人从除法领导者的状态中摆脱出来是不可能的，最好的办法是通过乘法效应——采用乘法效应的逻辑，自己做一个乘法领导者式的领导。

让我们看看改变自己的反应是如何打断削弱这个循环的。比如你正为一位喜欢事必躬亲式管理的专制者工作。如果不用批评和逃避，用求知欲、用标志性的乘法领导者领导方式应对会如何呢？真正的求知欲是一种深刻和持久的希望了解和理解的欲望。我们希望好奇心不会像谚语说的那样“害死一只猫”，但我们知道它可以杀死冲突。如果我们从他的立场上这么问会怎么样？为什么他会着急？他要从我这儿得到什么才会觉得自信和保持对公司的控制呢？或者更简单的，是什么让一个原本很不错的人变得像除法领导者一样行事呢？

在你问过这些问题，并在心中建立起对他的担心和对现实情况的同情后，你也许会为了想要了解这些担心的原因而仔细倾听。当你把个人情绪放在一边，你甚至会注意到和欣赏到他的长处或者变得不那么生气，当有了这种想法，你还能更具协作精神地工作，令人厌恶的羽毛会被清除，所有人都会变得不那么小心提防。

如果你以不同方式与除法领导者相处，你的那位除法领导者也许也会不一样。感觉到被尊重，他以更能赢得尊重的方式回报。这一过程在塑造（或重塑）信任中意义重大。当你展示出对他的期待的理解，除法领导者型的管理者更有可能退一步，让出更多空间让你喘口气和做出调整。他甚至可能更欣赏你的工作。如同下图描述的那样，除法领导者式毁灭循环断裂了，冲突或冷冰冰的共事关系被合作取代——不再是一个除法领导者和一个雇员，而是一个更灵活的除法领导者和一个乘法领导者，一个令所有人变得更好的，甚至令那个如芒刺在背的老板也变得更优秀的乘法领导者。

如何改变自我，进而改变领导

打破除法领导者的毁灭循环

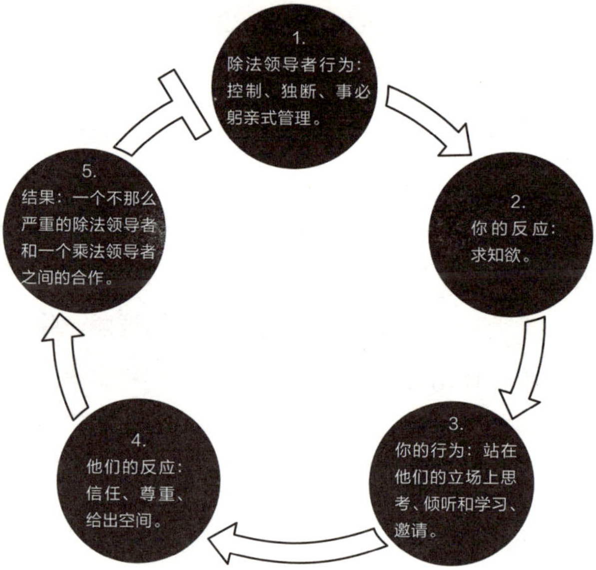

让我为你们中那些觉得“你不理解我的老板，这人是加强版的教科书式除法领导者，一辈子都这样，不会改变的”的人多说几句。改变你的方式，无论你受到了多大的启发，也不能保证可以改变一个除法领导者，但这会降低来自完美主义者、拯救者、先导者及其他除法领导者式行为的干扰，让你拥有更多思考和工作的空间。

毁灭循环打破者

应付除法领导者时你会希望，甚至是梦想这个人会变成乘法领导者，也许他可以。或者你可以选择自己成为乘法领导者。大多数伟大的成绩都需要一个伟大的领袖——但领袖并不一定总是老板。当然，没有人喜欢去做一个不合格父母的早熟的子女，但我们都需要能做最好的自己。

我们在这里列举出打破毁灭循环、清除不够优秀的老板和不良的同事造成的恶劣影响的方法。这些方法来自我的研究和我自己在职场的经验，也来自职场中人本性里的那一套基础准则。

1. 那并不一定是针对你。也许你是那个感受到痛苦的人，但你的行为并不一定是引起除法行为的原因。削弱者的行为更像是他们从更高层处感受到的压力或以往建立起的并不成功的行为模式中残留部分的体现。但与此同时，你的反应也完全有可能激化了局面。

2. 除法行为并非不可避免。应付控制型老板时，我们比想象中更有控制力。我们可以选择在除法领导者那里应该得到多少合法的决策权；我们可以选择是否接受降低我们的期望；我们可以选择从他那里得到什么样的感受。这些都是选择。所以，我们也可以选择保持较高的期待，我们对自己所做贡献的分析和评估可以帮助我们以健康和有所帮助的方式站在除法领导者面前。除法领导者行为也许会继续，但我们可以减轻其破坏性。

3. 你可以领导你的领导。极少有管理者可以像你一样了解你自己，因此，如果你希望有人能让你发挥到极致，你必须引导他们。你可以成为自己的经纪人，管理自己的能力，保护自己不受愿望良好但过于傲慢的管理方式干扰。

在我最初的研究中，除法领导者会令所有人的能力大打折扣，这是很明显的。但直到我在更多的研究工作中搜集到数以千计的头疼于和除法领导者共事的人们的抱怨，我才完整了解到这些领导制造的更深的痕迹。人们在工作中被无视、被限制、被欺压，这种负面感受会渗透到他们生活中的所有方面。他们会持续经历压力不断增大、信心不断降低、精力不足、压抑、健康受损、感觉不幸，甚至更多。随之而来的伤害并不到此为止。如果不被注意到，除法效应往往会加重。大多数个体都报告说他们会把压力带回家中，变得易怒和急躁，更容易抱怨，更加保守。

在我们搜集到的数以百计的评论中，有两个特别打动我。一个这样说："我怀疑我还能否做对任何一件事，我甚至怀疑过去做过的一切都不对。我感觉我好像令我的家庭、我的朋友和我的同事失望了。我在 Facebook 或 Google 上几乎取消了和所有人的好友关系，看大量压抑的电视剧集，甚至考虑过结束自己的生命。”另一个揪心的故事来自压力和自我怀疑的极度威胁：“我甚至连自己的狗都照顾不了。”

以下列出的办法主要用于改善你对除法领导者们的反应，减轻压力，冷却迫在眉睫的问题，暂停下落中的循环。这些都是基础的生存办法——帮助你在扭曲和严酷的除法领导者手下得以自我保护，帮助把他们带给你的刺痛降低到最小。需要注意的是，这些办法不能马上让除法领导者变成乘法领导者（甚至不足以解决更深层次的心理问题）。但如果这些策略发挥作用，将极大地减少某些人带给你的除法效应，也能让你的主张被人听到，带给你极具价值的思考时间，也能让你做得更多。

所有这些策略，都基于前面所说的几点核心假设：并不一定是你，除法行为并不是不可避免，以及你可以领导你的领导。第一级，是防御性措施，能帮助你转移那些削弱性的行为。第二级，你会发现一些前摄性措施，这些是能帮助你继续前进的进攻性战术。第三级，是培训战略，让你帮助无意型除法领导者成长为乘法领导者。

在进入第三级之前试一下前面两个级别，将是很有价值的。你也许觉得这三个级别就好像遵循“一边研究一边开发”的时间表一般，但你也不希望在没有经过尽职调查就把新产品推向市场吧。虽然大部分人都希望从第三级别开始，但很少有人在投入足够时间提高自己的游戏水平之前就有当教练的资格。

第一级：防御来自削弱型管理者的黑暗艺术

1. 降低除法者的音量。我的一位同事曾经被描述为“一只对着一切事物狂吠的狗”，说的是她对潜在威胁的过度反应，无法区分真正的攻击和暂时的纷扰。我的研究表明，那些对除法领导者应付得最好的人，并不会对每一次干扰“狂吠”。他们知道哪些应该被忽略掉。他们不会躲避除法领导者，或假装问题不存在，只是会忽略掉某些干扰。他们选择降低除法领导者的音量，降低除法领导者闯入他们脑海的强度，降低其他人对自己生命和精神力量的损耗。

如果我们被别人认为吹毛求疵或具有危害性，我们有可能会变得内向并怀疑我们自己。很容易就能想到，除法领导者不会在乎我们的贡献；事实上，他们很可能只会在乎他们自己的贡献。不再更多地曲解现状，我们可以放大我们的视野，看得更长远。

杰基是一位有天分的人力资源专家，在某家火热的创业公司拥有一个高管的位置，要面临很多的挑战和冒险。她没有预料到的是，她面前最大的挑战是一位完全无法预测的首席执行官，他在每个关键决定上都噼里啪啦说个不停，干涉所有事务，只是为了满足自己的统治欲望。杰基感到越来越受挫，已经在考虑离开。在痛苦了几个月后，她决定，她既不把这一切变成私事，也不能让这一切限制她。她退了一步，回顾自己的人生，突然意识到："对我来说，最差的结果就是被解雇，从更大的视野上看，专制的老板并不是最糟糕的事。"时刻考虑到她那削弱型的老板，她为创造一个积极的环境做了所能做的一切。她并不拖延被动，也没有因为这糟糕的局面失去工作的乐趣。

忽略负面的处境通常需要做出积极的选择，这是格伦·佩特尔（Glenn Pethel），乔治亚州一位教育大师从与不合作的同事频繁的争吵中总结出来的办法。在那些争论后，他的亲密战友问他为什么一点儿都不生气。佩特尔用南方人那种温和的态度回答："因为我不想生气。有些原因导致了这个人的行为，但我不一定就要吵回去。我喜欢这样吗？我不喜欢。但我确实不会扩大争吵。"

就像应付年轻人一样，聪明的父母懂得忽略噪音和负面刺激。你必须不断提醒自己：这不是我，永远不是。忽略持续的挫折性和吵闹的信息是一项重要任务。但如果你选择降低那些削弱性信息的音量，提高其他那些更有建设性的音量就容易得多了——你自己的，以及那些有建设性的领导者和同事的。

2. 加强与其他人的联系。基于以上主张，我们可以通过增加与其他同事的工作联系以减少除法领导者的影响。换句话说，如果你不能进入除法领导者的信任圈，就建立其他的交际圈吧。

查克现在是一家大型会计师事务所的主管，当他还是个项目经理时，他在一位专制者式的事务所合伙人手下做过好几个级别的工作。这位合伙人制造了一个紧张的环境，难以捉摸，以圈子关系领导众人。查克不知道怎么才能取悦他或取得进步，只能把绝大多数时间花费在整理这位合伙人随意性极强的反馈文档上。他觉得无路可走，自己极其悲惨，一边磨洋工，一边考虑换个地方。与同事进行了治疗性的发泄后，他的直接上级给了他一个很好的建议："不要抱怨，做点什么，否则离开。"

他意识到自己是不可能改变这位专制者式合伙人的，但他可以改变自己的观点。他把自己每天的工作分成几大块，这样可以让花在合伙人那过多的评价上的时间降到最低程度。他不再试着让工作方案变得完美，而是在大方向上保持正确，然后就交给合伙人，反正再来一次修改是无可避免的。他并不逃避合伙人，但不再用那么多时间防御那些削弱性的回复。他利用自己新空出来的时间和客户沟通，与其他同事投入基础性的工作，这两者都能让他感到充实。他的信心又回来了，他甚至鼓起勇气给合伙人发了一封邮件痛陈他的不可捉摸给工作造成的效率低下。合伙人只是平和地表示道歉，但查克觉得采取行动令自己充满力量。他学到的事情很简单：不要让你那跋扈的老板统治你自己的时间。

和查克一样，能够高效应付除法领导者的人都是能扩大自己的支持基础和加强其他关系的人，就像避免韧带撕裂需要加强邻近部位的肌肉一样。一位小气的美国海军军官这样形容："当我发现自己需要应付糟糕的领导时，我还是服从他的命令，但我会缠住另一个我信任的领导，一个能给我其他观点，尤其是关于我自己的观点的人。"

如果你发现自己被一位傲慢或善于挖坑的同事削弱，换个地方投资，找个能发挥双方长处的地方。组建一个内部或者外部的智囊团—— 一群你所信任的同事或导师，能指引你建立起难以建立的关系；寻找一个安全的测评团——由你可以与之探讨想法的同事组成，将你的工作置于合理性检查之下（一定要确保这不能仅仅变成你发泄的渠道或你的回音室）；还得来个啦啦队——他们应当懂得你真正的能力所在，可以提出有用的补充意见，为你提供正确和全新的视角。他们的观点能提醒你，你很聪明，你能解决问题。最后，发展一个职业网络——在你的老板并不积极支持你的时候帮助你前进。

3. 撤退和重组。和顽固的人对着干可不是个好主意，尤其是当这个人是你老板的时候。我的研究表明，正面攻击，比如尝试证明某个主意的价值，只会加速毁灭循环（你也许还能记得，冲突是最常用但是最无效的方法）。即使你赢了，那也是一场惨胜。

如果遇到僵局，试着重新组队，重振旗鼓——不再试图获胜，只是留在游戏中。一位苹果公司前高管分享过向史蒂夫·乔布斯（Steve Jobs）推销主张所使用的战略。她知道，一旦乔布斯变得激动或固执己见，再想压过他的希望就极为渺茫了。与其与他争执，不如倾听，了解他的观点。随后她会要求给她时间考虑他的意见，然后带回一份计划。在她表示要重新考虑之后，乔布斯也变得不那么固执。几天后，当她带着一份糅合了两人最有价值的观点的新计划回来时，她发现站在面前的是一个善于接受意见的听众，计划也得以推进。总有一些人比其他人更喜欢争执，但所有人都喜欢有人真正认真考虑他的意见。你的撤退重整也等于给除法领导者提供了一个台阶——一个优雅的重新考虑并挽回面子的机会。

4. 发出适当的信号。事必躬亲式管理（除法效应最常见的形式）的主要原因，就是担心某些事不能充分或正确完成。正如一位除法领导者说过的那样："我只会在我认为事情做不好的时候变成事必躬亲式管理者。"你如果可以保证事情顺利完成，这种削弱的形式就告终了。你按承诺的标准交付工作，就能得到除法领导者的信任。如史蒂芬·R. 柯维所说："一朝失去的信任，真的是可以重建的。"信任是可以一砖一瓦逐渐建立起来的。每一块砖都是一次胜利、一次微小的成功，除法领导者从中得知这个人将让所有人看起来变得更好。这个积极的循环继续运转：每次交付工作都是个好机会，令你有机会要求更多完善工作所需的空间和支持。

我们最近的研究显示，拥有不同性格或处事风格的两个人间产生极度削弱结果的风险要大得多。比方说，根据迈尔斯－布里格斯的性格分类法（MBTI），一位拥有决断风格的管理者（具有强系统性及结果导向）更容易令拥有感性风格的员工（灵活和善于同时执行多项任务）感到被削弱，而与他性格类似的员工则不那么容易受到影响。

为了预防这种变化，员工可以发送信号以避免其管理者的内在除法领导者性格外露。海蒂是一位拥有高度决断风格的营销高管，她说："我团队中的P性格（感性人格）成员没法发出能让我觉得有信心的信号。比起告诉我'一切顺利'，我需要他们做更多。我需要他们主动汇报进度，不要每次都要我催；我还需要他们多汇报一点类似'我们已经完成了每个阶段性任务，明天早上八点我们就一切就绪'。"与之相反，那些拥有决断个性的人可能需要展示灵活性，让他们那感性的老板知道他们已经做好准备接受新的可能性。他们也许需要这么说："我们有个计划，但我们也可以接受最后时刻的改变。"以上任一情况，我们都可以判断对除法领导者来说什么是重要的，然后发送信号表示这对你也同样重要。如此一来，你就得到了更多空间。

5. 坚信你的能力。梅根·兰伯特是一位非常优秀的商务顾问，正志愿承担她所在的禅修社团的志愿者工作。梅根正在协调一个禅修社团的大活动，但由于她在几项紧急项目上受挫而进度严重滞后。志愿者的领导者也是梅根的朋友，对梅根的态度非常强势，仿佛梅根突然变得一无是处一样，她频繁发短信检查梅根的工作进度。连续几天的挫折后，梅根都意识到自己的三心二意和倦怠，她知道是时候反转这个循环了。作为乘法领导者领导风格的一位热心实践者，梅根对她的朋友兼领导说："让我们玩个游戏吧。三天之内，我希望你相信我干得特别好，你可以假装我完全胜任这个工作。"她的朋友同意了，按约定进行了让步。梅根前进一步，开始再次全心全意履行她作为志愿者的责任。

有时候你需要告诉那位过度热心帮忙的管理者或同事，你其实不需要帮助。如果我们试着帮助一个三岁小孩做一些他完全可以自己独立完成的事情（比如穿外衣或拿个盘子），你肯定知道这孩子会如何反应。他会坚定而愤怒地说："不，我能自己做。"如果孩子坚持他的独立性，大人们会记起来这个孩子正在逐渐长大，变得一天比一天更能干。与之类似的是，对企业管理者来说，他们很容易忽略下属的成长。然而，当迈入成人的职场，我们内心的那个三岁孩子也踏入了社会。与抵制喜欢事必躬亲式管理的老板相比，我们更不希望在我们本有可能自己搞定的时候让他们介入。

下一次除法领导者老板或同事尝试帮你完成你本来可以独立完成的工作时，你可以试着提醒他你可以自己干。没必要发脾气，声明和坚信你的能力即可。比如你可以说："感谢你的帮助，我想我自己能搞定这个。"或者"我能自己试试这个吗？如果搞不定再来找你。"

要求呼吸空间的时候，来点幽默大有帮助，尤其是在面对无意型除法领导者时。本·蒲特曼是我一个长期且亲密的同事，当他发现我处于事必躬亲式管理时，会以一种令人愉快的直接方式让我知道。如果我在会议上过度涉入或频发指示时，他会等到我们离开的时候装作有根想象中的链子勒住他的脖子一样拼命喘气，装作非常恐慌说："啊，老板，你可能需要把这根链子松一下。"我们会大笑，更重要的是，我得到了暗示，退后一步，让他接管。

如果你的老板没有幽默感（顺便说一句，幽默是与除法领导者最无缘的性格特征），那就来直接的。简单的"如果……，那么……"句式就可以，比如"如果你提前给我会议主题，那么我可以准备好我的主意。"或者"如果你让我主持会议，那么我可以保证我们将完全解决问题。"无论你的语调是轻松的还是认真的，表达对自己能力的坚持最好是用谦逊和尊重的方式，在价值观尊重权威的文化中尤其如此。最后，如果你坚信自己的能力而又有人给了你空间，请准备好回报以最优秀的思考和工作。

6. 要求绩效信息。缺少关键信息是很难表现出色的。人们要表现出顶级水平一般都需要两种信息：

第一种信息是清晰的方向——目标是什么，为什么这么重要？除法领导者往往过于集中在指示成员如何做到，以致在这之前忘了先明确目标。当除法领导者直接指示时，你可以要求他们提供支持并提供更多的背景资料和方向。

当学术药物和科学方面的团队开发专家凯文·格里格斯比结束了和过度指手画脚的内科医师领导之间的通话，他面临了一个两难局面。领导曾清晰说明他需要凯文做什么，还详细说明了他希望凯文使用的具体技巧。但凯文知道，如果他只是简单服从领导的命令，情况不会有所好转。所以，他没有盲目接受指令，提高了谈话的层次问道："能更清晰地告诉我你最后需要什么样的结果吗？你在尝试得到的结果是什么？"在仔细倾听和了解了期待的效果后，他又问道："如果我换个方法完成这个任务，你觉得可以吗？"领导迟疑了一会儿后说："当然，只要你能达到同样的效果。"下一次有人向你讲述工作内容时，你可以要求他从问题的定义开始。

第二种关键信息是结果反馈：我是否真的达到了目标？如果有人错失目标，除法领导者倾向于重申如何完成的步骤，而不是提供能帮助他调整技巧或目标的信息。面对暴风骤雨般的批评，请询问其他人的意见。反馈这个词通常带着批评和评判的含义，然而从技术上说，反馈就是帮助重新校准工作的信息。比如，恒温器带有周期性的读数，就是用来判断房间的温度比起预先设定的标准是高了还是低了。这个信息随后被用来提高或降低温度。如果你接收到太多批评，却缺乏关键的情报，就需要提出要求。尝试提问：“哪些事我还需要多做一点？还是少做一点？”如果你想要让目标更明确，就得更多地要求得到反馈。

7. 寻找一位新老板。如果你已经身处削弱性的环境，就必须问问你自己，这是不是最适合你的地方。如果你已经被塞进一个小箱子里失去了成长的机会，也许应该学学寄居蟹的办法，找个够大的新家继续成长。这也许并不令人惊讶，辞职是至今为止对除法领导者最有效的防御策略（不幸的是，对某些削弱性管理者来说，这是唯一有用的防御）。

当然，对许多人来说，辞职并不是可选项。但如果你真的辞职，不要只是用又一个糟糕管理者替换前一个。不要只是寻找一个新的工作，好好选择你的下一个老板。你将与这个决定的结果共处若干年，所以，就像你买任何大件的时候一样，先搜集信息。仔细提问，然后寻找乘法领导者领导风格的证据。注意他们“说与听”的比例，倾听他们是怎么谈论自己的团队的。他们会提到成员的杰出之处，还是只是列举他们的职责？团队成员拥有多少决策权？决定是如何做出的？检查大家的评论，看看以前的员工是怎么说的。如今有许多网站都能提供公司及其内部管理文化的真实面貌，可以提供很高的透明度。你也许在一开始作为独立承包商或咨询商的时候也试过这么做。如果实在做不到，可以提出参与旁听团队会议或参与电话会议，这样可以更好地了解团队是如何工作的。更多细节请看附录 E 中的赋能领导者实验“挑选一个新老板”。

抵御削弱性行为时，需要注意做到以下两点：

第一，所有这些策略都是防御性的，是为了将除法领导者的负面影响降到最低程度。使用以上任何策略，都不需要在重大场合（辞职除外）；只需要在你每天的互动中做一点点极小的改变，就能帮助你保持冷静，以最高效率工作。这些策略是为了投射出你的长处，而不是暴露除法领导者的弱点。它们未必能改变领导者本人，却一定可以改变整个局势。

第二，请记住，如果你总是被除法领导者包围，有时候你必须问自己："是不是我自己出了问题？"你可能把事情看得太私人了，比如把原本善意的批评当成了恶意，或者甚至在赞美中寻找羞辱。也许是时候把你的除法领导者看作是愿望良好的无意型除法领导者。或者你必须承认，其实你也是某种除法领导者。治疗方案对所有人都是一样的：做一个乘法领导者，向下，向外，向上。

第二级：向上发挥乘法效应

很多企业管理者都经历过乘法领导者"向下"影响到自己的直接报告者和员工，但乘法领导者"向外"影响到同事或甚至"向上"影响到他们的领导的情况就很少了。我们所做的"360 个乘法领导者案例评估"分析显示，平均来说，管理者能使用其直接下属大约 76% 的能力，到了同级和老板就分别只有 62% 和 66%。但我的研究还显示，乘法领导者是可以在任何方向起作用的，甚至是向上作用于一位削弱式上级。

这就是原因：除法领导者都希望自己的智慧和主张得到重视；事实上许多人为了这个孤注一掷。另一方面，乘法领导者喜欢寻找其他人的天赋并为此付出努力。在很多情况下，除法领导者都是需要乘法领导者的。这也许不是天作之合，却也是个帮助你摆脱地狱般生活的办法，因为如果你能让老板发挥得更好，你等于是帮助建立了一个你自己能尽力发挥的良好环境。当除法领导者感觉到自己的智慧，感受到受重视、被倾听、被信任、能参与，他们就会回报以更多的信任。从根本上说，你一旦成了老板的乘法领导者，你就可以制造你自己的乘法领导者环境，让你可以振作精神，而不是苟延残喘。

接下来这几个办法能帮助你成为你上级或其他削弱性同事的乘法领导者。它们不只是防御那些胡说八道、横行无阻的除法领导者，更多的是进攻性策略，帮助你向前推动，尤其是帮助你应付无意型除法领导者，那些原本愿望良好却没能成为优秀管理者的人。

1. 利用老板的长处。试着尝试更好地在你所领导的工作中运用你老板的能力或知识，而不是想着换个老板。你不需要放弃决策权，只需保证在关键节点上用最适当的方式运用他的能力为工作服务。如果他的眼光很挑剔，你能用他来帮助诊断项目中的关键问题吗？或者，如果他是个能纵览全局的思考者，你是不是可以让他与你分享他的宏观视野以赢得一位重要顾客？

罗恩是苹果公司的一位高管，业内都对他的创新天赋评价甚高。当他被任命为苹果公司开创一个全新而重要的战略业务时，他本可以让那位有名的什么都管的首席行政官史蒂夫·乔布斯插手项目的所有细节，或者也可以试着不让乔布斯牵扯进项目里。但他发现了乔布斯在开发要点上的独特嗅觉。他把产品设计带给乔布斯，坦率地问道："我们怎么能做得更好？"乔布斯天性中的天赋被触动，没有像平常一样挑三拣四，反而冒出了许多好点子，让这个本来只是不错的产品变得伟大起来。罗恩让他的团队完美表现，也运用老板的强项将项目推向更高水平。即使你不能和史蒂夫·乔布斯这样的天才共事，你也可以试试同样的办法。

2. 给他们一本你的使用说明书。一方面，如果你是那幸运的极少数，你能拥有一位观察力敏锐的管理者，能注意到你的天生优势——那些你能轻易做好的事情。另一方面，如果你是那得不到重用的大多数，你也不用呆坐着等着被发现。你可以宣传你的能力，帮助你的同事接收到信号。或者你可以直接告诉他们你擅长做什么，以及你怎么能发挥到最佳。

就像给某人一本怎么使用你的说明书，一份好的使用手册能告诉你这个产品设计出来是做什么的，告诉你怎么使用最好。比如说，你正在考虑购买一把无线往复锯，说明书会告诉你这把锯子能锯开许多种材料——木头、塑料和金属，包括木桩、树枝、聚氯乙烯、金属管，甚至钉子。说明书上可能还会说，这工具在拆除工作中特别好用，也特别适用于难以触及的地方。

就像这样，你可以给他们一本关于你的使用说明书。你擅长做什么？你最适合做什么，不需特别努力就能做得很好？你最喜欢做什么，不需要被强迫或被诱惑？把你天生就适合做的事情考虑进去。比如，你特别擅长修补已经中断的工作进程——你能找到脱轨的原因，让一切恢复如常。一旦你发现自己的天赋，给它起个名字，比如“解决麻烦”（或者甚至起个超级英雄的名字，比如“流程医师”），然后列出你的天赋可以派上用场的方式。比如你能让部门已经落后的项目按时完成，解决一个陷入麻烦的账户，或带领一个多团队联合工作组以降低官僚主义。一旦你完成了你的说明书，就和你的老板谈谈这些点子，或者是任何可以把你放到合适位置上的人。

如果你想以最高效率工作，你应当让大家知道你的价值。记住，能在工作中发挥天生的优势真的是个特权，不要当电影里的花瓶女主角。了解自己的天赋，并不意味着你要回避不擅长或重复性的工作。

3. 倾听使人进步。即使你发现自己已经很难与除法领导者共事，也可以找到这个人可以教给你或可以帮助你成功的部分。人们在与除法领导者相处中最容易犯的错误，就是太快忽视他们的批评。在我担任甲骨文公司高管的那几年里，我见过许多人去找我们那位聪明但粗鲁的首席行政官拉里·埃里森。那些在谈话过程中受尽训斥的人与他搞成了僵局。有些人激动且充满信心地分享他们的主张并辅之以数据支持，但随后就不再真心听取拉里的反馈。他们做这个不是为了抚慰他，或仅仅只是找个更好的方式推销自己的主张。他们倾听，是为了进步。拉里的一位助手说：“太多人不懂得利用这个机会好好看看拉里能教他们些什么。”

寻找共同的基础，不要形成对抗。我们以前提到过的教育产业家格伦·佩特尔就是一位跨越分歧搭建桥梁的大师。也许参与战争真的能帮助一个人学会搞外交。作为一个20世纪60年代末的年轻人，他作为士兵参与了越南战争，在那里学到了关于领导力的最重要一课。他在黑暗的夜里发现，当你处于恐惧和无遮无挡时，反而会学会用另一种方式看待世界。你的视线跨越了外貌等其他不同之处——那些不同可以是种族的，可以是宗教的、环境的或身份的——令你真切地看到人们的真实之处。即使在黑暗的掩护下，你也能学到互相信任，发现大家共同的目的。这不同寻常的经历帮助他越过人们的削弱性行为发现与之共事的方式，即使与最难相处的人也是如此。

佩特尔建议：“除法领导者希望得到倾听。他们希望知道自己推销的主张是真的好。如果你一开始就认可他们的价值，承认他们的主张也有价值，你就拥有了一个良好的开始。”但佩特尔远不只是倾听，他要让对方确实知道他真的在倾听。他会直面对方问道：“我做做笔记你不介意吧？我想回去再好好想想你的看法。”然后他会总结他所听到的一切，寻求双方共同认可的部分。在这个过程中，对面那个人变得不再像除法领导者，更像个合作伙伴。

下次当你老板转向除法领导者模式的时候，不要表示反对，试着询问那些能令你老板仔细思考他那些看法的优点和缺点的问题。问问最基本的目标。你也许会采取“终极提问”的方式，不断提出最真诚的问题，直到最终真正了解到老板的观点。一旦你了解他的真实需求，就可以通过多种方式沟通以达到目的。

作为公司的客户关系总裁，肖接受了一次为期 14 天的“与除法领导者相处”的课程，他决定把注意力转移到仔细倾听上，好好听听他那位事必躬亲型老板的想法——他们平时是很少能达成共识的。肖指出：“问了问题之后，我发现我们实际上常常想到一块儿去了，比我预想的要频繁得多。以前我总是太早就对她充耳不闻和先入为主了。”

突尼斯的一位销售经理瓦西巴也接受了同样为期 14 天的训练，目标是她那位超级健谈的老板。她说：“当我的老板发现我在认真听她说什么，还记笔记的时候，她变得更加支持我，更少紧张，我们有了一次建设性的谈话。当我毫不打断地倾听，老板会与我分享很多我的团队急需的关键信息。”

4. 承认犯错。你应该还记得除法领导者逻辑的核心：“没有我，他们解决不了问题。”没有什么比顽固不化的错误更能推动这种循环的了。如果员工犯下了错误还掩盖其错误，管理者必然会在质疑他们能力的同时，也会怀疑其判断能力，最后会得出结论：这种错误还会再犯。他就这么着走上了那条路：过度干涉，或在发现有可能出问题的苗头时就接管一切。

考虑一下，在出现错误的时候坦诚交流，并分享你学到的一切，无论是来自成功或是失败，用这种方式来打破循环。这种对话的主题很快就会从责备与隐瞒变成恢复。当你传达出你学到的经验，就能赢得取得下一次成功所需要的空间。你的老板不再是事必躬亲式管理者，更像是个投资者——给你决策权和随之而来的责任。但你不仅仅为自己赢得了空间，也为其他人赢得了分享错误的空间——甚至也许是为老板。一个能分享他自己的错误的老板！这样整个团队都会得到解放，还得到了可以合法尝试与承担创新风险的企业文化。

所以，不要等着你的老板召集会议选出“本周糗事”，自己来，在这个会议上大家可以坦率承认错误，还可以拿来开玩笑。首先定下基调，承认错误、分享所得，让老板知道你一次次变得更聪明。这么做可以加强乘法领导者信条的核心内容：“大家都是聪明人，能从错误中学习并最终搞定一切。”

5. 主动承担挑战。管理者可能习惯于给大家安排额外工作，认为更多工作就等于更多成长机会。但重复做一件事，即使越来越快，也没法提高你的水平（除非你正好是个杂耍演员）。我们中的大多数都需要通过艰难考验、尝试新工作、学习新方法才能得到成长和提高。优秀的乘法领导者会发现能令你上升的机会；然而，仅仅因为你的老板没有要求你承担新的挑战，你就不去主动承担吗？

发出信号，表明你已经准备好承担巨大的责任。让你的老板知道你已经准备做点不那么舒服的事。但小心点儿，表明愿意承担挑战的意愿，很容易会被误认为要求升职或新的权限。大多数管理者并不能提供无穷无尽的升职机会，当员工寻求“更重要的责任”时，他们会开启防御机制。但大部分管理者手中都有堆成山的挑战和问题，很可能急需有人分担。我们建议，与其单方面要求掌握更重要的责任，不如多做点你现有责任以外的工作。你也许可以在新的领域学到全新的知识，或把自己钉在超出你的工作职责之外的问题上。或者直接问你的管理者手上有什么事情可以让你承担。从小事情开始证明自己。与其渴望幻想中的升职，不如找到一个全新机会向老板展示你能走得更远。

6. 邀请除法领导者加入。与其把除法领导者排除在你的工作之外，不如试着把他们带进来。如果有人对我们宣泄恶意，本能会告诉我们要离他远远的，让敌人陷入困境。但一旦除法领导者被拦住，他们多半会变本加厉地要求参与。把除法领导者挡在大门的另一侧会让整个团队受到削弱。正如第七章“无意型除法领导者”中说的那样，当我们试着保护大家远离伤害，我们也令他们与现实生活脱节，让他们变得无法自保。

与其你的工作可能会被搞砸，不如试着邀请除法领导者一起开心，如何？这也许是最具革命性的战略。如果你分享更多数据，邀请他们参加会议，邀请他们就重要事务发表观点，会如何？他们也许会折磨你，让你的生活变得糟糕（尽管如果真的这样，他们也许早就这么做了）。如果不只是单纯忍受而是邀请他们一起，又会如何？你的透明性有可能表明一切都运转良好，你也没什么可隐瞒的。你甚至可能发现他们也欣赏这种互动，也真的喜欢这样和你共事。一位中级管理者决定在关键项目上介绍一位削弱型、干涉型的高管加入。即使她完全可以在没有他参与的情况下开会，她依然在日程上加入他的名字，邀请他宣布会议开始并介绍相关情况，随后他将一切交还给她。在项目的最后，他说："和你合作时我觉得我们什么都能行。"

分享你的空间并不意味着放任自流。通过建立互动，你可以在老板做出贡献的程度上保持更多的控制权，这样可以最大程度缩小那可怕的蹦极式老板带来的伤害。举例来说，如果你邀请他们参加会议，你可以提出你希望他们担任的角色，还可以具体指出你希望他们插话的时机。或者，当你提交审核报告时，指出你希望他们重视的具体问题。这样做你可以令他们的精力和努力集中在那些最有价值或者仅仅是最不具有伤害性的地方。

乘法效应的确是打破削弱循环的好办法，但加倍并不只是对除法领导者起作用，它的作用效果是360度的，你身边所有人都能受到影响。这是"不可战胜的贡献者"的标志性特征，这种人不会被削弱型上级或令人泄气的同事吓住，反而能在任何情况下以自己最高效率做出稳定的成绩。

第三级：激发他人内心深处的乘法领导者风格

接受乘法领导者领导风格的自然结果，是希望帮助他人成为乘法领导者——尤其是如果对方正好是你的老板而且你每天都能感受到他们那令人乏味的工作方式。同时，我们也衷心希望能够帮助他人成长为优秀的领导者。但事实往往是，我们以最高贵的愿望制造出最大的伤害。无论我们的理由多么正当，我们都不可能以除法领导者的方式让他们变成乘法领导者。

人们无法改变别人，只能改变自己。只有当你用自己的理性认识到问题存在，并产生改变自身行为方式的强烈愿望（及动机）时，改变才可能发生。你能如何帮助领导者：（1）认识到他的作为对双方都造成巨大损失；（2）找到更好的领导方式。你如何帮助无意型除法领导者成为有意型乘法领导者？以下有些办法可以帮助领导者提高认知并鼓励其做出改变。

1. 假设积极的意图。很少有除法领导者愿意参与关于他们是如何削弱他人工作的谈话的。但是，绝大多数管理者都对发掘自身良好愿望非常热衷。如果你一开始就假设你的同事拥有积极的意愿，这不仅能帮助你更好地理解他们的行为，也能指出共同的目标。当拥有了共同的基础，你可以帮助同事了解到，他们并没有向着目标前进。比如，对快速反应型同事说："我知道你希望团队反应迅速，但如果你的反应这么快，其他人就没有机会快了。如果你做得稍微慢一点，其他人会更快的。"

2. 一次只强调一件事。正如我们看到的，与除法领导者共事的人们都会觉得精疲力竭、负担沉重。但如果我们不理智地将所有矛盾一次摆出来，除法领导者只会觉得遭到了攻击，反而放弃他早已知晓的最佳方案——拒绝所有他人的意见。一次只拿出一个小意见会比较好。

3. 为每次进步庆祝。驯兽员训练海豚的时候，并不会等到海豚能跳出水面 20 英尺高翻个筋斗（训练的终极目标）才给它吃鱼。所有处于正确方向上的行为都应当得到小鱼或者其他正面的东西作为奖励。与之类似，如果你希望帮助某人以新的方式领导团队，注意并赞赏他每次方向正确的尝试，哪怕是最细小的举动。

发现别人身上的削弱性很容易，但要发现自己身上的就更加重要。我们大部分人内心都有个除法领导者，在受到压力或面对危机时可能就会被触发。就像能导致对某种特定疾病易感的隐性基因一样，它会一直保持休眠，直到环境条件触发疾病使你表现出症状为止。鼓励乘法领导者型领导风格的最好机会，大概是学会认识到自身的除法领导者倾向，并将这些条件转化为乘法领导者时刻。

也许在你意识到你比你的老板更适合做领导者的时候，才算取得了突破性的进展。许多团队都有这样的潜规则：不应该越级领导老板，这种情况不仅不被期待，甚至不被允许。管理结构图的分层看起来就是玻璃天花板，封住了领导力的实际效果。考虑到乘法领导者能带领团队取得的突出成绩，我相信，即使是在削弱性环境中，也可以像乘法领导者那样起到领导作用。允许自己做得比老板还好，然后看着团队注意到这一点。

让自己发出光亮

无用武之地甚至被人针锋相对，对一个人的职业生涯来说，是非常艰难和黑暗的时期。这种忧郁会传染到你生活的其他方面，让你觉得一切都很糟糕。屈服于看不见的力量逐渐沉沦，或者加入除法领导者阵营，用你的反对、无视、脱离对抗现实，或保持沉默只等着你那位除法领导者老板被换掉……这些都很容易。

或者，你可以打破这个循环。你可以打破削弱型领导者带来的向下循环，所要做的只不过是更好地相信你的能力或转变成你所希望你能拥有的那种好领导。在我们的研究过程中，人们表达的最大的遗憾就是，他们没有更早一点展开行动。

马丁·路德·金博士（Martin Luther King Jr.）说过这样著名的一段话：

> 暴力最根本的弱点在于，它是一个下降循环，它所要毁灭的，正是它所产生的。它不可能削弱罪恶，只会加倍罪恶……暴力带来的只能是加倍的暴力……给已然是全无星光的黑夜带来更浓重的黑暗。黑暗不可能驱走黑暗，只有光明才能做到。

应付除法领导者时，我们也许需要做那束撕开黑暗的光。现代团队中的领导力并非只是来自高层，它可以从中层辐射，也可以从底层升起。如果你正被除法领导者困扰，有时候唯一的办法就是对上级应用乘法效应。因为，唯一一个你能改变为乘法领导者的除法领导者，就是你自己。

总结：如何与限制团队发展的领导者共事

与限制团队发展的除法领导者共事时，你可以做那位乘法领导者。

打破除法领导者循环：

1. 那并不一定是针对你；
2. 除法行动并非不可避免；
3. 你可以领导你的领导。

应付除法领导者的策略：

第一级：防御来自削弱型管理者的黑暗艺术：

基础的生存策略，目的在于提高你应付除法领导者的能力，减轻压力，解决迫在眉睫的问题，停止下落循环。

1. 降低除法者的音量；
2. 加强与其他人的联系；
3. 撤退和重组；
4. 发出适当的信号；
5. 坚信你的能力；
6. 要求绩效信息；
7. 寻找一位新老板。

第二级：向上发挥乘法效应：

进攻性策略，旨在帮助你成为团队里削弱性领导和同事的乘法领导者，尤其是那些无意型除法领导者。

1. 利用老板的长处；
2. 给他们一本你的使用说明书；
3. 倾听使人进步；
4. 承认犯错；

5. 主动承担挑战；

6. 邀请除法领导者加入。

第三级：激发他人内心深处的乘法领导者风格。

提高认知、鼓励领导者从无意型除法领导者转变为更加主动的乘法领导者。

1. 假设积极的意图；

2. 一次只强调一件事；

3. 为每次进步庆祝。

第九章

赋能领导应该打造自我还是成就团队

以其终不自为大，故能成其大。

——老子

硅谷传奇导师成功背后的反思

财捷集团的前首席执行官比尔·坎贝尔在30多年前开始了他的事业，那时他只是常春藤大学的一名足球教练。他是一个聪明、进取、努力的教练。对于消费技术行业，他的经营方式大致相同。当他还是柯达的一名年轻营销经理时，他会接管并重写销售领导者失败的商业计划。在苹果计算机公司跟随注重细节的约翰·斯卡利工作时，比尔成了一名首要的事必躬亲式管理者。他翻寻商业中的每一个细节并且亲自指导所有决定和每一步。他说："我把每个人都逼疯了。我是一个真正的除法领导者。相信我，我做了所有决定把周围的人都推开了。我真的很糟糕。"

除法领导者的自白

比尔回忆起他曾经最糟糕的时刻。在一次重要的员工会议上，他的管理团队的一个成员问了一个简单的问题。比尔对无知的经理很生气，转向他厉声（带着难以启齿的语言）说道："这是我听到过的最愚蠢的问题。"一时之间，屋子里陷入寂静。比尔后来没有受到任何其他恼人问题的干扰继续开会。在接下来的几周里，他注意到很多人都不再问他问题了。由于他，小组成员的好奇心消失了。

在克拉利斯酒店做首席执行官时，他的领导力依旧强硬。一个亲密的同事走到他面前对他说："嗨，比尔，我们都来这里是因为我们喜欢在上一家公司为你工作，但你又回到老路上去了。你总是在推动每个人，还做出所有的决定。"

比尔知道她是对的，这并不是唯一的反对声音。在另一家公司开始两个月后，他的管理团队的一名成员走过去跟他说："我在这里代表整个集体。如果你不让我们做工作，我们会后悔来这里的。我们不想离开，但我们得能够做我们的工作。"比尔知道在遭遇第四次进攻时，他只在这场比赛中剩下一个筹码了。他伤害了他的公司，并危及了团队中特别聪明的球员。他不愿意失去他们。

成为乘法领导者

两个大胆的同事的建议正是比尔需要的自我认识。他可以看出他需要改正的地方，然后他做到了。他从多听少讲开始。他开始对同事们所知道的东西深表赞赏。在意识到管理团队中存在除法效应后，他开始检测团队中其他的除法领导者，并开始劝告他们。他想到了那个房间里特别需要证明的最聪明的家伙。比尔让他坐下，解释说："我不在乎你有多聪明。如果你继续这样下去，你会彻底征服这个团队。你太棒了，但是你不能像这样在这里工作。"

比尔逐渐成了一个更好的领导者。这是一个平稳的转变，这自然而然地出于他的愿望，从而保护了他的团队，并使他意识到他所吸引到的人才的巨大价值。当比尔成为财捷集团的首席执行官并在 2000 年带领公司冲过 10 亿美元的收入大关时，他展现出了他内在的加倍能力。

乘法领导者们的乘法领导者

尽管比尔不再是首席执行官，但他仍然留在财捷集团董事会辅导创业企业。他作为一个曾经的领导者，扮演着导师的角色，他犯过错误，并从这些错误中学习。他与风险投资伙伴密切合作，以确保各自的角色是明确的：风投负责投资，而比尔则负责培养人才。他协助首席执行官和关键领导者开发所需的技能，使公司能够增加市场潜力。

比尔为培养首席执行官做了什么？从某种程度上来说，他创造了乘法领导者们。他教会他人自己已经学到的东西："如果能学会，就可以教会。"他帮助高智商（通常是年轻的）首席执行官学习如何利用自己团队内部的智慧。他执教的首席执行官们已经取得进展，建立了一些技术上最杰出的公司，像亚马逊、网景、付费好友、谷歌等。

2010 年，比尔帮助一位首席执行官将他的工作人员会议从乏味的、功能性的报告会议转变为对主要业务问题的严格辩论。在此之前，会议遵循了一种显而易见的格式：在座的每个人都会提交报告，告知他们的同事他们现在取得的进展和职能范围内的问题。比尔身处这些员工会议中，发现智囊团未能充分利用。他建议："除了员工会议，你没有得到任何东西。你需要让你的员工关注你最大的问题。"比尔要求首席执行官准备 5 个对公司至关重要的问题。然后，首席执行官提前将列表发送给团队，并要求每个人仔细考虑每一个问题，准备好数据和意见。

于是首席执行官召开了下一场会议，要求他的管理团队抛开他们自己的职能范围，以公司的角度看待问题。然后，他开始了第一个问题：我们应该自己开展业务，还是应该把这项业务交给我们的合作伙伴？一位高管列举了他们应该自己开展的原因。另一个则持相反观点。每一个团队成员都可以站在各自的角度进行讲话。首席执行官仔细倾听，做出了决定，然后概述了其中的含义和要采取的行动。一名队员走上前说："我明白了。可以继续下一个问题了。"接着，首席执行官着手讨论下一个问题，辩论接踵而至。

比尔反思了关于训练和指导一些明星级别硅谷首席执行官的工作："我可以帮助他们看到不同的结果。我把他们踢出他们的舒适区，问他们一些很难的问题。"

比尔的职业生涯初期是一位除法领导者，他事事过问而且独断专行。之后，他努力把自己变成一个乘法领导者，提出了一些令人深思的问题。但他的领导之旅并没有就此结束。比尔·坎贝尔不仅是一个乘法领导者，而且成为乘法领导者们的乘法领导者，培养其他强大的领导者，能够提取和增加智力和能力。比尔在与癌症长期斗争后于 2016 年 4 月去世，但在这之前他给公司带来了巨大的影响。他在硅谷最大的遗产是作为其最重要高管的幕后导师。

财捷集团的创始人斯科特·库克说，如果没有坎贝尔，公司不会是今天这样。库克说："我认为任何人都不会像坎贝尔那样对硅谷的领导者和文化产生如此重要而深远的影响。""他使我们大家都变得更好了。"

比尔从除法领导者到成为乘法领导者们的乘法领导者的旅程，和我们研究的其他领导者类似，这种转变过程引发了一系列问题。一个带有除法领导者种子的人可以成为乘法领导者吗？转换是否可信？这个旅程是随着时间通过成熟智慧的积累而被动简单地发生，还是可以通过积极的努力加速呢？

在这一章中，我们会讨论这些问题，并探索成为乘法领导者的旅程。我们将提供成功转型的领导者的例子，我们为您提供一个框架和一套工具，帮助您更加接近乘法领导者，并在您周围建立起乘法领导者文化。

共鸣，自我意识，下定决心

当人们听到乘法领导者的想法并阅读这本书时，我看到了一个几乎相同的三步反应：

1. 共鸣。我们收到不同地方的人们的来信，诉说了我们对除法领导者和乘法领导者之间区别的描述，带给他们的深深的共鸣。许多人说："是的，我曾经为那样的经理工作过。"他们看到了行动的减少（和/或倍增），生动地描述了商业世界的现实。

2. 意识到无意型除法领导者。几乎所有的读者都承认他们在自己身上看到了不同程度的除法行为。对一些人来说，只有很少的除法行为。对其他人来说，除法行为已成为长期的行为模式。读者意识到，他们本来善意的管理实践，却对他们所共事的人们产生了削弱影响。

3. 下定决心成为乘法领导者。在确定了自己的削弱趋势之后，他们开始产生一种真正的愿望，就是成为乘法领导者。他们建立起了信念，却常常被乘法领导者的标准和实现起来的压力所压倒。

洞察和决心是一个开始，但这些还不足以支撑自己走上事半功倍的领导之路。为了实现业务上的改变，你必须在个人的洞察和对他人的影响之间建立一条道路：一条通往正确方向的行动路径和不断强化承诺的道路。

还有第二个挑战。虽然我们个人可能希望成为乘法领导者，但很少有人是我们企业的唯一领导者。说到领导，我们中的大多数人都与领导者一起工作和共处，他们要么帮助或干扰我们的新习惯，要么努力创造一个舒适的工作环境。你如何带领其他领导者或帮助无知的领导者意识到他们除法工作方式的负面影响？

我们将解决这些双重挑战：我们如何才能从洞察力发展到产生影响？我们如何激发集体的洞察力和行动，并且创造一个完整的乘法领导者文化？

五种方法加速迈进赋能领导行列

从比尔·坎贝尔和其他无数的例子中，我看到赋能的乘法领导者实践是可以用来学习和发展的。随着时间的推移，有些人会独自朝这个方向蹒跚而行，但只要有正确的方法，学习就会加速。下面的五个加速者被证明是快速轨道实践，他们既可以提前到达，又能持续更长时间。

1号赋能领导：从假设开始

为了在保龄球中得分，你需要撞击一号瓶。撞击一号瓶将直接击倒它后面的大多数保龄球。从左边或右边一点的位置，撞击一号瓶，这更好地保证了所有保龄球将在一次攻击后轰然倒塌。假设赋能的乘法领导就是一号瓶。由于行为按假设进行，你可以通过采用乘法领导者思维来消除一整套行为。

考虑下面的情况，你如何使用除法领导者或乘法领导者假设来处理：

另一位执行官要求你指定一个部门的代表作为跨部门工作队的代表，评估公司的竞争地位，并建议对当前的营销计划进行修改。你决定把杰西放在特别工作组和计划中，以便使用一对一的会议方式来进行分配。

除法领导者假设：没有我，人们永远也得不到答案。在这种假设下，你可能会让杰西作为你的代表来参与会议，你会全神贯注于这个项目。她会参加会议，收集信息，然后汇报，这样你就可以对这些问题进行权衡。

这种方法的结果是什么？杰西花很多时间参加会议，但对特别工作组贡献很少。她小心翼翼地避免越权，所以她放弃了说出自己的观点，避开任何可能因为她而影响决定的争议性话题。最终，小道消息说，工作组领导者评论你的部门缺乏参与性。

乘法领导者假设：人们很聪明，可以把问题解决好。你告诉杰西，你之所以选择她是因为她对市场的理解以及掌握大量市场数据的能力。你承认你给了她重担，因为她将代表整个部门，并全面负责执行工作组的成果。你可以建议她带着数据参加会议，这样她就可以在辩论中权衡问题、思考问题。你会让她知道，这个工作组是她的项目，但如果她想与你共同思考问题时，你可以作为一个董事会成员参与进来。

这个方法的结果是什么？杰西全身心地投入到特别工作组，获得对竞争格局的新认识，并提出对部门有直接利益的营销计划。她给工作组的领导留下了深刻印象，他们认为这个团队很有天赋。

我们所坚持的假设塑造了我们的观点和实践，并最终对结果产生了重大的影响（通常是自我实现的预言）。如果你想自然地、本能地运用乘法领导者的技巧和行为，试试下面的乘法领导者假设，看看它们是如何指导你的行动的。

核心假设

角色	除法领导者假设	乘法领导者假设
人才吸引者	人们需要向我报告，以便得知他们该做什么事。	如果我可以发现某人的天赋，我就会让他参与到工作中。
解放者	压力会提高绩效。	人们最好的思想必须是被给予的，而不是被迫的。
挑战者	我需要所有答案。	挑战使人们更聪明。
辩论制造者	只有几个人值得聆听。	只要有足够的头脑，我们就能找到答案。
投资者	没有我，人们不会解决问题。	人们是聪明的，可以自己解决问题。

2号赋能领导：极致工作

2007年，约翰·曾格（John Zenger）和约瑟夫·福克曼（Joseph Folkman）在他们出版的《卓越领导者》一书中公布了一套有趣的研究成果。他们研究了8000位领导者的360度评估数据，寻找与众不同的领导者与普通领导者的区别。他们发现，被认为没有任何优势的领导者的效能占研究中所有领导的34个百分点。然而，当一个领导者被认为具有一种独特优势时，他的效能就达到64个百分点。如果领导者没有明显的弱点，那么一个特殊优势几乎增加了一倍的效能。带有两个、三个、四个优势的领导者分别跃升为72、82、89个百分点。曾格和福克曼的研究表明领导者不必擅长所有。他们需要掌握一小部分技巧，并且没有明显弱点就好。

这意味着，有志于成为像乘法领导者一样领先的人，你并不需要精通成为乘法领导者的规则或掌握每一个实践。当我们研究乘法领导者时，我们注意到五大法则中哪一个都不是必需的。大多数乘法领导者只在三个要素中是强大的。有许多在四个甚至五个要素中都很强的人，但在三个要素中拥有优势似乎是乘法领导者的极限。我们也注意到，这些乘法领导者很少位于任何五种优势的除法领导者范围内。在所有五个要素中，被认为是乘法领导者的领导者不一定是出类拔萃的。一个领导者需要两到三个强有力的要素，而在其他要素上做到足够好即可。

如果试图在所有五个要素中发展优势，那么一个雄心勃勃的乘法领导者应该制订一个极端的发展计划。首先评估你的领导实践，然后计算这两个极端：（1）中和弱点；（2）强化优势。

中和弱点。高管培训中常见的误解是，训练或发展可以甚至应该把你的弱点转化为优势。客户经常告诉我：“我很糟糕，我需要变得非常出色。”我建议他们，就算有可能，但他们也不可能把自己最大的弱点变成自己最大的优势。事实是，你不必事事都那么出色。你不可能没有弱点。你需要中和弱点，把它移到中间，位于可接受的区域中。有了实际的目标，就可以腾出能力去做更重要的发展工作：把你的谦虚转化为卓越的优势。

强化优势。正如曾格、福克曼和其他许多人发现的那样，拥有少量优势的领导者要比那些拥有广泛基础能力的领导者更值得敬仰。一个占有少量优势领导者与那些有广泛基础能力的领导者相比，前者会更有优势。在这五个要素中，找出你最强大的领域，然后进行深刻而广泛的实践，让你在这一要素上出类拔萃，成为世界级的挑战者或有力的人才吸引者。明智地投资你的精力，把你的优势从优秀到卓越逐渐强化。下面的图表说明了这两种开发策略：

极限发展策略

乘法领导者	人才吸引者	解放者	挑战者	辩论制造者	投资者
卓越优势	↑				
能力	②	○	↑ ①	○	○
弱点					
除法领导者	帝国建造者	专制者	万事通	决定者	事必躬亲式管理者

在研究的基础上，我们开发了乘法领导者评估工具，可以在 www.multipliersbooks.com 网站上找到。这一 360 度评估会根据你的除法领导者——乘法领导者的连续性来识别你的相对优势。回顾你的报告时，要找出你最大的优点及缺点，你最强的要素是什么，是否存在除法领导者领域的任何要素等。

3 号赋能领导：进行实验

有效而持久的学习包括使用新方法，测试新行为，分析反馈，调整和重复小而连续的实验。附录 E 中的实验被设计成更大的乘法领导者要素的开端。从乘法领导者要素中挑选一个你想做的实验，或选择一个实验来帮助改善无意型的削弱趋势。重要的是你选择一个（最好只有一个）并尝试一种新的方法。

当这些小实验产生成功的结果时，产生的能量会刺激下一个稍微大一点的实验。随着时间的推移，这些实验形成了新的行为模式，从而建立了一个新的基线。试着把你的实验延长 30 天。为什么是 30 天呢？《欧洲社会心理学杂志》上的研究表明，要形成一个新习惯需要60天的努力。2个30天的周期挑战，让你可以进行“中场休息”，从而提供了一个机会来反映和制定另一半新习惯形成的战略。和任何优秀的研究人员一样，你应该把你的经历记录下来，以便进行学习。

下面概括了四位领导者，在某些情况下，他们的管理团队将一项实验变成一个30天的挑战。

给人才打上标签。杰克·博西迪是一家制造厂的领导者。他发现他的团队中的一些成员主导了会议，而另一些人则退出了会议。奇怪的是，会议中发言最多的人是最不被重视和利用的同一人。

杰克决定参加30天的挑战，从观察能力开始。他记录下了队员中每个人天生的能力。在他的下一次员工会议上，他谈到了每个人，他们为什么需要团队，以及他们带来的独特能力。他不仅对每个人的能力进行一对一的标注，而且在整个团队前贴上标签。小组随后审查了下一季度需要完成的工作和确定的任务。虽然他没有明确要求他们，但团队确保每个人都有一项任务，该任务要求他们拥有一种或多种独特的能力。

你认为在那个被低估但占统治地位的队员身上发生了什么？他开始少说多听，并吸取别人的才能。在一个雄心勃勃的乘法领导者的领导下，他从专制者转变为乘法领导者。他告诉杰克：“感觉我们现在真的是在团队合作了。”

解放卢克西。克里斯汀面临着一个共同管理的挑战——如何发挥卢克西的优势，卢克西是指一个聪明但胆小的同事。卢克西总是尊重其他人的想法。他不是提出自己的意见，而是按照别人的建议去做，给人的印象是他没有任何想法。克里斯汀发现很容易主导卢克西所在的会议。克里斯汀最终会很容易过度表达她的观点，并占用80%的时间进行讲话。她越想救他，事情就越糟。她“指导”卢克西越多，他似乎贡献越少。

克里斯汀进行了30天的挑战，并努力解放卢克西，为他提供更多的空间。她问自己，“卢克西有多聪明呢？”这个问题使她从她的除法领导者假设中清醒过来，使她进入了探究模式中。当她专注于思考卢克西的能力时（他拥有多年的经验，能够把复杂的活动分解成可实施的计划），她发现向卢克西提问并给予他空间，回答问题变得更简单了。

克里斯汀迅速的注意到了变化。卢克西开始给出观点了。他在互动中讲了50%的时间或更多。他自愿参加大部分的行动项目。他正在变成一个创造者。几天之后，其中一位客户向克里斯汀评说了这一差异。克里斯汀总结她的学习，说："沉默创造空间，空间创造结果。结果是有价值的。我已经看到了回报！"

辩论交易。加里·洛维尔是南非开普敦惠普企业服务的项目经理。当客户购买了一个新的业务单元，必须整合到其现有的支出管理系统时，加里和他的团队就负责为客户找到最佳的产品解决方案。具体而言，他们需要推荐集成策略，同时考虑到时间和资源的相关限制。这对客户来说是一个高风险的决定，所以加里决定转向辩论。

加里通常需要参与意见不一致的业务的两个方面，并让团队成员提出一个一致的、引人注目的解决方案。自然地，他期待得到客户和他的技术团队的理解。尽管加里对他应该向客户提出的解决方案有难以言喻的直觉，但他仍旧与技术团队进行辩论。在辩论中，加里要求每个团队成员承担非典型的"工作"角色来消除潜在决策的利弊。这一过程几乎促使每个人至少一次地改变了他们最初的观点。

最后，所有人都赞同了一个解决办法。当他们提出他们的最终解决方案时，客户的IT主管不仅向加里提出了许多问题，而且向惠普技术团队提出了许多问题。不过，因为他们在辩论中"交换立场"环节中已经处理过这些问题，所以整个团队都准备好了。看到惠普团队的统一战线，客户不再担忧反而有了信心。他们以一种创新的、与众不同的解决方案向前进，为公司带来了更多机会。

投资可再生资源。格雷戈瑞·派尔是一位缜密的麻省理工学院毕业生，曾在哈佛大学获得MBA，也曾在一家新能源公司担任经理。格雷戈瑞以解决复杂问题的能力较强而出名。作为这本书早期版本的评论家，他承认自己在日益增长的领导欲和倍增的工作压力面前感到左右为难。在接受30天的挑战后，他变得思路清晰、目标明确，从而找到了走出困境的方法。

格雷戈瑞最近聘请了米迦勒，他是巴西大使馆的一名雇员，有着丰富的工作经验，但格雷戈瑞并没有充分重用他。米迦勒是唯一一个远程工作的团队成员，经常"眼不见，心不烦"。米迦勒估计他的能力只被运用了

20%~25%。

格雷戈瑞开始了一些简单的投资挑战。他给米迦勒所有权，让他们在一次关键的董事会会议上达成他们在巴西的伙伴关系战略。然后他几乎把米迦勒融入了公司范围内的会议，以便能听到他的想法。格雷戈瑞经常与他接触，但没有接替他的工作。在短短几周内，米迦勒说他感觉自己被重用的概率达75%~80%。这代表了三倍的利用率！

然而，根据格雷戈瑞的观点，真正的收益来自一个微小的视角变化。他说，一旦他开始通过乘法领导者的视角来观察周围的人，机会就开始显现出来。他并没有因为不得不介入和重做工作而感到沮丧，而是想方设法帮助别人把他们的思想提升到下一个层次。他可以负责但却不接管。他开始以不同的方式做事，因为他开始以不同的方式看待自己所扮演的角色。

4 号赋能领导：振作起来应对挫折

从思想转变到培养新的乘法领导者习惯，这个过程既不是自动的，也不是即时的。但是，只要有足够的知识和一些工具，你就能把你原来的设想变成新的习惯。

因为乘法领导者规则很容易掌握，所以，一个常见的陷阱是，认为实现这些想法和理解它们一样也很容易。知识本身很少能转化成乘法领导者。更常见的是，用乘法领导者行为代替除法领导者的习惯只能通过持久性和恢复力来实现。因此，重要的是要创造工具，以抵御在前进道路上可能遇到的挫折。

毕竟，改变除法行为并不像膝关节置换手术那样简单，把旧关节用一个新的关节代替。改变当前假设的愿望，就其本身而言，不会自发地推翻旧习惯。必须种植和培育新的乘法领导者假设的种子，与此同时把旧习惯连根拔起。

好消息是，大脑中有意识地培养新假设的那一部分和无意识地建立新习惯的部分是相同的。然而，在这种情况下，一种新的习惯形成（通过一致的行为创造新的神经通路）时，潜意识仍会认为你应该以旧的削弱方式运作，即使这些方法与你的新乘法领导者假设相矛盾。在这个困难的过渡时期，危险的是，这些“应该”的判断会打消你甚至可能会使你在制订和实施新假设之前放弃你的计划。

有一个窍门可以帮你度过这段时间。第一，允许你自己在培养新的乘法领导者行为的同时改变旧习惯。需要明白的是这将是艰难的；在你养成新的习惯和技能时，你可能会向前走两步然后退一步。使用以下策略可以帮助你放松一些，直到这些习惯完全改变为止：

1. 因为我的新乘法领导者假设是："人们很聪明，会想出办法"，所以我需要培养一种新习惯——给予空间。

2. 当我成为一个乘法领导者时，旧的习惯将与新的假设混合。

3. 在这些习惯完全消除之前，我将继续犯错误，通过"跳进去"来减少其他的错误，而我正试图通过给予空间来激发他人的能力。

第二，与会鼓励你的同事分享你的转变策略。如果你正在进行 180 度的大转变，和几个团队成员讨论一下会减少你因转变带来的奇怪表现，因为如果你不和同事提前沟通的话，从除法领导者转变为乘法领导者的表现可能会有些可疑。此外，这会帮助你实现计划的同时也获得一些急需的支持。

5 号赋能领导：询问同事

如果你真的想加速你的发展，作为一个领导者，让下级或老板为你选择你的实验。挑选那些可以看到你的无意削弱倾向的人及知道你的好意的人。请告诉他们你正在选择一种新的做法来帮助你成为一个更好的领导者。然后问这个问题：如果我想把我的领导才能发挥出来，那么几个实验中哪一个对我最有帮助？但是，要知道的是，这一步不是为无精打采的学习者或意外型的领导者准备的。这是有抱负的乘法领导者的火箭燃料，它会使你更快达到目标。

当目睹了世界各地的高层领导和前线管理人员应用实验时，我和我的团队受到鼓舞，并且我们对他们的新步态和节奏感到欣慰。对许多人来说，仅仅观察员工的反应就是可以使他们继续前进的充足动力。对另一些人来说，动力则来自他们意识到他们的新方法解放了他们自己及员工。负责团队工作的投资者关系主管大卫·哈夫洛克（见附录 E 中的归还责任实验）反映："突然之间，来自不得不做的决定及不得不接的电话的负担一下消失了。放手让我感觉很好，当团队得到一个稳定的结果时，感觉会更好。我开始觉得我不必每晚工作到午夜了。” 当大卫成功地将思想负担转移到他的团队时，他们行动得更快，做出了更明智的决定，大卫也重新定义了自己的领导角色。

领导者的涟漪效应可以传遍整个团队，没有一个领导者是孤立地领导的。每一位领导者都是系统的一部分，需要各级领导共同建立一个智慧能得以充分利用的环境。

倍增团队被赋予的是一种赋能文化

迈克·费利克斯是一位坚强、成熟的领导者，善于改变艰难的企业和团队。2012 年，迈克作为 Alascom（AT&T 子公司）的董事长，在成功引领 Alascom 转型后，AT&T 要求迈克搬到中西部去领导中西部互联网和娱乐服务部（大约 8500 名员工）。这一举动是全球电信巨头欲变革为世界首屈一指的综合通信公司的一部分。为了做到这一点，该公司正在努力建立一个灵活的劳动力队伍，并创造一种文化。一种可以听到每一种声音，关注到每一个心灵的文化。

在他的新角色中，迈克将负责领导 7 名董事、68 名区域经理和近 500 名一线管理人员。这项工作的艰巨之处在于，中西部公司已经常年在 5 个子公司中垫底（几乎所有的商业领域）。这似乎是一个长期管理和运行都僵滞的团队。

觉醒

迈克第一年的大部分时间都在中西部“徘徊”，观察行为，倾听谈话，提出问题，了解、支持团队的态度和行为。他惊奇地发现：许多经理被提拔是因为他们是优秀的技术人员，但从来没有被教过如何领导和执教。因此，他创建了一个指导计划，让区域经理可以学习领导的新技能，从而使他们的团队取得最佳、一致的业绩。

在工作的第一年时间里，迈克参加了一个全球领导峰会，在会上他听说了乘法领导者的概念，更重要的是，他听说即使很优秀的领导者也会成为无意型除法领导者的有关概念。作为一个天生的领袖，这一概念与他产生共鸣；他进而了解如何描述自己积极的领导实践，也总结了一直以来影响部门前进的削弱假设。它击中了迈克的心弦，也撞击了他的神经。迈克说：“这真的挑战了我。它帮助我看到了我是无意型除法领导者的一面。”迈克解读了乘法领导者并发现了最小化无意型除法领导者倾向的方法。他不想用自己的远见和精力压倒他的员工，而是简单地提出想法，然后退后一步，提出更多的问题。他还利用乘法领导者的做法来提出更大的挑战，并将所有权转移到其他人身上，这使得他自己的指导和培训能力达到了一个新的水平。

任何一个领导者，即使是拥有卓越技能和卓越自我意识的领导者，也不能单枪匹马地改变一个团队。为了转变一个 8500 人的团队，迈克知道他需要磨炼自己的领导能力,但更重要的是,他需要建立一个广泛的乘法领导者文化。它需要 500 多个管理人员成为更好的领导者，并在整个团队系统中创造一个共同的信念。

行动号召

迈克首先介绍了乘法领导者的语言。作为一个领导和团队的永久学习者，他明白改变一种文化意味着改变对话方式。为了改变对话方式，人们需要学习新的词汇，特别是那些能带来成功结果的行为的词语。迈克要求他的管理人员解读乘法领导者并进行无意型除法领导者的测验（你可以在 www.multipliersquiz.com 上找到）。不久之后，他所有的管理者都使用相同的词汇，尤其注意避免无意型除法领导者的专有词汇。他们谈论如何一直监管并成为先导者，另外，他们也开始把其他善意的尝试推回到救援者之类的人身上。迈克说：“这赋予了我们一种共同的语言及许可去减少除法行为。”

但是，取消低效行为只是一个开始，他们必须定义新的“必要的领导行为”，以形成信任和高绩效的文化。迈克在这个方面花了更多的时间，了解他们的管理人员需要什么，以便他们做到最好，实现他们的商业目标。迈克并没有建立一个复杂的能力模型，他保持简单，捕捉行为和学习进展，他把期望写在一张只有两英寸见方的纸上。在中西部的几次旅行和数万英里的驾驶和飞行后，迈克会见了他的 68 名区域经理和 400 多名一线经理，与他们讨论了这些取胜的行为并教导经理如何领导和指导团队的其他成员。迈克塑造了新的领导方式，董事和地区经理则效仿他。一位俄亥俄地区的经理说：“我试着教而不是命令。我问问题并找出他们知道什么，然后帮助他们解决问题。我尽量使他们成为办公室里最聪明的人。”董事和区域经理是老师，但不是监考人。鼓励和指导团队进行自我评估和调整，而不是试图捕捉或纠正各种违规行为。

然而，迈克不仅期望他们的管理人员能够学习到新的行为，他自己也继续调整个人的领导能力。比如，在每一次市政厅会议结束时，迈克都会询问他的直接下属，以便获得他的语调和他可能传达的任何无心的信息的反馈。迈克说：“人们经常可以看到他们有时是乘法领导者，但不知道在何时会成为除法领导者。因为需要这些反馈，所以我很幸运我有一大群的人会给我这样的信息。”当我向他的经理们询问关于迈克无意型除法领导者的倾向时，他们笑了。其中一个人说：“他每个倾向都有！但迈克并没有造成削弱，因为他及时承认了。他说，‘也许是我做错了。’不管是在一个小团体里，还是在 4000 人的电话会议上，他都会承认他的错误。”一位芝加哥地区的经理说：“这意味着我们不怕犯错，也不害怕自己做出决定。如果我们失败了，我们就尝试失败，然后继续前进。”

在可行行为上达成共识后，迈克和他的团队准备好提前做出决定。关键的领导决策是根据迈克确立的明确原则做出的：“过去的结果不能预测未来的结果；但是，过去的行为会预测未来的行为，进而推动未来的结果。”那些拥有正确心态和行为的领导者将会晋升，而那些不能进行转变的将会出局。迈克和他的领导团队致力于打造这样一个团队，并将注意力集中在良好的领导能力上。比如，一位创造游戏节目来加强安全重要性的一线经理成了当地的英雄。他和其他新的英雄成了榜样，这给予了大一点的团队有机会去讲述新的故事，建立新的成功信念。创新行动在整个团队兴起。

迈克和他的团队看到增加信任的必要性。人们需要知道他们是被信任的，反过来，他们可以信任他们的管理层把他们的最大利益放在心中。迈克本可以宣讲信任信息，并举办信任研讨会，从而控制封闭的办公室和调度人员去寻找不符合的迹象。相反，迈克和他的管理团队开始通过信任员工和问更多的问题来建立信任。他们没有询问，就已经知道了问题是什么；那些问题都是真实存在的，问题是，我想知道你是怎么想的，为什么。这些问题表达了我对你的信任。我相信你能把它做好，但这不是盲目的信仰。我深信你能学会如何正确地对待它，这是一种更为坚定的信心。当经理们不断地提出问题时，技术人员和工作人员得到了这样一个信息：领导者期望自己独立思考，并允许他们从错误中恢复过来。

共同的文化

新的信仰最初是脆弱的，需要强化和验证才能变得根深蒂固。迈克和他的团队创造了可视化的方法来庆祝和分享进步。例如，在整个季度内没有发生事故的团队，其区域管理人员被奖励一件印着安全圆圈的外套，用来提醒整个团队，团队的安全与财务和运营目标一样重要。迈克建立的辅导项目成了每月定期的练习。毫不奇怪，迈克仍然在每个班进行讲说，并确保他们都知道“乘法领导者”在阅读名单上排第一。他谈论了自己的无意型除法领导者倾向并鼓励其他人做同样的事。此前，谈论一个经理的弱点是一个隐秘的话题，只能关起门来说，现在却可以光明正大地进行。三年前，经理作为天才制造者的想法是新颖的。今天是新的常态，只是工作的一部分。

到 2015 年底，在迈克·费利克斯掌舵三年后，AT&T 的中西部 IEFS 分部在为客户提供 U-verse 电视服务满意度上连续赢得 JD Power 奖，在 5 个公司中达到了最好的财务绩效。其中，在任何一个月，其运营指标都在第一或第二的位置上。从常年的最后一名到第一名，这是一个长期的过程。迈克的学弟学妹在 2015 年度的乘法领导者竞赛上为他提名并庆贺他成功入围。

迈克不仅仅改变了自己，他更改变了整个团队文化。由于偶然接触了乘法领导者的概念，迈克通过建立团队文化，产生了持续的影响。这种文化是一种共同的语言，一个共同的假设系统，以及一套规范的方式，从而大家一起变得更聪明、更有能力。

如果你想建立一个辉煌的团队，不要仅仅停留在你自己的顿悟时刻：营造一种团队中的乘法领导者文化，一种每时每刻都在创造乘法领导者的文化。

培育成长

那么，你如何建立一种乘法领导者文化，一种在乘法领导者心态和实践上是共享新常态的环境？在开始发展新的文化规范前，我们必须了解什么是文化，怎样形成强势文化。就让我们从文化的经典定义开始吧。从人类学的角度看，文化是“特定社会、群体、地点或时间内的信仰、风俗、艺术等”。从商业的角度来看，文化是“在一个地方或团队中存在的一种思维、行为或工作方式”。强势文化通常具有以下特征：

1. 共同语言：基于观点、原则和价值观在共同体中具有共同意义的词和短语。
2. 习得行为：对刺激的一系列习得反应。
3. 共同的信念：共同相信的东西。
4. 英雄和传奇人物：为他们的品质、行为和/或成就所钦佩或理想化并且讲述他们英雄事迹的人。
5. 礼仪和规范：个体或群体经常遵循的一致行为。

思考一种融合这些元素的强大文化，去塑造新的行为，产生积极的结果。匿名戒酒者协会是一个在170个国家中有200万多人参与的互助会，其主要目的是帮助酗酒者“保持清醒，并帮助其他人清醒”。虽然匿名戒酒者协会没有管理机构，是一个全球分散且松散联系的伙伴关系，但它始终保持着强大的文化。无论你在哪里参加匿名戒酒者协会，你所得到的经验都是一致的。这是为什么呢？

在匿名戒酒者协会中，成员们通过引用大图书、12个步骤和12个传统来展示共同的语言。他们持有共同的信念，比如承认他们对酒精无能为力，需要从“更高的力量”中得到帮助。在匿名戒酒者协会，人们通过一些固定的行为来反对酗酒：一种方法是通过参加会议和与赞助商定期交谈来建立责任感。在这个协会中，每个人都通过讲述分享他们的故事成为一个英雄，他们带着清醒的意识帮助自己和别人，他们创造传奇。一些匿名戒酒者的仪式包括定期出席会议，一起说具体的祷告，以及众所周知的介绍，“嗨，我叫奥利弗，我是个酒鬼。”

不管我们对匿名戒酒者协会有什么看法，我们都必须承认它的文化是强大的。文化的强大是因为它重新定义和塑造我们的行为；它的力量压倒个人的意图和定义个人行为是不可接受的或是不规范的。在该协会，任何类型的人都可以出现和找到归属，但文化规定，如果那个人妨碍了群体实现其主要目标，他将不再受欢迎。柏拉图提供了这样的见解：“绝大多数的人将无法抗拒环绕在他们周围的文化声音：在典型的情况下，事实上，他们的价值观、他们的信仰、他们的看法，都是反映周围文化的一面镜子。”

进入更深层次的领导文化

大多数公司及其领导者认识到有必要使其团队摆脱旧的、非生产性的习惯，并引入新的行为，以适应团队未来的需要。为了建立新的规范，这些善意的公司往往通过主题演讲把新的观念放入他们的管理队伍，但一般不考虑把新的做法纳入业务或日常工作的操作中。假设顿悟将产生抵消当前实践和现状思考引力的必要动力，那么这些努力用来寻求启发。没有行动的灵感是转瞬即逝的。

虽然引入想法和开始谈话是一个好的开始，但却还远远不够。就像一旦病人开始服用规定的抗生素，却不能完成整个疗程，就要冒着细菌存活、变异和耐药的危险。同样，不完整地引入新文化的尝试不仅不能产生结果，而且还可能导致人们对未来举措产生抵制。

一个快速发展的软件公司对乘法领导者产生兴趣，这是他们成长、创新和留住人才战略的关键。领导者要求经理们阅读这本书，并将其理念注入管理和新员工培训计划中。很快，有关乘法领导者、除法领导者、无意型除法领导者的谈话在工作空间及大厅和会议室的墙壁之间听到。已知的除法领导者被暴露出来，而潜在的乘法领导者却是值得激励的。然而，当公司在成长曲线上遇到一些困难时，许多经理倾向于默认的风格，这并不是因为这种方式更好，而是因为它更容易。当公司恢复稳定增长时，他们意识到他们已经失去了他们的抱负。今天他们正在重组和重新建立并维持一种真正的乘法领导者文化。这一次，他们不仅仅是开始谈话，他们正在建立深层的内部能力来教授这些想法，并将其融入他们的人才和绩效管理实践中。

建立一种文化既不是一次性注射，也不是绵羊药浴。它需要连接到深层的文化，需要用表面层次的文化元素（如共享语言和行为）去影响更深层次的文化元素（如仪式和规范），如下图所示。

文化的层次

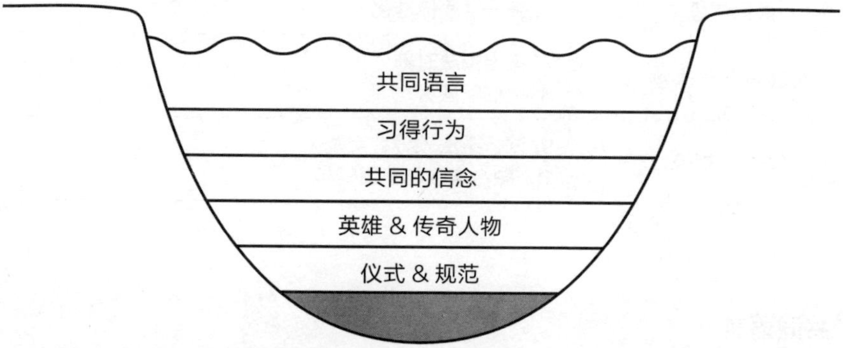

表面的实践就像把你的脚趾浸在一个水池里，通过掠过水面来感受水的温度。当你的团队从事更深层次的实践时，表面层次的见解成为根深蒂固的信念，而新的行为则程序化为标准的操作实践。当新思想成为新的规范时，你就培养了一种可持续的文化。

建立深厚的文化

你如何创造新规范？本节提供了一套实践做法，它将帮助你构建文化的基本元素（见下表），从表面层次的元素创建一种共享的语言去深入实践，如把乘法领导者行为集成到经理评估和雇用中。

每一个实践都用一个公司如何实施这一策略的例子来说明。在大多数情况下，这些公司正在部署一些实践；然而，在他们所从事的大型工作中，只有一小部分是突出的。

营造乘法领导者文化的 10 种实践

文化元素	乘法领导者实践
共同语言	1. 举行图书谈话 2. 讨论无意型除法领导者
习得行为	3. 引入乘法领导者思维模式 4. 教授乘法领导者技巧 5. 融合乘法领导者和日常决定
共同信念	6. 领导特质标准化
英雄 & 传奇人物	7. 突出乘法时刻 8. 评估管理者
仪式 & 规范	9. 试行乘法领导者实践 10. 融合实践与业绩指标

共同语言

当一个群体共享一种语言时，他们可以更容易地说出那些本不易理解的行为。许多领导模式都是以令人满意的行为命名的，但没有引起人们对不良行为的讨论。用一种共同的语言让人们有机会谈论除法效应，这不应该是一个只存在于私密谈话和安静语调中的谈论。为了强化文化，创造安全的空间供人们谈论领导，不是基于理论理想的项目，而是基于真实的日常经历和交往。使用下面两种方法中的任何一种来帮助人们命名和表达什么对他们和同事来说是有效或无效的。

实践 1：举行图书谈话。一个快速发展的软件公司——班布（Bamboo）的人力资源的首席运营官瑞安・桑德斯把乘法领导者概念引入到他的公司。他非常清楚他从管理三位数增速发展的公司中学到的两条原则：一是表现不佳的员工很容易隐藏在高增长公司；二是管理不善和领导缺乏发展的复合问题。他开始他的培养领导力工作，让他的高级领导团队阅读这本书，并连续在每周员工会议上讨论他们在不断增长的业务中需要倍增领导力的必要性。

实践 2：讨论无意型除法领导者。除了讨论书中的观点，班布人力资源的各高级领导者进行无意型除法领导者实验并比较他们的自我评估。对话是真实的，因为团队成员需要面对各自的除法行为和得到关于乘法时刻的赞扬。眼泪并不罕见。虽然许多其他公司也开展过类似谈话，这个管理团队一直在进行着并创造了一个舒适的空间，让对方在不断减少的行为上互相指正，共同努力以更多的实践来取代这些行为。他们的集体观点允许他们领导文化转型，并增加他们对顶尖人才的吸引。最重要的是，谈话持续在公司的各个阶层进行。

习得行为

当我们看到我们的老板或另一位成功的领导者在进行事必躬亲式的管理时，我们把这种习得行为默认为“适当”的行为，当出现类似情况时，我们可能会默认这种行为，即这种行为变得自然或无意识。为了获得一套新的习得行为，人们必须从未知的除法领导者转为自动乘法领导者，如下图的总结所示。

从未知的除法领导者到自动乘法领导者的转变

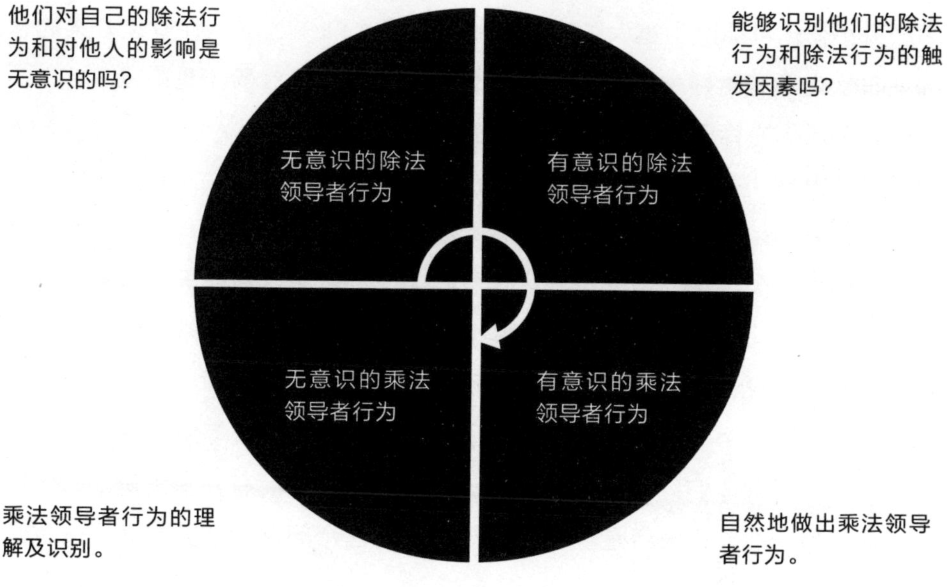

最初，人们需要发现旧的、消极的行为的缺点。一旦他们了解了缺点，他们就需要学会发现触发、诱发和激活削弱反应的因素。一旦把乘法领导者行为介绍给他们，他们就需要尝试这些行为并体验成功。然而，为了使这些行为更加持久，我们对刺激的反应需要变成习惯或成为自发行为。以下方法可以帮助管理者忘却除法行为并抓住机会用乘法领导者实践取代之。

实践 3：引入乘法领导者思维模式。前面描述的领导者迈克·费利克斯的行为并不反常，他的行为是 AT&T 公司大变革的一部分。作为一家大公司的员工，大家都知道，如果不被重用，就很容易迷失在繁文缛节、政治孤岛和企业结构中。在 AT&T 成长为世界首屈一指的综合通信公司的过程中，他们需要一种更好的方法来挖掘公司内部的智慧，创造一种人们可以畅所欲言的信任和透明文化。他们需要一种新的、有效的方法来管理 10 万多名管理人员。AT&T 公司开始努力在高层实行扁平化管理。在首席执行官的领导下，AT&T 大学为 150 名公司管理人员举办了一系列研讨会。研讨会介绍了乘法领导者的观念和行为，促使高层领导不再谈论他们对手下管理者的期望（在企业内部是很常见的），而是反思自己是否可能会成为无意型除法领导者。新的框架成为一个强大的透镜，可以观察为何有积极意图的领导者会产生消极效应，隐藏的思维模式如何塑造行为和结果。

当高级管理者尝试乘法领导者实践时，该团队中的其他人会注意到，行为的微小变化可能产生重大影响。例如，美国 AT&T 公司伙伴解决方案的总经理布鲁克斯有这样一个积极的“减少发言筹码”的经验（见附录 E），以致她整个团队的管理人员都开始尝试这一经验。虽然美国 AT&T 公司的乘法领导者努力是从公司高层开始的，但它并没有止于高层。AT&T 大学把这本书分发给 6700 名总经理，然后举行乘法领导者在线研讨会，这个研讨会有 12.5 万领导者关注（大约占员工总人数的 46%）。随着网络研讨会的到来，一个 48 页的讨论引导那些鼓舞人心的管理者将想法转化为日常的商业实践。

当乘法领导者的努力实践未消除所有除法行为或除法领导者时，乘法思维模式建立了一个共同的目标，减少了犹豫，发展出打破等级的工作方法。员工更容易倾听他们经理的提问，聆听和说出“这里没有一个正确的答案”或“你在想什么”，或者是“让我们讨论一下这个问题”之类的话。一位高层领导提出让更多的初级经理更多地接触公司高层(通常听不到意见)的观点。当年轻管理者感受到自己备受信任，会更加严谨地思考。但他们也不畏于提出一些令人吃惊的意见。这位高层领导者说："这种更扁平、更协作的管理风格是一种更高效的运作模式。"

人们也会更愿意做出善意的而非除法的行为。例如，当一个过于热心的同事正在主导谈话时，某个人忽然插话说："嘿，慢点讲，小伙。"在年度绩效评估中，快速、幽默地传达信息，而不是痛苦地排队等候。正如我们在迈克·费利克斯的团队中看到的那样，当管理者认识到除法行为的触发因素并将这些因素转化为加倍时刻时，这才是标准的乘法领导者领导方式。

实践 4：教授乘法领导者技巧。在公司内部一位经验丰富的高管教练马克·赫克特的指导下，伊士曼化工（Eastman Chemical）举行了一系列为期两天的领导力讨论会，旨在培养所需人才和进行创新，从而从以商品为基础的业务转型为一家特殊化学品公司。讨论会引入了乘法领导者框架，只讲授支持其业务目标的乘法领导者实践。除了教学技能，他们还利用 360 度评估来提供数据，使领导能够认识到他们的盲点，并监测他们的进展。一些领导者在技能开发方面又向前迈进了一步，在他们的自然团队会议议程中增加了"乘法时刻"，以帮助领导们分享那些可以使他们能够把除法行为变成激励员工智慧的关键时刻。

实践 5：融合乘法领导者和日常决定。乘法领导者框架与财捷集团的商业价值相匹配，但该公司希望可以保证这些想法能从培训室场景转变为领导者日常工作中的实时商业决策。他们没有使用教学技巧，只利用了 BTS 咨询公司的商业领导力模拟。在模拟中，团队模拟了财捷集团的商业模型，并假设面临着一系列的战略和战术决策，同时他们必须选择既能实现理想业务成果又能同时放大公司人才智慧的行动。当团队结束模拟游戏时，领导者们学会了如何用乘法领导者心态和行为去处理最困难的商业问题。当领导者在工作中面临类似的商业决策时，他们学会了权衡，然后准备好以乘法领导者的方式来决策。

共同的信念

在一个强大的文化中，人们不仅共享信仰，他们还共享关于世界是如何运作的假设。出众和平庸间有着明确的界限——成员知道什么行为能赢得英雄地位，什么行为会使某人出局。在乘法领导者文化中，清楚地定义了什么是好领导，而那些拥有乘法领导风格的人会上升到最高层。每一个坚持信仰的人都会得到回报，乘法文化也会得到加强。同样，每忽视一次除法行为，则这种文化就会被冲淡一些。为了建立一种强大的文化，定义领导力的核心信念，并确保这些信念能频繁地得到验证，而不是不断被触犯。

实践 6：领导特质标准化。2011 年，全球体育巨头耐克公司正在努力建立一种强大、持续的管理文化。该公司分析了支持其实现全球增长所需的领导力，并建立了一份经理人宣言。这是来自首席执行官马克·帕克的一段宣言，它定义了耐克公司管理人员卓越的目标和标准。基于乘法领导者观念，这段宣言定义了耐克公司对经理人的期望：能挖掘和激发他人才能和智慧的经理者会获得更丰厚的回报。他们通过领导、培训、驱动和激励团队来提高团队绩效和促进业务增长。这份宣言向所有经理发出了一个响亮的号召：你的工作就是要发挥出团队中每一个人的全部潜力。

英雄和传奇人物

拥有受欢迎的领导力价值观的人可以成为强有力的榜样，从而推动积极或是消极的经理们前进。这些领导者不仅可以用自己的热情感染团队，他们还可以成为文化传奇，即使在他们离开团队后也会留下长久的印记。乘法领导者文化中的英雄是真正鼓舞人心的领导者，他们身上体现了乘法领导者的心态和实践。然而，你最强大的榜样有可能是那些懂得如何激励的乘法领导者，他们热切地寻求理解，也能勇敢地面对自己消极的一面。

道恩·坎宁安（Dawn Cunningham）是 3M 公司的传奇人物。加入 3M 的强化项目后，道恩（负责客户观察）开始了一项从除法领导者的倾向中解救自己的任务，她甚至打电话给以前的同事，为现在才意识到的那些过去的除法行为道歉。因此她被邀请在公司一百位高管前发表演讲。她勇敢地分享了自我评价，并向高管们提出挑战，让他们想一想他们的积极意图是否会扼杀他们所热切追求的创新。

实践 7：突出乘法时刻。耐克设计运营部的高级总监凯西·莱纳在 2012 年赢得了第 13 届年度乘法领导者竞赛。耐克高调地宣传了此事，并在公司内部做了公告，还在总部举行了一个颁奖典礼。颁奖典礼中，莱纳的工作人员谈到，为她工作很激动。一个人说：“她相信我们有能力，所以我们相信我们自己有能力。”典礼后，她的同事还为她设计定制了一双运动鞋作为礼物。不要等着公司的某人会获得这样的奖，你自己就可以点石成金，把优秀的乘法领导者推到聚光灯下。从这些激发他人的天才创造者中，发掘出英雄。

实践 8：评估管理者。公司可以定期但非常规地评估如何将乘法领导者行为纳入日常领导实践中，以此来加强乘法领导者实践。毕竟，正如谚语所说，凡事预则立，不预则废。一些公司使用乘法领导者 360 度评估来作为管理评估体系。举个例子，耐克公司邀请员工每年对他们的经理进行一次评估，基于乘法领导者实践，评价他们赢得经理职位的八个习惯。澳大利亚的宽带网络供应商 NBN，把乘法领导者实践映射到他们的核心领导能力中，并使用 180 度评估工具来评价他们的经理。这一数据不仅融入了他们的年中业绩回顾，也聚合成一张全公司的热力图，揭示了集体能力和领导者弱点的关系。

仪式和规范

当把乘法原则整合到团队实践中时，如绩效管理、人才规划和财务激励，乘法领导者的领导方式就变得制度化了。那些曾经是实验性的，甚至可能违背了意愿的原则，成了团队构架中不可分割的一部分。以下两种做法可以使新思想标准化。

实践 9：试行乘法领导者实践。赛富时公司的前产品开发高级副总裁克里斯·弗赖伊在他的管理团队中举行了为期两天的乘法领导者专题讨论会。在研讨会结束时，克里斯建议他的团队集中精力，把一个想法付诸实践。他向团队提出了这样的挑战：“我希望我们能在整个团队中取得 101% 的成绩。”为了促进公司内部人才的自由流动和成长，该团队专注于“人才吸引”原则。他们确立了一个指导原则：在公司内部人才转移，比在公司外面寻找机会更容易。他们草拟了一个新的转移策略，称为“机会公开市场”，允许软件开发人员在每一季度发布的敏捷产品开发周期时转移到新的团队。每次发布后，他们都举办内部招聘会，宣传内部机会。现有的管理人员不允许否决转移，这为个人提供了在公司内部自由流动的机会。该试行非常成功，深受员工（和经理）的欢迎，因此该计划得以在整个公司实施。

实践 10：融合实践与业绩指标。当荷兰咨询公司的瑞克·德·瑞杰克在与荷兰银行（ABN AMRO）就领导发展计划进行合作时，他们都提出了一套能力和训练方案。他们将荷兰银行定义的新领导语言和乘法领导者特质相关联，并发现了 96% 的重合度，因此乘法领导者成了他们新的训练方法，以此得到期望的领导语言。在培训项目中，参与者制订了一个商业领导计划，将乘法领导者行为与他们的商业影响目标和关键绩效指标（KPI）联系起来。这些商业领导计划与公司战略联系在一起，以便在最关键的业绩指标和领导行为之间建立清晰的视线，从而实现这些结果。在评估试点项目所产生的影响后，他们发现投资回报率为 163%。

上述做法绝不是详尽的清单或一刀切的方案。他们有目的地把一套观念和做法灌输到团队中，这些可以渗透到文化的表层，创造一个智慧团队。这个智慧的团队，不仅仅是聪明人才的聚集地，更是一支集体卓越的团队。

形成势头

人们普遍认为，变革，尤其是文化变革，必须从高层做起，高层管理人员须共同努力。尽管从高层来看，规范文化是很明智的（AT&T 也是如此），但这并不是唯一的策略。我和我的同事已经注意到，大多数成功的实践通常都是从中级开始的。当在团队内部的中层管理者用乘法管理者的思维方式和做法进行实践时，他们获得了巨大的成功。正是这种成功引起了善于捕捉公司变化（积极和消极的）的高层管理者的注意。当高级管理人员注意到积极的结果时，他们会迅速鼓励并认可新的实践，进而将实践传播到团队的其他部分。换言之，大多数高层管理人员善于发现游行队伍，并站到最前面！

如果你还没有领导全公司倡议的政治资本，那么就和一些中层管理人员一起试一试。表彰他们的成功，将这些做法传播给他们的同事。把他们的优秀工作呈现给高管团队，这样你就可以把游行变成一场运动。

与选择出发点相比，维持前进的动力才是重要的。有一种不幸的情况是，成为公司变革计划还是个人改进计划的最新举措从一声巨响开始，却以失败告终，消失在下图中描述的“启动失败”的循环中。相反，从小做起，建立一系列连续的胜利。正如下图表所示，每一次胜利都为下一阶段的工作提供了必要的能量。这些系列的胜利产生了能量和集体意志，这些对完成成功循环来说是必要的。随着这个循环的旋转，新的信念变得更加根深蒂固，旧的生存策略被团队内茁壮成长的新方法取代。

最后，你也可以利用团队的力量来激发和保持动力，尤其是当你遇到挫折时。当志同道合的领导者聚集在一起时，他们创造了一个安全的空间，目的是通过新的实践来进行实验并培养可以成为传奇人物的成功者。这些人也会提供给同伴积极压力以保持前进的动力。30 天挑战赛的成功来自参与者们的共同努力，或者有一个合作伙伴，这个合作伙伴既充当宣传者的角色，又是一个责任点。

启动失败与成功的循环对比

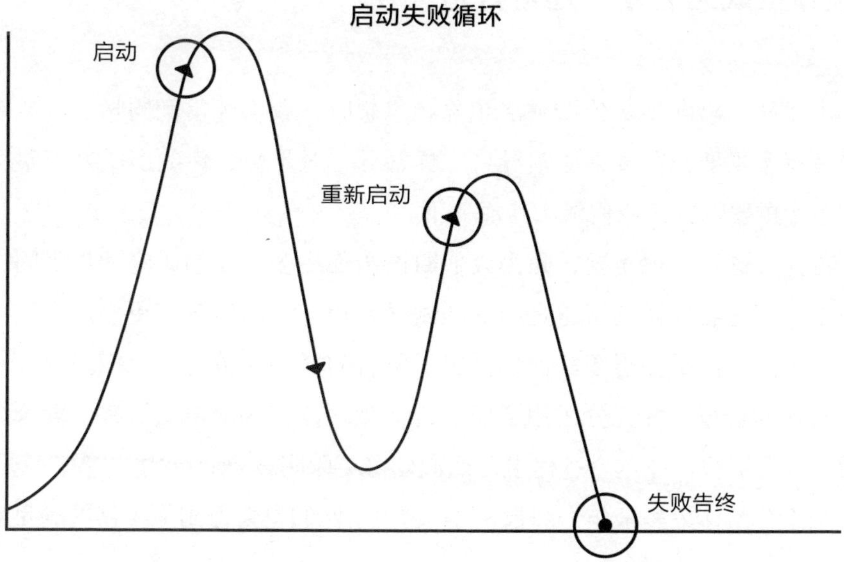

启动成功循环

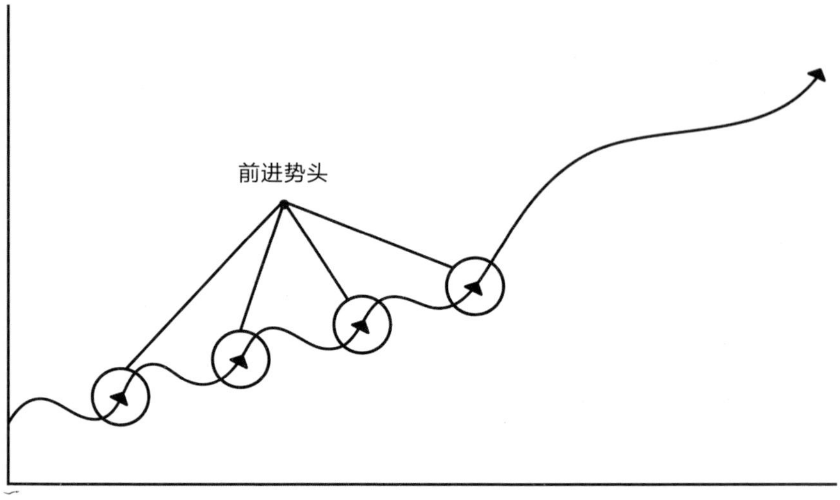

你可以从寻找几位阅读过本书并想要挑战的同事或朋友开始。你可以创建一个在线学习社团，或者加入一个以乘法领导者为导向的全球领袖社区，借助联合团队的力量，你不需要知道所有的答案，甚至所有的问题。你可以依靠这个团队的天才来指导你。

好领导是成为天才，还是打造天才

当我和同事向团队传授乘法领导者思想时，我们经常问同学们：“乘法领导者有多重要？”像乘法领导者一样领导，对于你、你的团队甚至整个世界有多么重要呢？让我们依次考虑一下。

首先，这对你很重要，因为人们回馈给你更多。我的研究一贯表明，员工向乘法领导者输送的智慧是向除法领导者输送的两倍甚至更多。人们不是付出一点点，而是多得多。他们付出了所有的努力和精力。他们挖深并获取自己潜在的智慧，并充分运用了他们的智慧。他们推理得更清楚，理解得更全面，学得更快。在这个过程中，他们变得更聪明、更有能力。

员工会给你更多来作为回报，另一方面，他们也会得到更丰富的满足感。

人们不断告诉我们，为乘法领导者工作的感受是："精疲力竭，但令人振奋。"一位女性说："太累了，但我总是准备再来一次。这不是一次倦怠的经历，而是一次积累的经历。"当你变得更像一位乘法领导者，人们会拥向你，因为你将是"值得为之工作的老板"。你将成为一位人才吸引者，吸引和发展人才，同时为你的公司和直接下属提供超值的回馈。

其次，乘法领导者对你工作的团队很重要。许多团队面临新的挑战和资源不足的双重打击。也许你可以把一家经历了多年卓越增长的企业团结起来。他们的战略曾经是"把问题扔给员工去处理即可"。但是，随着团队的成长速度下降，他们不得不在不增加员工数量的情况下做好自己的市场。突然间，资源杠杆与资源配置一样具有战略重要性。一家《财富》世界500强公司的领导最近与我们分享，在一个特定的部门中，每三个人中，就有一个人的利用率在20%以下！以乘法领导者为主导的团队可以使他们的员工和团队的能力提高一倍以上。

这是一个很及时的信息。在市场低迷和人才稀缺的时代，经理们要设法从现有资源中获得更多的能力和生产力。企业和团队需要能跳出加法逻辑的管理人员，其中需要更多的资源来处理不断增加的需求，从而实现乘法领导者的逻辑。在这种逻辑中，领导者可以更充分地从当前资源中提取能力。资源杠杆具有关联性：它是及时的，也是永恒的。

它是永恒的，因为即使在富足和成长的时代，公司也需要能够增加同事的智慧和能力，并增加团队的智力以支持增长的需求。无论在低迷的市场或是增长的市场上，乘法领导力对你所工作的团队来说都很重要。

最后，乘法领导者对整个世界很重要。爱因斯坦的格言："我们不能用制造问题时的同一水平思维来解决问题。"如果我们要获得两倍的可用智力，并将其引入到我们长期存在的问题中，那该怎么办呢？我们如何获得世界上未充分利用的脑力，有什么办法吗？当然，我们需要能够提取和利用所有可用智力的领导者来解决我们最复杂和最重要的挑战。我们需要的不仅仅是顶尖的天才，我们还需要天才的制造者。

当一名天才，还是天才制造者

当菲利普·帕特在1368英尺高的纽约双子塔之间非法连接钢丝绳时，他仍有机会改变主意。当他一只脚站在建筑物上，另一只脚站在他面前的钢丝上时，这一刻终于到来了。他的钢丝在建筑物之间的气流中上下晃动；他的重心仍然在他的后腿上。回想一下帕特如何描述他俯瞰峡谷边缘的关键时刻："我必须做出决定，把我的重心从固定在建筑物上的那只脚转移到固定在钢丝上的那只脚。我无法抗拒自己走钢丝的欲望。"他改变了重心，并迈出第一步。

在这本书结束时，你可能会觉得自己像帕特一样，一只脚支撑着现状，另一只脚踏在变化的绳索上。你可以把你的脚从钢丝上移开，往后靠，继续你过去的方式。或者你也可以把你的重量转移到钢丝上，这种做法令你更像一个乘法领导者。惯性会使你保持在舒适安全的位置上。但对于我们中的许多人来说，也有一种力量把我们拉到钢丝上，使我们拥有更有效的方式去领导他人。

像乘法领导者一样领导，是我们每天或每时每刻都可能遇到的选择。你做出了什么选择？这些选择会如何影响你周围的人？有没有可能，你对领导方式的选择不只是会影响你的团队，甚至还会影响到下一代？从无意型除法领导者转变而来的乘法领导者，充满巨大挑战，但会对智力未充分利用的世界产生深远的影响。

关于除法领导者的假设很有可能会给业务带来负面影响。如果一个有抱负的乘法领导者把乘法观点介绍给周围的人，会发生什么？如果一个团队将其目前50%的智力增长为100%，将会发生什么？当无意型除法领导者变成乘法领导者时，他们就像"以一当十"的普拉哈拉德先生一样。这是因为乘法领导者是每个人发挥智力的关键。乘法领导者是开启能力的钥匙，这很重要。

关于除法领导者的假设也可能会导致学校的失败。如果一个校长学会了像乘法领导者一样领导，并找到了一种方法，让老师、家长和学生对学校的成功有更大的归属感，那么学校会发生什么？如果这些学生和教师一起学习和采用这些新的假设将会怎样？如果家长在家里像乘法领导者一样教育子女，那么家庭会怎样转变？

许多社会现象都令人崩溃，甚至窒息。我们的公民领袖是否有可能发起挑战，然后向社会寻求答案？借助最严格的辩论和社区的充分智慧，我们能找到最棘手的挑战的答案吗？当乘法领导者取代除法领导者时，集体智慧和能力会被激发吗？

我相信，我们在团队、学校乃至家庭中所看到的除法文化并非不可避免。事实上，在最后的分析中，除法文化可能是不可持续的。这些文化基于错误的假设之上，它们违背了人们如何工作和发展的真理。能在动荡时期生存的团队，可能正是那些知道如何获得大量可用智慧，并按乘法领导者假设运作的机构。

最后，你所选择的领导方式不仅关系到我们建立的团队类型，也关系到你领导的人。这对你也很重要。它会塑造你对自己的看法，并定义你留下的遗产。你想在人们心中留下怎样的领导者形象呢？个性很强的人？或者是能推动他人成长的人？成为一个乘法领导者，你不需要畏缩。为了让你周围的人成长，你需要他们变得更加有运气。我想你会找到最优秀的人才，也会找到最好的自己。

我们从博诺（Bono）—— 一位音乐家和全球活动家——转述的对两位政治领导者的有趣观察发起询问。他说：“有人说，与英国首相威廉·尤尔特·格莱斯顿会晤后，你会觉得他是世界上最睿智的人；但在与他的对手本杰明·迪斯雷利会面后，你会认为自己才是最睿智的人。”他观察到了乘法领导者的本质和力量。

也许你的现状就是，一只脚站在建筑物上，另一只脚踩在钢丝上，你必须要决定是否改变重心，并迈出第一步。选择很重要。那么你选择做什么：天才，还是一个天才制造者呢？

总结：如何成为赋能领导者

开始旅程：

1. 共鸣；
2. 意识到无意型除法领导者；
3. 下定决心成为乘法领导者。

加速者迈进赋能领导的五种方法：

1. 从假设开始；
2. 极致工作（中和弱点，强化优势）；
3. 进行实验；
4. 振作起来应对挫折；
5. 询问同事。

强势文化特征：

· 共同语言： 以观点、原则和价值观为基础的共同体中具有共同意义的词和短语。

· 习得行为： 对刺激的一系列习得反应。

· 共同的信念：什么是真正的承诺。

· 英雄和传奇人物：因为品质、行为和成就而被赞赏或理想化的人，以及讲述英雄事迹的人。

· 仪式和规范：个体或群体经常遵循的一致行为。

营造乘法领导者文化：

文化元素	乘法领导者实践
共同语言	1. 举行图书谈话
	2. 讨论无意型除法领导者
习得行为	3. 引入乘法领导者思维模式
	4. 教授乘法领导者技巧
	5. 融合乘法领导者和日常决定
共同的信念	6. 领导特质标准化
英雄 & 传奇人物	7. 突出乘法时刻
	8. 评估管理者
仪式 & 规范	9. 试行乘法领导者实践
	10. 融合实践与业绩指标

致谢

本书是许多人作品的合集，而不仅仅是一两个人的作品。我首先要感谢那些拥有独特见解并为本书提供过个性化建议的人。

显然，我首先要感谢的是提出乘法领导力概念的人。这是我们最初采访的人，他们告诉我们整个职业生涯中乘法领导者和除法领导者的经验。还有分享和除法老板共事时的经验与策略的那十几位朋友。这本书之所以存在，是因为他们分享了他们的经验和见解。当然，也有一些乘法领导者允许我们研究他们，分享他们的故事，这些都在附录 C 的“乘法领导者”中列出。这些领导者，以及那些无法列入此书的明星的故事，都是鼓舞人心的。我希望他们的领导方式可以激励无数人向他们学习。

其次，我要感谢本书的审稿团队。他们阅读了本书的早期版本，并把本书的思想升华。他们的评论使我不断前进。

有一些审稿人为本书所作的贡献，已经远远超出审稿人分内之事，我要向他们致以诚挚的感谢。这些人提供了新的思路、有趣的故事，自发改写，加上老式的道德支持。如果把本书比喻为一个犯罪现场调查，那么以下这些人的工作比指纹还多，他们的 DNA 到处都是。我特别感激我的母亲——露易丝·艾琳编辑。对于本书的第一和第二版，母亲把这本书当作一篇高中学期论文，认真审查每一个字，并纠正了无数错误，以便其他人可以认真地审查观点。母亲，您让我变得更好。

以下各位为我们的大量调查提供了关键的数据分析：BYU 的贾里德·威尔逊和吉姆·莫特森；布斯公司的克里斯特尔·休斯、德里克·墨菲和乔希·希茨。还有乍得·福斯特，他是一位杰出的工程师，爽快慷慨地与我们分享了他的天赋和才能。

很幸运，我遇到了经验丰富的哈珀柯林斯出版团队。虽然许多作者感觉很受该出版社的打击，但我觉得这个出版团队鼓励了我。这些都要归功于我的优秀编辑霍利斯·韩伯克。霍利斯，谢谢您对我的特别指导，并在您自己的工作中成为乘法领导者。谢谢对这本书付出辛勤劳动的马修·英曼、斯蒂芬妮·希区柯克以及哈珀·柯林斯团队。谢谢我在杜普利弥勒的代理香农·马文，谢谢你和我们签约，正因为你们的坚定不移，才让这一切成为可能。

我必须承认，我所表达的感激之情不仅仅限于此书。我很幸运，有许多伟大的导师向我分享他们的思想,我可以通过他们用最棒的镜头看这个世界。有几个人塑造了我的观点，深刻影响了这本书。这包括已故的 C. K. 普拉哈拉德博士，一位伟大的管理思想家，他教我深入团队获取情报的重要性，以及如何建立集体意志。普拉哈拉德鼓励这些想法，帮助我挖掘核心假设，并以各种方式指导这本书。作为普拉哈拉德的学生，我一直感到自豪，现在我为能继续他的工作和继承维护他的知识遗产而感到自豪。还有 J. 博纳·里奇博士、教授与和平的使者，他很早就与我（每个学生）分享他永不满足的求知欲，并启发我们真正拥抱不确定性。还有雷·莱恩，一位非凡的商业领袖，教我如何领导，是我和其他许多人的乘法领导者。还有作家兼伟大的老师科里·帕特森，他提升了我的观点，鼓励我写这本书，不仅仅是为公司经理，而且是为全世界领导者。还有凯丽，谢谢您的指导并推动我更加努力，虽然有时您也会严厉地训斥我。

我真诚地感谢我早期的合作者和思想伙伴格雷戈·麦克恩。这本书更好地诠释了他对清晰、崇高愿望的狂热，以及他对真理的不懈追求。谢谢你对我的帮助。如果没有优秀的怀斯曼团队，就不会有本书的第二版。卡琳娜·威廉斯一直担任我的项目经理、编辑和思想伙伴。她思考能力强，行动快，头脑冷静，每天都激励着我。该小组的艾丽莎·加拉赫进行了相关研究，并提供了乘法领导者实验的重要更新信息。肖恩·范德霍文对第九章提出了批判性思维，并进行了绘图工作。朱迪·荣格管理了整个面试过程，使我得以继续教学和学习。海蒂·布兰多不仅贡献了很多想法和评论，而且她已经花了近 5 年的时间去教授培训师如何培训管理者成为乘法领导者。她出色地、热情地扮演着自己的角色。谢谢你们对我提出的挑战，让这个工作变得有乐趣。

我最感激的是我的丈夫拉里。因为他从第一天开始就相信这个项目，他像卫兵一样守护着我的工作空间，让我感觉自己每天都是个天才。

以上的每一个人，感谢您慷慨地投入时间和精力对本书提出宝贵意见。致以我最真诚的谢意。

附录 A

研究过程

在这里，您可以找到研究除法领导者和乘法领导者差异的研究清单。我们列出了研究过程中的四个阶段：1. 研究基础；2. 研究本身；3. 乘法领导者模型的发展；4. 除法领导者的研究。

阶段 1：研究基础

研究小组。格雷戈和我是研究团队的主要成员，而 C. K. 普拉哈拉德是一位重要的非正式研究顾问。虽然很多人对书中的研究都有贡献，但我们的核心研究人员是：

莉兹·怀斯曼是杨伯翰大学马里奥特管理学院团队行为学硕士。

格雷戈·麦克恩是斯坦福大学商学院工商管理硕士。

C. K. 普拉哈拉德、保罗和鲁思·麦克拉肯是密歇根大学罗斯商学院企业战略学院杰出教授。

研究问题。通过一个迭代过程，我们将研究问题提炼为："除法领导者和乘法领导者之间的几个重要的差异是什么？他们对团队有什么样的影响？"

除法领导者和乘法领导者之间的差异是显然的。我们认为，这并不足以研究乘法领导者。正如吉姆·柯林斯所说，如果你专门研究获得奥运会金牌的运动员，那么你可能会因为他们都有教练而得出他们都会赢的错误结论。只有把赢家和失败的人进行对比，你才会意识到每个人都有一个教练，所以拥有一个教练并不能成为获胜的积极因素。我们正在寻找积极因素或差异因素。

关键术语的定义。为了回答我们的研究问题，我们首先定义三个关键术语：除法领导者、乘法领导者和智力。

除法领导者：带领着一个团队或管理团队的一位领导者，他很难完成任务，尽管有聪明人在，但也似乎无法完成其目标所需要做的事情。

乘法领导者：领导一个团队或管理团队的人，能够迅速地理解和解决困难问题，实现其目标，并随着时间去适应和提高其能力。

智力：在我们的文献综述中，我们发现了一篇论文，确定了70多种智力定义。一份对我们整个研究过程都很重要的论文由52位研究人员于1994年发表。他们一致认为智力是“推理、计划、解决问题、抽象思维、理解复杂想法、快速学习和从经验中学习的能力。它不是狭隘的，是一种更广泛更深入地理解我们周围环境的能力——‘捕捉’‘理解事物’，或者‘弄清楚’该做什么”。除此之外，还包括适应新环境、学习新技能和完成困难任务的能力。

行业选择。我们首先在甲骨文软件公司观察到除法领导者／乘法领导者现象，之后我们选择在更广泛的技术行业中研究这种现象。这些公司包括：

技术行业	公司
生物技术	昂飞
在线零售	亚马逊
消费电子	苹果
网络与通信	思科
互联网搜索	谷歌
微处理器	英特尔
计算机软件	微软
企业应用软件	思爱普

阶段 2：研究

提名人。我们找到了那些会为我们识别领导者的人，而不是我们自己试图识别除法领导者和乘法领导者。在我们选择提名人时，使用了两种标准。首先，他们应该是成功的专业人士。这些人有积极的职业经历是很重要的。我们的理由是，采访有“私心” 的人可能会扭曲数据。第二标准是这些提名者大约有 10 年的管理经验。我们希望那些经历过领导者挑战的人拥有实践洞察力。值得注意的是，上述诸多公司的推荐者指出了除法领导者和乘法领导者的存在，这些领导者都是他们曾经在不同公司和相同行业一起工作过的人。

研究员管理调查。我们要求提名者评估根据 48 条领导实践的五点量表确定的除法领导者及乘法领导者。我们设计了全面的清单、标准的能力模型、受欢迎的领导框架，以及假想的能够区分除法领导者和乘法领导者的做法。

调查内容包括技能（例如，“关注客户”“展示求知欲”“发展团队人才”和“业务手段”）和思维模式（例如，“视自己为思想领袖”和“认为智力是不断发展的”）。我们收集了这次调查的结果，并对这些数据进行了分析。我们需要寻找乘法领导者和除法领导者之间的最大区别，乘法领导者的最高技能和思维模式，以及与乘法领导者和除法领导者主要思维模式最相关的技能。

研究过程

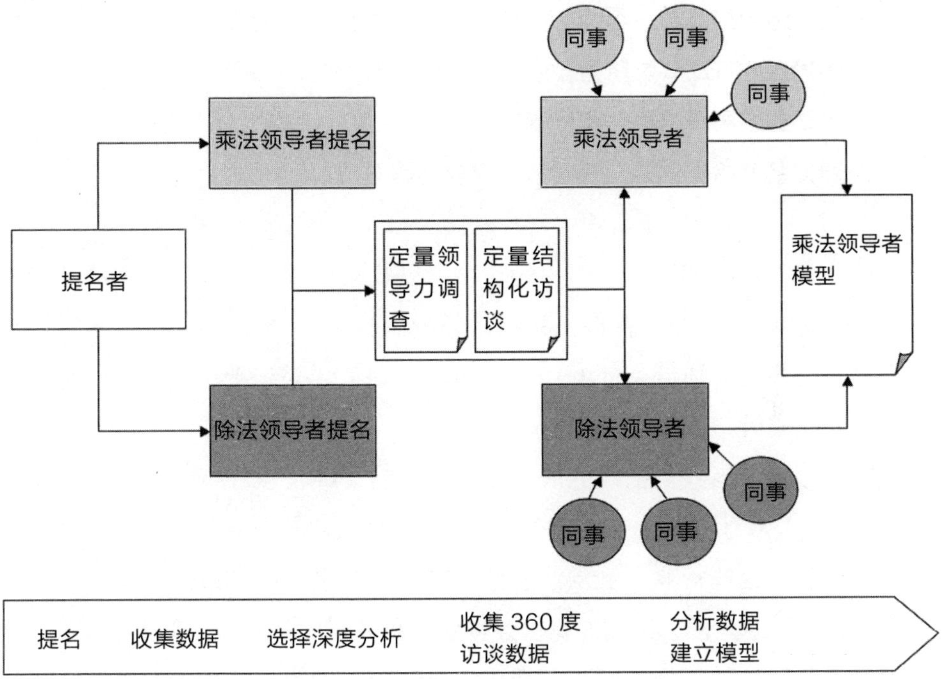

结构化访谈。我们与提名人的原始访谈遵循一个结构化的模式。我们以同样的顺序使用相同的问题，以尽量减少语境影响，或者至少保持问题不变，这样我们就可以确保答案的可靠汇聚，并且将我们从不同的访谈和时间框架中得到的答案进行对比。

所有访谈均在 2007 年 10 月至 2009 年 10 月进行，第一轮访谈于 2007 年进行。访谈平均时间为 60~90 分钟，访谈方式是面谈和电话访谈。我们保留了所有对话的书面记录，所以我们将有一个永久记录的对话和例子。虽然我们遵循结构化的格式，但我们在每个问题上花费的时间方面有一定的自由度。我们访谈的其中一个典型模式是以下这样的结构：

1. 定义两位领导：一位扼杀员工智慧，另一位可以发展员工智慧。
2. 描述每个领导者的经历和故事。

3. 除法领导者工作情景：经历，情景。

4. 对提名者的影响：提名者所贡献能力的百分比。

5. 对小组的影响：小组中的角色，更广泛的团队的认知。

6. 领导者的行动：其所为和所不为，如何影响他人。

7. 行动的结果：结果，完成的交付。

8. 对提名者给出的乘法领导者，重复问题 3~7。

深入访谈。我们进行了第二轮访谈，以收集更多关于最优秀乘法领导者的信息。这包括：（1）直接采访乘法领导者；（2）与提名人进行第二轮访谈以收集更多详情和信息；（3）360 度深入访谈，采访乘法领导者团队的前成员和现任成员。

行业拓展。当我们把研究最终扩展为来自 144 位领导者时，我们在原来的目标企业发现了更多例子，在技术行业和生物技术行业增加了更多的公司，并完全超越了这些行业，触及营利部门以及非营利团队和政府机构。我们的研究旅程横跨四大洲，让我们有机会接触各种各样的领导者（见附录 C：“乘法领导者”）。以下是我们研究乘法领导者所在的团队。由于保密性，我们不能列出我们所研究的除法领导者所在的公司。

行业	代表公司
生物技术	赫素、昂飞
环保技术	布鲁姆能源、Better Place
教育	斯坦福大学、活力睿智训练中心
娱乐	梦工厂电影公司
政府	美国白宫、以色列军队
制造	通用大宇、伟创力
非营利团队	半岛男孩女孩俱乐部、绿带运动、本尼恩中心、Unitus
私募股权与风险投资家	四维资本、凯鹏华盈
专业服务	贝恩公司、麦肯锡公司
零售	Gap、Lands' End、金宝贝
体育	高地高中橄榄球、北卡罗来纳州立大学女子篮球项目
技术产业	亚马逊、苹果、思科、印孚瑟斯技术、惠普、英特尔、财捷、微软、思爱普、赛富时
工人工会	自营妇女协会

阶段 3：模型

我们收集了大约 400 页的访谈记录，反复阅读，并将它们整理成交叉访问分析。然后，我们进行了主题分析，并对我们从领导调查中收集到的定量数据进行了校准。最后，我们坚持有纪律的严谨辩论方法，精心撰写每一个最终成为本书章节核心的要点。

在这次辩论过程中，格雷戈和我都认为遭到了对方的严厉冲击，因为我们希望这项研究更有说服力。

阶段 4：与除法领导者共事

这本书最初的研究时间是在 2007 至 2009 年。第八章“如何与限制团队发展的领导共事”的研究是在 2016 年进行的。这项研究的目的是更好地理解除法领导者造成的深度和广度上的影响，以及确定能最小化除法领导者破坏性的策略。该研究是由莉兹·怀斯曼、卡琳娜·威廉斯、艾丽莎·加拉赫和贾雷德·威尔森以及怀斯曼集团共同进行的。这项研究包括以下内容：

深度访谈。我对成功的专业人士进行了 24 次访谈，以了解他们如何与除法型老板和同事共处仍能茁壮成长。我们基于两个标准来选择受访者:（1）在复杂的团队中，他们拥有事业成功的能力；（2）他们了解乘法领导者和除法领导者的概念。在每一次采访中，受访者会确定一个为除法领导者工作的场景，然后回答一系列问题，来探讨其应对策略并评估这些策略的有效性。

广泛调查。怀斯曼集团对约 200 名参与者进行了调查，以发现他们应对除法领导者的最佳策略，以及了解为什么有人更容易受除法领导者的影响，长时间受除法领导者影响的下属会不会也容易变成除法者。这份调查对制定与除法领导者共事的策略提供了许多有益的启示，同样也总结了导致人们遭受更大负面影响的因素。关于长时间受除法领导者影响的下属会不会更容易变成除法者一说，本调查没有得到相应的结论数据，还需要进一步研究资料。

测试策略。在制定第八章中的 16 条策略后，我们邀请几个人（参加了上述调查的人）来对他们的除法领导者进行为期 14 天的测试。该 14 天的挑战目标是确定这些战略是否能在短短两周内使情况出现明显变化。然后，我们搜集了他们的实验结果，并召开了一次电话会议来审查结果。5 人完成了实验，这 5 人都报告了他们与除法型同事共处时的总体幸福感和态度都有显著变化。我最喜欢的是那些选择“降低音量”的人，那些把精力投入到尝试新食谱，每天晚上为全家人做可口的食物，而不被工作烦扰的人。一般情况下，不仅他在工作中更加快乐，而且他的妻子也会很开心。

文献综述。我们遍览了现有的“受害者”文献，以了解积极应对除法者的策略。总的来说，我们发现工作场景很少交叉，因此我们集中在访谈和调查数据上以制定最佳应对策略。

附录 B

常见问题

除了乘法领导者和除法领导者，是否可能处于二者之间?

我们认为只有少数人完全属于这两者，除法领导者 – 乘法领导者模式是一个连续统一体，大多数人都处于二者之间。当人们看到这段文字时，几乎都会意识到自己既有些乘法领导者特征，又有些除法领导者的特征。以曾经和我工作过的一位同事为例。他聪明善察，并不是一个典型的除法领导者，但他看到这本书时，会发现自己过去经常表现得像一名除法领导者。当对这种领导者现象进行对比研究时，我们这种模式看作一个连续统一体，而多数人都在这个范围中。

我会是一部分人的除法领导者，而同时又是另一部分人的乘法领导者吗?

是的，理解这种动态的关键就是更好地理解这两种不同领导者的假设。事实上，两种领导者的做法可能是大体接近的，但基本假设会影响你的行为表现。

我可以在多数情况下是乘法领导者，而偶尔是除法领导者吗?

一些特定的情形会迫使我们表现得很糟糕。大多数领导者，即使是最优秀的领导者，在一些情况下，也会出现除法领导者状态，特别是：（1）出现危机的时候（看到潜在问题）；（2）风险很高的时候；（3）时间紧急的时候；（4）接受压力的时候。这些时候，意识到自己出现除法领导者状态，然后找到变通方案则显得更为重要。

乘法领导者实践大师罗柏·德兰格说：“你可以通过遵守规则成为乘法领导者，也可以因例外情况成为除法领导者。”如果你和团队建立了深厚的信任关系，他们很可能会理解你的除法领导者状态。出现除法领导者状态后，解释好原因然后回归正常的乘法领导者状态，是较好的解决方式，而其关键就是要尽可能多地持续乘法领导者状态。

除法领导者状态是否往往出现在以下这些情况中（特别是紧急时候）？

是的，而且通常是在一个领导者遇到认同危机，并且不得不通过发号施令来管理危机的时候。但是其实这并不需要通过变成除法领导者来解决问题。睿智的领导者可以通过以下方式避免在上述情况中成为除法领导者：

1. 排除紧急时刻。当一个管理者通过遵守规则来成为乘法领导者，他们可以通过设定例外避免成为除法领导者。这儿有个例子，当我在一家医院为耶鲁医学院的学生开领导力研讨会时，几位负责住院项目的内科医生负责人谈到了一种特别的情况。当他们想给住院医师足够的空间和自由，让他们发挥最好的状态时，工作本身事关生死的属性却会迫使他们做出事必躬亲式的管理。他们坚持认为，一个生命垂危的人躺在手术台上时，真的没有办法做一名乘法领导者。我表示赞同，同时也问道：“你们面对这种情况的概率大概是多少？”他们回答：“3%~5%。”我能理解他们面临的情形，但是另外95%的时间是可以保证另一种领导方式的。几个月之后，我在美国海军研究生学院与一批军舰指挥员进行了类似的交流。他们大约最多2%~3%的机会要面临生死攸关的情形。毫无疑问，这些危急时刻并不适合做一个乘法领导者，但是另外95%~97%的情况下，是可以的。

2. 让团队成员知道你正在做什么。与其选择无计划的事必躬亲式管理，不如让人们知道你正要面对3%~5%的紧急时刻，并且不得不掌控局面。如果能征求团队成员的同意，就更好了。当你处理完紧急情况后，再把控制权交回团队。又或者你可以让团队成员知道，哪些工作是你需要密切管理的（并解释原因），哪些工作是希望他们能够自我发挥的。

对于这些特殊情况，我仍想强调，大多数情况下，即使是那些极端情况，也可以通过除法领导者或是乘法领导者视角来看待问题。人们需要除法领导者方式的时候，也正是让你身边的人马力全开的时候。当情况紧急，挑战任务复杂时，这正是乘法领导者大展身手的时刻。

乘法领导者对于顶尖人才来说很棒，但是对于像我这样的底层雇员呢？

尽管每个人都有所贡献，但每个人的贡献都不在同一个层面上。在乘法领导者的心中，员工智能不是工业园（几乎相同的三层建筑的集合），倒更像是城市天际线，鳞次栉比，色彩缤纷。对于乘法领导者来说，员工就是这样的天际线，他们欣赏各种各样的禀赋和人才。他们懂得，不是每个人都具备相同的能力，但他们相信每个人的能力都可以提高。与其试图把所有人都带到同样的平面，不如去提升他们的能力级别。

领导底层雇员的一些建议：

1. 首先，假设他们足够聪明，有能力成为顶尖人才。有时候人们需要别人给予他们更高的期望和要求。

2. 不要问“这个人聪明吗？”而是问“他在哪方面聪明？”。可能你无法把他们变成你心目中的顶尖人才，但是你可以了解他们的特点，然后想办法让他们接受挑战。

3. 记住那些底层雇员往往曾经（或有潜力）是一个超级明星，只是被过去的除法领导者扼杀了（因无意或是完全忽略）。即使你做了一个乘法领导者该做的所有事，他可能也不会立刻就有反应，因为他们可能不习惯接受挑战性的工作，或是他们已经难以再信任他们的上司。此时，建议从小处着手，并逐渐建立信任。

成为乘法领导者，并不意味着你能避免绩效问题。如果你下属中有长期低绩效员工，你应统筹全局，并打造一个他们能发挥更多贡献的环境和团队。

不同文化间有区别吗？

当这项研究在 4 个大洲的 35 家公司完成后，我们发现乘法领导者的领导方式（及其积极影响）具有文化普遍性。但是，我们也发现在等级制度较严的文化中，除法者的影响往往更大（这种文化中的除法领导者获得的集体智能平均在 30%~40% 之间，全球平均数为 48%）。我们还发现，这种文化中的领导者需要煞费苦心建立智力、情绪和团队的安全等级，才能使员工贡献更多智慧。

大多数时候，乘法领导者的领导方式不尽相同。尽管领导方式不一，但他们拥有共同的思维模式：相信聪明的下属有能力解决问题的信念。同样，他们意识到他们自己的智慧和存在会影响团队，因此积极地创造空间让成员贡献价值。在不同的文化环境下，行动方式可能会略有不同。

你已经把一些领导者定义为乘法领导者，但是有时候，他们会对同事产生一些除法影响。该如何解释这种矛盾？

我们对这个问题也很感兴趣。在我们的原始数据池中，我们偶尔发现，一些领导者被不同的人分别标注为除法领导者和乘法领导者。通过我们的详细观察，我们认为这是个悖论，而不是一种矛盾。举个例子，我们发现一些领导者已经懂得如何激励直接下属，但还没有学会如何把自己的领导能力扩大到更大的团队范围中去。越远离领导者的下属，越会产生更多的削弱感，这就是一个无意识除法削弱的经典例子。这样看来，想要成为所有人的乘法领导者，需要更加努力。一个领导者需要认真考虑外围员工，并成为他们的乘法领导者。

如何看待像史蒂夫 · 乔布斯这样的领导者的除法削弱倾向呢（有代表性的成功领导者，似乎有强烈的除法削弱倾向）？

许多创始人和颇具远见的领袖身上存在着除法和乘法混合的特点。对于这些备受关注的领导者，新闻媒体会特别关注他们的除法领导者倾向（因为这样的故事更能吸引读者）。当你考虑企业创始人和其他代表性领袖的除法领导者品质时，考虑以下几点：（1）强大领导者（特别是创始人）通常会有除法领导者特质，但同时他们有更强大的乘法领导者特质来弥补他们的除法削弱倾向；（2）具有除法领导者特质的高层领导者们（如 CEO）会通过引入其他有强大乘法领导者特质的领导者（如公司主席或 COO）作为弥补；（3）有强大除法领导者倾向的领导者也许非常适合领导环境稳定的团队，但是面对复杂多变的环境，工作会变得非常棘手；（4）企业创始人通常基于自己的想法和优势建立公司。公司可以凭借创始人的智慧成长到一定的规模，但是，如果公司想要继续成长、成功和可持续发展，那么在某些方面，这些领导者需要将自己发展成乘法领导者，或是招募其他具有乘法效应的领导者。

你提到，乘法领导者能使下属发挥出双倍的效益，这看起来非常惊人，真的有这么多吗？

是的，起初我们也认为这个数字太高了，但是我们有数个理由相信这个比率是正确的。

首先，我们请提名人对比乘法领导者和除法领导者，而不是对比乘法领导者和一般领导者。双倍效果指的是最好和最差之间的比值。其次，我们针对这个问题向整个行业、各个职能和管理层的人重复提问，并确认了这个比率是真实的平均数。最后，如此惊人的差异也可能是自发努力的结果。作为管理者，我们可以观察员工们的能力在他们的平均生产力水平之上、之间还是之下。可是，很难具体知道一个人是否充分发挥自己的能力还是有所保留，但人们回答这个问题的态度充分表明了人们相信在面对某些管理者时，他们会有非常多的保留。

虽然这个差异确实很大，但是乘法领导者确实可以比除法领导者收获双倍以上的回报。

男性和女性领导者之间是否存在巨大的差异？

尽管男性和女性领导者之间确实可能存在一些实际差异，但同性之间的差异可能比异性之间的还要大。我们没有任何数据表明，男性或是女性更可能成为除法领导者。事实上两者的除法领导者和乘法领导者比例惊人的一致。但是，我们确实发现，男女在无意识削弱上可能有一些差异，这可能是由于受过去男女领导方式偏见的影响。例如，许多早期的女性职场人屈从了一个男性定义的世界，选择了并不适合自己的领导方式。有一些则接受了“女汉子”型，强硬而又无所畏惧，并试图超过男性。另一些则陷入了“熊妈妈”型，她们养育、保护和拯救项目和员工于危难之中。这两种场景都会产生巨大的除法效应。领导者们只有成为真正的自己，而不是扮演什么角色，才能激发员工最好的一面，而这需要女性和男性领导者具有全面的领导风格和优势。

乘法领导者比除法领导者更成功吗？

是的，他们能从下属中收获更多绩效。整个研究都惊人地验证了这一点。即使是位高权重的高管，如果仅仅只是向下属施加压力，也是不可能收获像乘法领导者那样的回报的。我们没有研究除法和乘法领导者自身的职业轨迹，但是我们研究了成功领导者身边的员工，并发现，不同于除法领导者，围绕乘法领导者工作的员工的职业生涯更能稳步发展。

每个人都可以成为乘法领导者吗？还是有些人已经彻底成为除法领导者，无法改变了？

任何能意识到自己的除法行为的人都可以改变。如果他们愿意转移重心并超越自己，那么任何人都可以成为乘法领导者。可能有一些人特别固执于除法的领导方式而无法做出改变，我们认为这样的人算是个例。

在我们教学和培训工作中，我们看到了做出巨大改变的人。例如，我们曾共事过的一位领导有强烈的除法领导者倾向，他非常努力尝试更具乘法领导者方式的领导做法。人们也注意到了他的努力。后来，当他在另一家公司从事更高的职位时，他可以凭借全新的方式开展工作，如今他已是一位乘法领导者，并把乘法思想介绍给了团队成员。

我们并不妄想每个除法领导者都会改变，但是我们相信，大多数人可以完成这种转变，只要真心诚意。

公司应该解雇除法领导者吗?

明智的公司不会开除所有的除法领导者，但会把他们从关键的领导位置上置换下来。如果这些人坚持要做除法领导者，那应该孤立或限制他们，不至于让他们造成太多的除法影响。当他们从关键职位离开时，员工的能力会得到释放，除法领导者的下属不太可能在除法领导方式下得到激励。

说起来容易做起来难，从定义来看，除法领导者很聪明，但同时又令人生畏。让他们仍占据领导职位的话，乍一看可能是最省心的做法。但是保留除法领导者的成本十分高，因此你应做好准备并采取行动。例如，如果一台机器成了一个瓶颈，导致整个生产线只能发挥出一半的生产力，你马上就会发现那台机器的运行成本是多么昂贵。如果你用一台新机器代替，你可能让整个生产线的生产力翻倍！这就是你让除法领导者占据关键领导职位的风险。即使领导者正让机器全力运行，但他对于身边的每一个人来说，也是一种瓶颈。所以，不必开除每一位除法领导者，但考虑到高昂的成本，我们建议必须让他们从关键领导职位离开。

我应把这本书尝试推荐给一位暴脾气的除法领导者吗?

是的，扔给他，然后赶快逃离！或者你可以通过你的同事寄给他！

认真地说，如果你以一个除法领导者的命令视角分享这本书，那么你可能会继续制造除法循环。但是，如果你以乘法领导者的方式分享这本书，让他们更有安全感地学习这些新想法，你可能会得到惊人的收获和影响。这里有两条策略：

1. 聚焦于亲身体验。首先，承认我们偶尔都会变成无意识除法领导者，说出类似这样的话：“这本书让我了解到，有时候我可能无意识对他人造成了一些除法影响。”或者你可以专注于这本书带给你的影响，并介绍说：“我正努力成为一个乘法领导者，并且我已经见证了这个方法能够提高团队绩效，我想你可能也会感兴趣的。”

2. 聚焦于团队发展层面。大多数管理者对团队能力翻倍的事是非常感兴趣的。你可以这样介绍：“我认为我们的团队中还有更多的潜能以待开发，作为领导团队，我们还可以做些努力来提高团队的整体作战水平。”

此外，你可以通过午餐时间举行讨论或分享想法，或是进行乘法领导者练习来间接提出这些想法。我们相信，总会有方法将这本书分享给每一个人，如果你能以乘法领导者的方式推荐，那么成功的可能性应该更大。你无法通过除法领导者方法让人们变成乘法领导者！

我需要完全做到“五大乘法法则”，才能成为乘法领导者吗?

不用，一个领导者并不需要做好全部的五大法则才能让乘法效应影响到整个团队。事实上，据我了解，极少领导者能完全做好五点——大多数人严格执行了三至四条法则。你可以通过乘法领导者 360 度评估来决定自己的长板和短板。一个好的发展战略是认识自己的最强项然后无限强化，并确保你不在任何一个法则中成为除法领导者。之后，竭尽所能在更多的乘法法则上建立优势。

如果我可以通过做一件事踏上乘法领导者之路，这件事应该怎么做？

我们的建议是提出一个有远见又有趣，且引人思考的问题。这样很容易操作，也适用于全部法则。打个比方，无论你想成为一个解放者、一个挑战者，还是一个辩论发起者，提出深刻有趣的问题，总能为你开启一条正确的道路。所以，如果你想培养一项技能，从问问题开始。

如果你想采取一种假设，我们建议这个假设是“人们都足够聪明并能解决问题”。你只要问：“这人有哪些聪明才智？”这样的问题可以摆脱最原始的评判他人的方法，并快速通向乘法领导者的缤纷世界。

附录 C

赋能领导者清单

下面是一张在本书中重点描述的“名人堂”——乘法领导者清单。其中有几位领导者出现在了多个章节，但在下表中，他们只会被列在特点描述最鲜明的章节。

乘法领导者	主要职位	当前职位
	第一章：	
指挥官阿博特	美国海军指挥官	
乔治·希尔	英特尔部门经理	罗森投资基金驻企高管，地平线创投合伙人
蒂姆·库克	苹果 COO	苹果 CEO
底波拉·兰格	甲骨文公司税务高级副总裁	退休
乔治·克鲁尼	演员	活动家
	第二章：	
米特·罗姆尼	贝恩咨询公司经理	政治领袖
安德里亚斯·斯特朗格曼	德国赫素联合创始人	投资者
托马斯·斯特朗格曼	德国赫素联合创始人	投资者
拉里·格伟斯	高地高中橄榄球教练	哥伦布自助游 CEO
艾丽莎·加拉赫	洛斯拉图斯校区副局长	怀斯曼集团全球领导力发展实践总监
玛格丽特·汉考克	女孩夏令营主管	计算机历史博物馆指数中心执行董事
K. R. 斯里达尔	布鲁姆能源 CEO	布鲁姆能源 CEO
	第三章：	
罗伯特·恩斯林	SAP 北美总裁	SAP AG 全球客户运营总裁
欧内斯特·巴克拉特	安宏资本董事和特别合作伙伴	四维资本董事和特别合伙人
史蒂文·斯皮尔伯格	电影导演	电影导演
帕特里克·凯利	八年级社会学和历史教师	八年级社会学和历史教师
凯西·莱纳	耐克全球设计业务高级总监	耐克全球工作经验高级总监
雷·莱恩	甲骨文总裁	投资者
约翰·布兰登	苹果公司渠道销售副总裁	苹果国际销售副总裁

马克·丹科博格	美国卫讯公司 CEO	美国卫讯公司 CEO
第四章:		
马修·麦考利	金宝贝 CEO	退休
艾琳·费舍尔	本尼恩中心主任	社会活动家
C.K 普拉哈拉德	密歇根大学教授	2010 年 4 月 16 日去世
A.G. 雷富礼	宝洁 CEO	宝洁执行总裁、《游戏颠覆者》合著者
肖恩·曼迪	半岛男孩女孩俱乐部新一代中心主任	半岛男孩女孩俱乐部发展高级总监
旺加里·马塔伊	非洲“绿带运动”创始人、2004 诺贝尔和平奖得主	2011 年 9 月 25 日去世
第五章:		
阿扬·蒙格林克	荷兰东区伊索尔岛警察局长	荷兰东区伊索尔岛警察局长
卢茨·齐奥布	微软公司微软学习业务总经理	微软公司 4Afrika 学院主任
蒂姆·布朗	IDEO 首席执行官兼总裁	IDEO 首席执行官兼总裁
苏·西格尔	昂飞总裁	通用电气健康创想授权及创投 CEO
第六章:		
在哲	韩国麦肯锡合伙人	韩国斗山建设建筑设备执行董事总经理、首席战略官
埃拉·巴哈特	印度妇女自营协会创始人	长者联盟理事会成员
约翰·钱伯斯	思科系统 CEO	思科系统执行总裁
约翰·伍基	甲骨文执行副总裁、SAP 执行副总裁	赛富时产业应用执行副总裁
迈克尔·克拉克	伟创力部门主管	诺泰克总裁兼 CEO
科里·帕特森	交互性能系统联合创始人	作家，活力睿智训练中心联合创始人
纳拉亚纳·穆尔蒂	印度印孚瑟斯 CEO	印孚瑟斯荣誉主席、印度政企思想领袖
第八章:		
肖恩·赫里蒂奇	美国海军指挥官	美国海军密码战军官
第九章:		
比尔·坎贝尔	财捷集团 CEO	2016 年 4 月 18 日去世
迈克·费利克斯	AT&T 美国中西部互联网和娱乐服务副总裁	AT&T 美国中西部互联网和娱乐服务副总裁

附录 D

赋能领导者讨论指南

这份指南涵盖了一组团队共同讨论乘法领导者思想的问题。当你计划讨论时，你可能需要在讨论乘法领导者思想的同时，寻找创造乘法领导者的方法。

领导类型	讨论问题
乘法效应	一个成功的除法领导者应该尝试变成乘法领导者吗？为什么？ 如果你为一个除法领导者工作，那你还能成为乘法领导者吗？ 是否有特定的人会让你出现除法领导者状态？为什么？
人才吸引者	要花多长时间才能建立起“值得为之工作的老板”的名声？ 你应该什么时候雇用新员工，而不是培养已有的人才？
解放者	解放者给予员工空间的同时，也期望很高。当你做得有失妥当的时候，你怎么意识到呢？ 做一个解放者，一定会被“憎恨和爱戴”吗？就像在学校里，人们对凯利先生的看法一样。

章节	讨论问题
挑战者	如何在避免对下属产生除法影响的情况下分享知识和观点？
	理查德·帕尔默怎么做才能从除法领导者转换为乘法领导者？
辩论发起者	想象一下，你只有 30 分钟去做一个高风险的决策。你应该以一个辩论发起者的方式做出这个决策吗？如果不，为什么？如果是，怎么做？
	成为一个辩论发起者，意味着通过严密的程序做出周全的决策。你如何知道辩论何时足以做出决策？
投资者	细节导向和事必躬亲式管理的差异是什么？
	你怎么能在保证自己参与的同时给予员工所有权？
乘法领导者	如果要定义一种适用五大法则的想法，会是什么呢？ 哪一条法则可以用最短的时间取得最多的进步？ 一年内集中发展一个法则，是否可行？ 重心在哪里？
	在你所在的团队中（公司、社区、家庭），哪一个可以通过乘法领导者发挥出最大的影响？为什么？

如果你想领导一个更有条理的活动，你可以下载一份完整的《乘法领导者促进指南》（参见：www.multipliersbooks.com），为你的工作场所带去乘法领导者精神！

附录 E

赋能领导者实验

说出那个天才的名字

评定你的团队中每一个人的天赋。

发现你团队中每个人的天赋，并通过新颖的方式更充分地运用他们的才华，让团队中的每个人都了解他们各自的天赋。

乘法领导者准则

人才吸引者

拯救万事通型、事必躬亲型和战略家型无意识除法领导者

乘法领导者思维

每个人都各有所长。

乘法领导者实践

对个人：

1. 鉴别它：找出这个人的天赋。问：

- 他们哪些事情做得最好？
- 他们在哪些事情上比别人做得更好？
- 他们很容易完成什么任务（不需要花太多工夫）？
- 他们会自愿做什么事情（自发的）？

2. 贴上标签：给他们的天赋起一个简短的名字（如“复杂想法合成者”或者“搭桥人”，又或是“根本原因确认者”）。与他们的同事一起测试这些天赋猜想，直到可以恰如其分地描述其天赋。

3. 用上它：找出可以运用和放大这个人的天赋的职位和任务，不要局限于传统的岗位，可以设立特别职位。和他们交谈，并允许他们应用发挥才能的最好方式。

整个团队的做法：

1. 定义天赋的概念；

2. 让每个人都评定同事的天赋；

3. 让小组在一起讨论；

4. 一次只关注一个人。

· 让团队里的每个人描述此人的天；

· 让这个人说出自己的观点；

· 讨论可以最佳地运用此人天赋的方法。

实验结果

斯蒂芬妮·波斯特是 Sysmex 美国的销售和客户培训主任，在一次乘法领导者讨论会期间，她了解到“天赋”这一概念，因此她决定找出那些潜藏在自己团队中的天赋。她意识到这是一个机会，“让成员更好地参与项目，并发掘出工作的兴趣所在。”团队共同合作，鉴定了每一位团队成员的天赋，其中“智多星——吉米”脱颖而出。当你记不起你的一位重要客户最喜欢的餐厅名字时，她可以帮助你回忆起来，她也会在你记不得老板生日时提醒你。她可以在几分钟之内 Google 出你需要的信息，并发送给你。此外，她会情不自禁地探索和研究几乎任何事。当讨论到她的职位时，她非常好奇，不假思索地打探起了各种事情。在斯蒂芬妮鉴定完吉米的天赋后，她给了吉米一份充分发挥内部资源的重要工作，这份工作为部门节省了许多资金，并为新业务营销打好了基础。

轮到你了：准备好使用乘法领导者实践获得成功。使用这个表格计划和反映你的实验与结果。	
寻找机会： 你会在哪里和怎样使用这个实验？	增加你的影响力： 你会在哪里和怎样使用这个实验？
最大化你的学习能力： 发生了什么？你有什么证据？	发展技能： 你会在哪里再次用到这些技能？

强化责任和压力

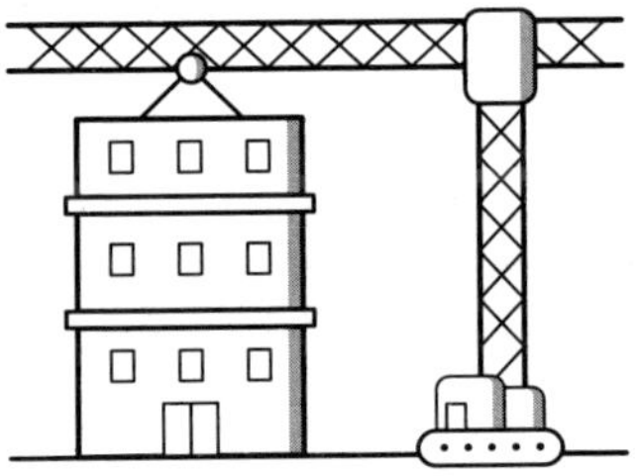

给他一个更重要的职位。

我们必须承认，团队中的每个人拥有的能力都是参差不齐的。但是每一个人都有成长的能力。像为学龄前儿童买鞋子一样——要买更大尺寸的。为他们创建岗位并树立责任，然后让他们在新的责任中成长。

乘法领导者准则

人才吸引者、激励者、培养者。

拯救先导型和保护型的无意识除法领导者。

乘法领导者思维

每个人都可以成长。

乘法领导者实践

1. 详细地列出你们团队的能力等级，承认他们看起来更像一个锯齿状的天际线，而不是一支跳高竿。

2. 挑选出一两个准备提升自己的人。

3. 详细地列出一组超越他们目前能力之上的任务，这能让他们真正施展拳脚。让他们知道，你给了他们更重大的任务，并相信他们能够快速学习和适应新角色。

4. 维持一个必须是由团队成员（而不是你）填满的真空状态。

5. 对团队的每一个人都做一遍这样的事情。

实验结果

BTS（一家商业和领导战略公司）的 CEO 杰西卡 · 帕里西花了 12 个月的时间为客户开发了一套新领导者发展方针，并且她意识到，需要一位中层领导和一位前线领导来共同衡量这一新的发展方针。在一次例行团队会议上，一位名叫梅根的资历尚浅的 BTS 员工对发展前线领导计划表示出了热情和兴趣。杰西卡意识到梅根是有能力的，并且梅根在最近已经管理了两个前线领导计划，所以她决定用这个机会来升级梅根的角色。杰西卡并不在乎梅根只有 24 岁，她看到了一个将梅根的热情与智慧结合起来的机会。梅根有点惊讶，她成了前线领导计划中的全球关键人物。而梅根在这个职位上不仅提升了全球团队合作水平，同时也帮助了更多高级顾问加速转型成为 BTS 所期望的合作伙伴。

<table>
<tr><td colspan="2">轮到你了：准备好使用乘法领导者实践获得成功。使用这个表格计划和反映你的实验与结果。</td></tr>
<tr><td>寻找机会：
你会在哪里和怎样使用这个实验？</td><td>增加你的影响力：
你会在哪里和怎样使用这个实验？</td></tr>
<tr><td>最大化你的学习能力：
发生了什么？你有什么证据？</td><td>发展技能：
你会在哪里再次用到这些技能？</td></tr>
</table>

减少发言筹码

在会议中减少自己的发言。

在会议开始前，制订一份“筹码”预算，每个筹码代表一条会议评论。灵活运用你的筹码，给其他人更多讲话的空间。

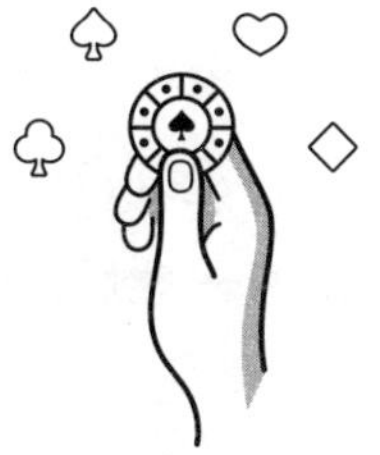

乘法领导者准则

解放者。

纠正永远在岗型和战略家型的无意识除法领导者。

乘法领导者思维

让自己变得弱小一点，其他人才有机会变强大。

偶尔强大，反而可以让自己的观点更有影响力。

乘法领导者实践

这里是一些你可以变强大或变弱小的方式：

变强大	变弱小
在框定问题之后开会（议题 / 决策是什么，为什么它很重要，如何讨论或做出决策）。	当你说“是的，我也是这么想的”。
提出一个很重大的问题。	当你想把听到的内容再组织为自己的想法时。
提出自己的观点（这个观点不是已经浮出水面的）。	当你想要说：“我做了一些研究，并且有数据可以证明。”
为谈话重新定向并让它回到正轨。	—
进行总结。	—

实验结果

惠普在摩洛哥的全球支持交付经理穆罕默德·曼苏拉受到了启发，并重新思考作为一个领导者的贡献。在参加过乘法领导者研讨会之后，穆罕默德发现他在团队中占据了太多的空间——他意识到总是自己在说话。过去他每周召见团队时，会通过分享公告和新闻并为团队指定方向来进行会议，这一方式已经持续了好多年。但现在他开始注意到他对团队的影响，并思考如果自己说更少的话，其他人是否可以更多地表达。穆罕默德决定限制自己的发言。他停止以自己发言为主导的会议，转而举办圆桌会议，邀请每一位成员共同分享。此后，穆罕默德可以倾听团队成员们分享成功和挑战，见证他们解决问题的过程。如今他只需在团队需要重新调整方向时，或是他觉得发言可以为团队带来积极的影响时，再插入讨论。穆罕默德已经成功地通过有意练习和“扑克筹码”释放了会议中曾被他大量消耗的空间。

轮到你了：准备好使用乘法领导者实践获得成功。使用这个表格计划和反映你的实验与结果。	
寻找机会： 你会在哪里和怎样使用这个实验？	增加你的影响力： 你会在哪里和怎样使用这个实验？
最大化你的学习能力： 发生了什么？你有什么证据？	发展技能： 你会在哪里再次用到这些技能？

大胆说出你曾犯的错误

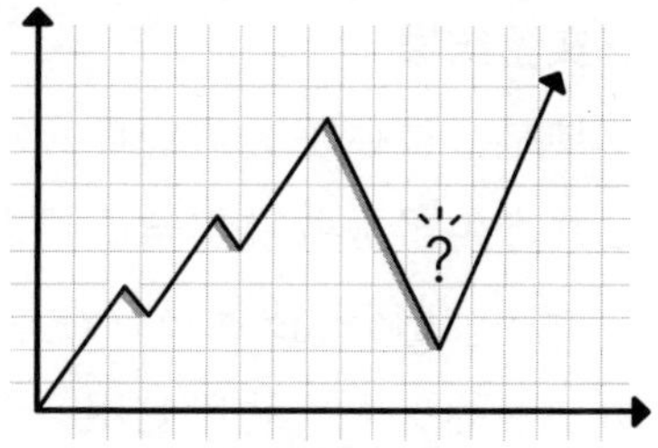

通过分享你自己的错误促进实验和学习。

让人们知道你犯的错误和从中吸取的教训，并公开你如何将教训融合到自己的决定和当下领导力实践中的。

乘法领导者准则

解放者

拯救先导型、乐观型和完美主义型无意识除法领导者

乘法领导者思维

犯错误是学习和成就的组成部分之一。

乘法领导者实践

1. 现身说法。通过绘制你的职业生涯路径，反映自己的领导力旅程。找出几个你犯过的最大的错误，越大越好！对于每个错误，确认：

· 你做了什么？

· 发生了什么？

· 你在哪里出了错（行动还是设想）。

· 你从中吸取了什么教训？

寻找机会分享这些故事。你可以在某人要处理一项极具挑战性的任务前，或是在他们犯了严重错误的时候，分享给他们。

2. 公开。与其关着门或是一对一地谈论你和你团队的错误，不如开放问题，让每个人都可以从中学习，并尝试让这成为你管理方式的一部分。例如，你可以把“一周糗事”添加到你的日常团队议程中。如果你的团队成员，包括你自己犯了错误，把错误公开，大家开心一笑之后，继续前行。

实验结果

坤是一位住院药房经理。在阅读了《乘法领导者》一书后，她受到了启发，并产生了勇敢说出自己错误的意愿。坤是一位相对年轻的管理者，她负责监管 40 名药房技术员，在这里，妥善地管理着上千支药剂并每天及时地送给住院的病人。药房使用一个复核系统，可以显著地减少错误概率，但毫无疑问还是有漏网之鱼，如标签贴错、错误存放、配错药甚至送错病人。现在，坤不仅分享她的小错误，而且进一步和她领导的部门内的其他成员开“每日安全碰头会”，仅限于值班的 10~12 个人且不超过 10 分钟。在碰头会期间，团队成员有机会分享错误并和团队共同解决。坤说：“这个安全碰头会让我们能放开了讨论最近的错误，那些在离开药房前发现的错误，这样我们可以从中学习，获得提升自己的机会。”

轮到你了：准备好使用乘法领导者实践获得成功。使用这个表格计划和反映你的实验与结果。	
寻找机会： 你会在哪里和怎样使用这个实验？	增加你的影响力： 你会在哪里和怎样使用这个实验？
最大化你的学习能力： 发生了什么？你有什么证据？	发展技能： 你会在哪里再次用到这些技能？

创造允许犯错的空间

定义一个可以让人试错、冒险并能恢复的空间。

创造一个可以让人冒险的安全空间。同时清晰地划出界线：（1）哪里可以允许团队成员试错；（2）哪里风险很大所以不能允许失败。

乘法领导者准则

解放者。

纠正救助者型、乐观型、保护型和完美主义型无意识除法领导者。

乘法领导者思维

人们可以从自身行为的自然结果中学到更多教训。

乘法领导者实践

创建一条清晰的“水线”，在水线上面，人们可以试错和冒险，但仍可恢复如初，在水线下面，任何错误或“炮弹”都可能导致灾难性的失败，甚至“沉船”。和你的团队一起来定义这条水线。

1. 在一块白板或活动挂图上列出两个标题。

2. 使用报事贴，让每个人都列出哪些情况是允许失败的，哪些是有危险的。

3. 允许人们把报事贴移动到其他类别，并辩论它们应该属于哪个类别，一直到整个小组达成共识。

4. 鼓励思考，尽可能把更多情形列入“可失败”类，画一条“水线”来区分类别。

5. 将相似的情形分为一组。

6. 定义每一个类别的主题，例如：

· 可失败的场景：收获大于支出；有时间或资源获得恢复；客户或学生不会受到伤害，等等。

· 不接受失败的场景：违背我们的道德和价值观，会在市场上对我们的品牌和名誉造成伤害，会危及某人的职业生涯（包括领导者），等等。

7. 记录水线上下的关键原则，分享给团队。

实验结果

当香蕉共和国服饰公司（Banana Republic）的高层管理团队参加乘法领导者研讨会时，他们正寻找能让员工明智地冒险并创新的方法。他们觉得可以通过鉴别并区别工作中允许或不允许试错的部分，从而为员工们创造犯错的空间。高管团队在便签上记录他们的观点，接着把便签贴到一块大白板上，一边标注着“允许失败”，另一边标注着“不允许失败”。团队成员们讨论了每一个观点，把便签从一边移到另一边，直到所有人能够达成共识。接着执行小组往后走了几步，开始寻找每一个类别的主题。一两分钟后，水线上下就分外清晰了。可以用一句话来表示——12 月，总裁们的观察报告听起来像是这样：“一年中除了 12 月之外的 11 个月，在产品、价格、推广等方面都可以试错，但是我们不能在 12 月冒险。”这是最重要的采购季。想象一下，当他们与他们高层管理团队分享这一发现时，是多么令人感到清爽和释放。

轮到你了：准备好使用乘法领导者实践获得成功。使用这个表格计划和反映你的实验与结果。	
寻找机会： 你会在哪里和怎样使用这个实验？	增加你的影响力： 你会在哪里和怎样使用这个实验？
最大化你的学习能力： 发生了什么？你有什么证据？	发展技能： 你会在哪里再次用到这些技能？

极限提问

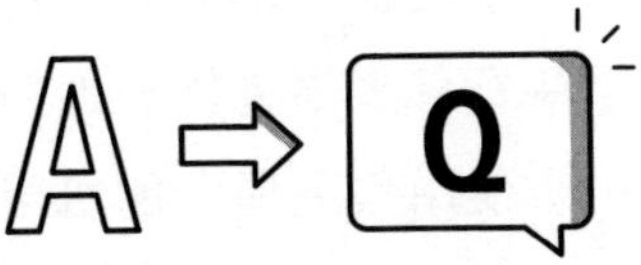

仅通过提问，激发好奇心。

这意味着你说的每一句话都以问号结尾！更形象的说法是：你能确定你说的每一句话都以问号结尾吗？

乘法领导者准则

挑战者。

拯救万事通型、永远在岗型、拯救者型、快速回复者型、战略家型和完美主义者型无意识除法领导者。

乘法领导者思维

三人行，必有我师。

乘法领导者实践

知别人所知。通过问题传达你的观点，持续不停地问，而且只提问！

多花一些时间思考这些问题。挑战自己提出各种类型的问题。

- 引领型问题：将某人引向一个特定的结果。
- 指导型问题：帮助别人看到你所坚信的。

· 发现型问题：一起思考解决方案。

· 挑战型问题：揭露并质疑普遍假设。

实验结果

汤姆·莫托罗是LG电子医疗销售全国高级客户经理，他要负责把销售团队新成员迈克培养入行。在过去，这个任务至少要花费汤姆一整天的时间，并且大多数时候，是由LG的其他雇员向新同事分享他们丰富的专业经验。在学习过乘法领导者高管辅导课后，汤姆看到了一个使用极限提问的机会。与其猜想迈克知道什么，不如通过罗列一系列的问题来做准备。通过这个方式，汤姆了解了迈克曾经的经历，并知道什么样的入职辅导是最适合迈克和LG的。发问还可以让迈克在短时间内概括自己的基本情况，曾经一整天的会议，现在只需4个小时的时间就可以结束。更棒的是，迈克分享说，LG入职的第一天是他经历过最独特的“第一天”。

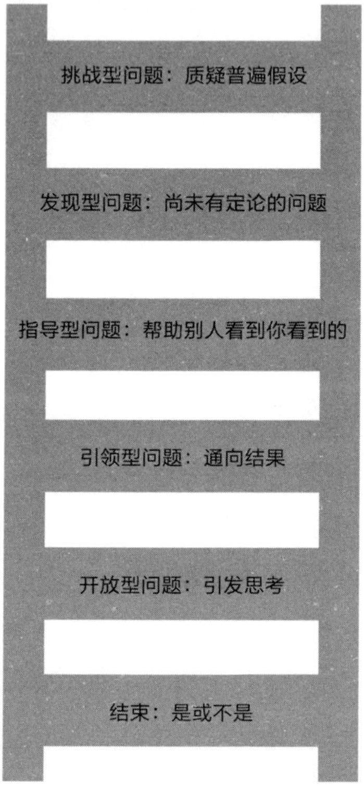

轮到你了：准备好使用乘法领导者实践获得成功。使用这个表格计划和反映你的实验与结果。	
寻找机会 你会在哪里和怎样使用这个实验?	增加你的影响力 你会在哪里和怎样使用这个实验?
最大化你的学习能力 发生了什么？你有什么证据?	发展技能 你会在哪里再次用到这些技能?

发起延伸挑战

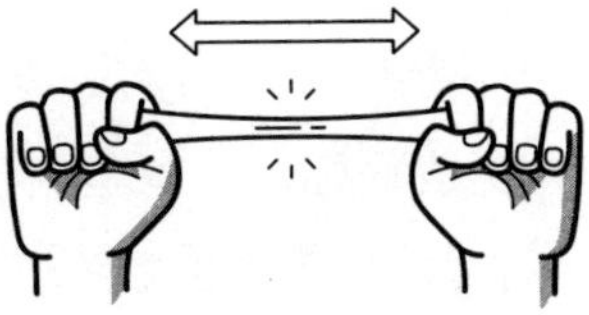

你的团队能完成多困难的任务?

通过施加一项“不可能的任务”来激发你的团队成员，这个任务足够困难，足以挑战整个团队。先帮助他们了解什么是可能的，再扩展到一个有趣的挑战，接着给予团队可以做到的信念。

乘法领导者准则

挑战者。

拯救先导型、保护者型和战略家型无意识除法领导者。

乘法领导者思维

人们有能力完成困难的事情。

乘法领导者实践

- 确认你的团队能完成什么样难度的任务。
- 通过发起一个有趣的可以企及的挑战，激发他们的最大潜力。
- 确认可以完成的第一步，以建立信念。
- 把你的挑战转变为一个让他们产生想象的问题。
- 提出你的问题，但不要回答，让你的团队去寻找解决方案。

实验结果

杰森·格罗德曼是皮玛县区域废水回收部门的政府人员，他接到了一个要求提高部门工作效率的任务。作为 10 名检测人员的领导，杰森努力采取最好的方法。他收集了过去的数据，并发现团队完成检测数最高的一年是 750 次。带着这个信息和激发团队的愿望，杰森发起了一个挑战：“2016 年我们如何完成1000次检测？”其实杰森自己也不知道这个团队应该怎么做，但是杰森发动了他们的智慧，并把建立计划的任务交给了这些检测员。最终，他们不仅想出了计划，还不断通过发现新的问题和观点，持续地调整改进计划。在2016年的7个月内，杰森团队的表现就超过了曾经最好的年份。他们不仅努力达成目标，在本年内还很有可能超过1000次的监测数。团队能够碾压过去的记录并挑战未来，是非常鼓舞人心的，但对杰森来说，能看到整个部门持续的努力并经历这样的延伸挑战，他对此更加兴奋不已。

轮到你了：准备好使用乘法领导者实践获得成功。使用这个表格计划和反映你的实验与结果。	
寻找机会： 你会在哪里和怎样使用这个实验？	增加你的影响力： 你会在哪里和怎样使用这个实验？
最大化你的学习能力： 发生了什么？你有什么证据？	发展技能： 你会在哪里再次用到这些技能？

制造辩论

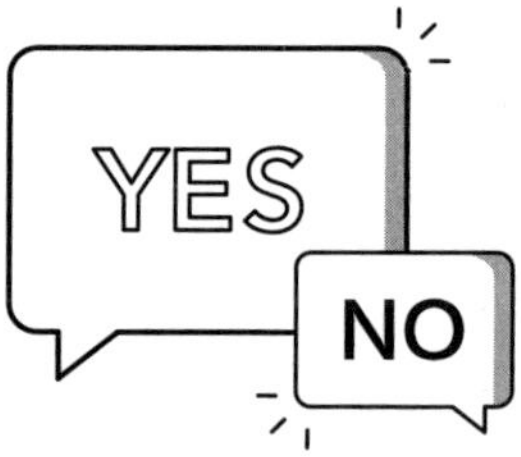

用辩论树立集体智慧和执行速度。

确定一个重要的决策，框定问题，引发辩论，做出决策。

乘法领导者准则

辩论发起者。

拯救快速回复者型和乐观主义型无意识除法领导者。

乘法领导者思维

召集需要参与决策的人，当人们理解其中的逻辑后，就知道该如何执行。

乘法领导者实践

1. 框定问题。

· 定义问题：一个好的问题应有清晰的选项。

· 解释为什么这个议题很关键，需要通过辩论解决。

· 组建团队：要求成员通过信息 / 数据 / 证据寻求支撑。

· 清晰介绍制定决策的方法。

2. 引发辩论。

· 提出辩论问题。

· 让成员使用证据论证观点。

· 让每一个人都参与辩论。

· 让成员交换观点，反向辩论。

3. 做出合理决策。

· 再次阐明决策过程。

· 做出决策。

· 交流决策及其合理性。

实验结果

桑顿兄弟（Thornton Brothers）是一家专注于创新型清洁、包装和安全解决方案业务的专业公司。在一位高层领导跳槽到竞争对手公司后，公司总裁克莱·吉尔伯特决定尝试用“发起辩论”法来进行公司决策。如果在过去，克莱会拉上另外两位领导成员进行一场闭门讨论。然而，在读过《乘法领导者》后，克莱看到了一个让其他人参与决策并贡献才智的机会。克莱计划了一场辩论，他设定了会议日期，邀请不同部门的成员，并让他们准备各自的观点。当辩论日到来时，克莱围绕公司目标和核心价值为中心设计了议题。整场辩论中，他都保持中立，只偶尔插进来调整思考方向或是推动议题深入，直至与会成员做出富有创造性的一致回答。尽管结果是未知的，克莱却觉得这种设计和发起辩论的经历“令人放松”。这个让所有人参与思考并做出重要决策的过程推动了团队的前进。

轮到你了：准备好使用乘法领导者实践获得成功。使用这个表格计划和反映你的实验与结果。	
寻找机会： 你会在哪里和怎样使用这个实验？	增加你的影响力： 你会在哪里和怎样使用这个实验？
最大化你的学习能力： 发生了什么？你有什么证据？	发展技能： 你会在哪里再次用到这些技能？

给予 51% 的决定权

出让多数决定权，让其他人挑起责任。

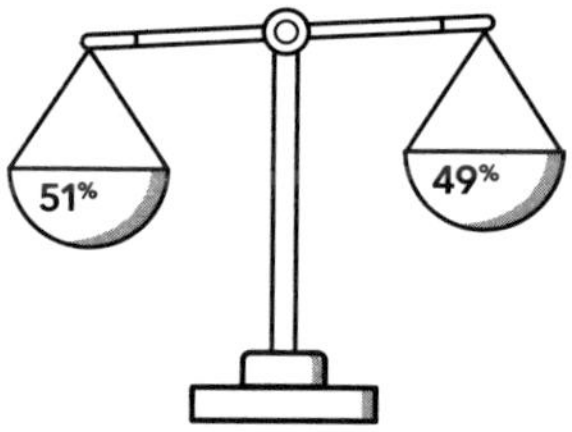

与其指派工作，不如让人们知道，是他们（而不是你）要对工作负责。给予他们 51% 的多数决定权，但要负起 100% 的责任。

乘法领导者准则

解放者和培养者。

拯救永远在岗型、拯救者型和完美主义型无意识除法领导者。

乘法领导者思维

当员工担起工作责任时，可以发挥出最好的水平。

乘法领导者实践

1. 确定你要交给团队成员的项目。

2. 描述客观情况以确保成员了解项目，并通过提问题来确保他们理解。

3. 给予成员多数决定权，并给出一个具体数字，让决定权显得更具体。

例如，告诉成员他们拥有 51% 的决定权，而你只有 49% 的决定权。或者，让决定权比例更夸张一点，设成 75%/25%。任何重要性在 50% 以上的任务对于他们来说都是：你们要为此负责，你们要做出决定。

确保成员理解 51%（或更多）的决定权意味着什么：

· 你才是负责人（而我不是）。
· 你需要做出最终决定（我会权衡，但要是我不同意，还是你最终说了算）。
· 我期待你可以成为推动工作的那个人（我会参与进来，但你得领导我）。

你真的可以强调地说（眼里带着闪光）：

· “你 51%，我 49%。所以，我要把这件事从我的待办事项列表中删除。”
暗示：“我认为这是你的责任了哟！”

实验结果

斯泰西和吉姆在高中负责早上的神学课。他们想要举办一场盛大的年终表演秀让学生们向他们的父母展示在这里的收获，就像返校之夜一样。这不是心血来潮，斯泰西和吉姆一直想要让学生们可以学会自我领导，特别是那些毕业班的学生。于是，一天晚上，斯泰西把毕业班学生们聚集到自己家吃甜点。然后，斯泰西和吉姆分享了他们的想法，在做了一些交代和要求后，接着便告诉他们：“你们可以设计任何形式的活动，只要符合要求就可以。”之后，学生们展开了讨论，但是却一直需要老师的意见，斯泰西和吉姆强调了你们才是这场活动的负责人，你们有决定权，随后他们便起身走出了房间。斯泰西在厨房忙着，吉姆弹起了钢琴。当他们 10~15 分钟后回到房间时，他们发现学生们已经有了有趣的点子，完成了分工，还有一些需要老师帮助的事。学生们继续主导着这个计划，并成功地举办了一场远超斯泰西和吉姆可以想象（或者亲自指挥的）的壮观演出。

轮到你了：准备好使用乘法领导者实践获得成功。使用这个表格计划和反映你的实验与结果。	
寻找机会： 你会在哪里和怎样使用这个实验？	增加你的影响力： 你会在哪里和怎样使用这个实验？
最大化你的学习能力： 发生了什么？你有什么证据？	发展技能： 你会在哪里再次用到这些技能？

归还责任

把责任归还给责任所属者。

当某人给了你一个问题，你却认为他自己有能力解决时，把问题还给他，并要求“F-I-X”(“解决方案”）。做教练，而不是问题解决者。

如果有人确实需要帮助，请给予一定的帮助，之后再清楚地把问题所有权归还给他。

乘法领导者准则

培养者。

拯救万事通型和拯救者型无意识除法领导者。

乘法领导者思维

人们足够聪明，能够自己解决问题。

乘法领导者实践

1. 要求 F-I-X（解决方案）：当某人带给你一个问题时，让他们完成思考过程并提供解决方案（一个 F-I-X）。可以使用一些教练问题来提供帮助，但把工作责任留给他们。

· 关于这个问题，你有没有找到什么解决方案？
· 依你的意见，我们该怎么解决这个问题？
· 你想做什么来弥补这个问题？

2. 把责任权还给他们：当你的团队成员处于挣扎中时，提供帮助，但要记得退出。这里是一些可以帮你清楚说明把责任权交还给他们的说法。

· 我很乐意提供帮助，但你依然是负责人。
· 这是我能提供给你参考的一些想法。
· 我可以提供帮助，在你的领导下我可以做些什么呢？

实验结果

戴夫·哈维列克是个有才干的经理，他称自己“超级紧张又超级偏执”。赛富时是一家凭借快速创新而不断发展的云计算服务公司，他是该公司投资者关系部门的负责人。尽管常常工作到深夜 12：30 甚至更晚，戴夫依然是团队的瓶颈。当他解决了问题并给出指导方向时，组员们仍疑惑自己该做什么。当戴夫迫切需要确定一个人员编制计划，以让他的资源紧缺的团队度过八周的危机时，他发现自己根本没有时间拿出解决方案，于是戴夫（在乘法领导者领导训练课程中学习了一整天后）把自己从管理枷锁中解放出来。他不再一个人解决问题，而是把任务以问题的形式交给团队。这个团队立刻就被激活了，他们很乐意承担任务的责任。最后他们一起建立了一个切实的计划，这比戴夫单枪匹马更快地完成了任务。

轮到你了：准备好使用乘法领导者实践获得成功。使用这个表格计划和反映你的实验与结果。	
寻找机会： 你会在哪里和怎样使用这个实验？	增加你的影响力： 你会在哪里和怎样使用这个实验？
最大化你的学习能力： 发生了什么？你有什么证据？	发展技能： 你会在哪里再次用到这些技能？

挑选一个新老板

如果你想找一份能使你发挥出最好水平的工作，不是要找适合你的公司或工作/职位，而是要挑选你的老板。这里是一些能助你找到一个乘法领导者的指南。

1. 寻找乘法领导者和除法领导者的行为标志。最符合乘法领导者的三个特点是：充满好奇心、问很棒的问题，还有客户至上。同样的，除法领导者最不可能具备的特点是：喜欢辩论、接受不同意见、让权、寻求理解以及有幽默感，因此也要留意这些特点。这里是一些足够帮助你发现乘法领导者或除法领导者的标志。

乘法领导者标志：

- 说得少听得多。
- 出于好奇心，连续发问。
- 为了更好地理解总问“为什么”。
- 看待问题持多种角度。
- 真诚自嘲。

除法领导者标志：

- 说得多听得少。
- 接受表面答案。
- 问“是什么”和“怎么做”。
- 想法固执。
- 非常严肃地对待自己。

2. 问有揭示性的问题。提出揭示思维观念和核心假设的问题。

· **他们有成长思维，还是固定思维？**

问题：你如何成为一个更好的领导者？注意听：他们是否意识到自己的弱点，是否主动寻找有关盲点的信息？能从同事那儿收到自我改善的反馈吗？他们能看到他们的良好意图中的消极影响吗？

· **他们以自我还是团队为中心？**

问题：能谈谈你的团队吗？注意听：不是他们说了什么，而是他们能说多久。如果他们是以自我为中心的，那么这个谈话会很快结束。

· **他们怎么看待自己的职位？**

问题：领导者的基本角色是什么？其他人怎么看待你在团队中的角色？注意听：他们把自己看作思想领袖还是催化剂？

· **他们怎么看待人才？**

问题：什么样的员工算是人才？注意听：他们对人才的观点是不是单一的？或者他们是否认为不同的人有不同的才能？

· **他们给员工多少责任和自主权？**

问题：目前我这个级别的成员可以负责什么样的项目？注意听：他们是描述一组任务，还是介绍一个大的项目或计划？

3. 核查评价：查探周围的人为这个老板工作的感受。使用 Glassdoor.com 这样的工具与正在为他工作的员工谈一谈。

4. “试用”：如果仍心存疑虑，你可以请求以小时工或者顾问的身份做初始工作。如果这不可行，那么请求参加团队会议或参加电话会议，以便更好地了解团队的工作方式。

备注：如果未来的经理不满意你的提问或做上述任何一件事，那么你已经得到你需要的所有信息了。

乘法领导者实验

第一步：一旦你已经发现自己有无意识除法领导者倾向，选择一个可以弥补这种倾向的实验，帮助你成为一个更好的乘法领导者。需要重新测试你的除法领导者倾向吗？请访问 www.multipliersbooks.com 接受一个小测试。

无意识除法领导者倾向

实验	万事通	总是在岗者	拯救者	先导者	快速回应者	乐观主义者	保护者	战略家	完美主义者
谁是天才： 确认你的团队成员擅长做什么，这样你才能更好地运用他们的天赋。									
让他成长： 给某人一个更重大的职位或任务，帮助他提升，在职位上成长。									
更少参与： 在会议开始前，制订一份“扑克筹码”预算，每个筹码代表一条会议评论或建议。									
分享错误： 分享你曾犯过的错误，促进实验和学习。									
容错空间： 确定一个可以让人试错、冒险并能从错误中恢复的空间（项目、工作类型或业务层面）。									
提出问题： 仅通过发问领导一场会议或谈话。									
拓展挑战： 与其为成员设定一个目标，不如发起一个具体的挑战——确定一个需要解决的复杂问题，或是一个需要回答的问题。									
发起辩论： 与其为一个重要的问题快速寻找答案，不如列出选项，让人们通过数据和不同观点共同商定。									
给出 51% 决定权： 给出大部分的决定权，让他人对某个问题或项目负责。									
归还责任： 如果有人需要援助，提供帮助，但要清楚地把责任还给他。									

第二步：如果你想加速成长为一个乘法领导者，让你的同事——下级或者老板——帮你选择实验。

第三步：向你的同事提问：

· 我比较容易产生哪种除法领导者倾向？（换句话说，尽管作为一个意愿很好的领导者，但在什么情况下，你会看到我会阻碍思想和行动？）

· 哪个实验可以帮助我最大化激发他人？为什么？

· 如果要帮助我成为团队更好的领导者，你有什么好的意见呢？

乘法领导者评估

你是一个无意识除法领导者吗？

在我们的研究中，我们惊讶地发现，很少有除法领导者理解他们对其他人造成的阻碍。大多数无意识除法领导者已经进入管理层，他们凭借个人努力和聪明才智受到表扬。他们认为，他们的领导任务就是给出更好的主意。而其他一些曾有乘法领导者意识的人，由于和除法领导者工作太久，也成了除法领导者。

无论是否有意，这种影响都是类似的——你可能只发挥了团队一半的力量。

这一套无意识除法领导者快速测试可以让你：

· 回顾 10 种常见的管理场景，并细致地描述你的管理方式。

· 了解你可能在无意中多大程度地负面影响了你的下属。你会得到一个即时评分——评分越低越好！

· 立即得到一份分析报告，建议你如何调整领导做法，才能更像一个乘法领导者，并从团队中获得更多绩效。

无意识除法领导者测试，请访问 www.multipliersbooks.com，点击测试链接完成在线测评。

想要进行一次 360 度评估，或通过其他员工来评估你或团队的绩效，请联系：

怀斯曼集团：www.TheWisemanGroup.com

或者发送邮件到：info@TheWisemanGroup.com